交通运输系统
典型问题算法设计

李海华　许宗燕　陆　挺　陶露菁　主编

北　京
冶　金　工　业　出　版　社
2019

内 容 提 要

本书以算法设计理论为基础，系统地介绍了交通运输系统中典型问题的求解过程。书中既涉及经典与实用算法的介绍，又包括铁路、水路、公路、航空各种运输组织中典型问题的实例分析。

本书内容翔实，由浅入深，理论先导，强化实践，可供高等院校交通运输、计算机及相关专业的学生和算法设计爱好者阅读或参考。

图书在版编目(CIP)数据

交通运输系统典型问题算法设计／李海华等主编. —北京：冶金工业出版社，2019. 9

ISBN 978-7-5024-8262-6

Ⅰ. ①交… Ⅱ. ①李… Ⅲ. ①交通运输系统—算法设计 Ⅳ. ①U491-39

中国版本图书馆 CIP 数据核字（2019）第 205161 号

出 版 人　谭学余

地　　址　北京市东城区嵩祝院北巷 39 号　邮编　100009　电话　(010)64027926

网　　址　www. cnmip. com. cn　电子信箱　yjcbs@ cnmip. com. cn

责任编辑　王　双　张熙莹　美术编辑　郑小利　版式设计　孙跃红

责任校对　郑　娟　责任印制　李玉山

ISBN 978-7-5024-8262-6

冶金工业出版社出版发行；各地新华书店经销；三河市双峰印刷装订有限公司印刷

2019 年 9 月第 1 版，2019 年 9 月第 1 次印刷

169mm×239mm；14. 25 印张；277 千字；216 页

68. 00 元

冶金工业出版社　投稿电话　(010)64027932　投稿信箱　tougao@cnmip. com. cn

冶金工业出版社营销中心　电话　(010)64044283　传真　(010)64027893

冶金工业出版社天猫旗舰店　yjgycbs. tmall. com

（本书如有印装质量问题，本社营销中心负责退换）

前　言

算法是计算机科学的核心，计算机系统中的任何软件功能都是按特定的算法实现的。因此，算法分析与设计是学生学习计算机科学与技术及软件工程的必修课。

本书是一本理论性和实践性相结合的著作，它综合应用了交通运输、系统工程、应用数学、计算机科学等多门学科的知识，通过对交通运输系统领域的常用算法和典型问题的学习和研究，使读者了解并掌握算法分析与设计的主要方法，提高分析和解决交通运输系统中复杂定量问题的能力。

全书共 10 章。第 1 章为绪论，介绍了交通运输系统的相关概念、研究算法的意义及算法分析与设计的主要任务。第 2~5 章为理论部分，主要介绍了算法分析与设计的基础、基本算法策略、并行算法及智能优化算法的相关内容。第 6~10 章为应用部分，分别选取了铁路、公路、水路、航空及综合运输方式中具有代表性的问题，并针对这些问题进行了算法设计。

本书的特点是内容丰富、由浅入深、理论先导、强化实践。在理论部分（2~5 章）中，都是先介绍理论知识，然后从实际问题入手，描述几个经典实例，使读者在对算法反复应用的过程中掌握算法的核心思想；在应用部分（6~10 章）中，均以交通运输系统中典型问题的算法设计为主线来组织素材，从问题描述、数学建模、算法设计、实例验证等方面给出了适当的描述，为实际问题的算法分析与设计提供了清晰的思路和方法。

本书由李海华、许宗燕、陆挺、陶露菁主编，负责全面筹划、设计并统稿。刘中、付国玺、王海、刘国清、王力、金鑫、刘晓晖等同志参与了编写工作。此外，在本书的编写过程中，还参考了算法方面相关的教材、论文和专著，从中吸取了一些优秀的素材，在此一并向有关作者表示感谢。

由于作者时间和水平所限，书中不足之处，敬请专家和读者批评指正。

编　者

2019 年 6 月

目　录

1 绪　　论

交通运输是人类社会不可缺少的生产部门。人们利用各种交通工具和运输路线，把运输对象从一个地方运送到另一个地方，使其空间位置发生变化。纵观交通运输的发展史，从最初的利用人力、畜力、水力和风力进行搬运开始，经过三次革命和四个发展阶段，逐步形成了目前以铁路、水路、公路、航空和管道等 5 种运输方式为主的现代交通运输系统。

1.1 交通运输系统概述

现代交通运输系统有两种发展趋势，一是综合运输系统，二是交通运输系统与物流系统综合集成。本节通过对这两个问题进行分析，以便读者深入理解交通运输系统中的算法分析与设计任务。

1.1.1 综合运输系统的概念

1.1.1.1 系统的概念

系统论者认为，系统是由相互作用和相互依存的若干部分组合起来的具有某种特点和功能的有机整体。任何一个系统都是一个更大系统的组成部分，而它本身又是由众多的子系统组成的。例如，交通运输系统是国民经济系统的一个子系统，而其本身又是由公路、铁路、水路、航空和管道等 5 个子系统组成的。

一般来说，系统都具有综合性、整体性、结构性、关联件、功能性、学习性和适应性等特征。

1.1.1.2 综合运输系统

综合运输系统是由各种运输方式组成的独立系统，具有系统所有的特征：(1) 由各种运输方式组成；(2) 各种运输方式的存在和发展不是孤立的，而是相互协调、相互影响的；(3) 它们形成一个完整的运输网络，为国民经济发展提供运输服务，发挥着运输的社会功能；(4) 运输系统又是整个国民经济的一个子系统，它受到国民经济系统的其他子系统的影响和制约。因此，对交通运输问题的研究，必须具有系统的观念，采用系统分析的方法来研究、解决交通运输有关问题，使之达到最佳效果。

1.1.2 综合运输体系的发展趋势

发展综合运输体系是当代运输业发展的新趋势、新方向。当代交通运输业的发展，出现了两大趋势：

(1) 广泛采用新技术。随着世界新技术革命的发展，交通运输广泛采用新技术，实现运输工具和设备的现代化。

(2) 运输方式多样化，过程统一化。随着运输方式的多样化，运输过程的统一化，各种运输方式朝着分工协作、协调配合、建立综合运输体系的方向发展。

在世界范围内，这两种趋势结合起来，成为当代运输业发展的新方向，已经或正在改变着交通运输业原来的面貌。我国把发展综合运输体系作为发展运输业的途径和方向，既符合运输生产发展规律，也符合世界交通发展趋势，必将为我国运输业带来广泛而深刻的变化。

发展综合运输体系是我国运输业发展的新模式。我国工业和交通运输管理基本上以条块为主，各种运输方式缺乏横向联系，这往往会使该建设的项目没有及时建设，而不该建设的反而建成了，造成浪费。运输业的建设由单一的、孤立的发展模式向综合的、协调的模式转变，这是一个进步，特别是对大宗的、稳定的客货流方向，按照综合运输体系的要求进行建设，一定会收到良好的效果。

1.1.3 交通运输系统与物流系统综合集成

物流是物品从供应地向接收地的实体流动过程。根据实际需要，将运输、储存、装卸、搬运、包装、加工、配送、信息处理等基本功能实施有机结合。现代物流是指具有现代特征，与现代化社会大生产紧密联系在一起，体现了现代企业经营和社会经济发展需要的物流活动。目前人们普遍认同的现代物流，是指为了实现顾客满意，连接供给主体和需求主体，克服空间和时间阻碍，有效、快速的商品流动服务的经济活动过程。

从现代物流的概念可知，现代物流和传统运输的不同主要有以下几个方面：(1) 传统运输只是对物资提供简单的位移，它的核心是“运”；现代物流提供的服务不仅包括运送，还增加了一系列增值性服务，如分配、包装、仓储等，突出的是“全”。(2) 传统运输只是生产企业到批发企业和零售企业的运输，是点到点或线到线的运输，而且运输方式单一；现代物流是厂商直接与终端用户打交道，它提供的是一种门到门的服务，按消费者的需要，通过网络提供全面服务，通过综合运输将产品送货到位。(3) 传统运输是被动服务，给钱才给传送，货品送达，客户才知道是什么货，它通常只是物品的流动；现代物流是主动服务，它是商流、物流、信息流和资金流的统一，打个电话，上一下网，主动将送什么货的信息先于物流发送出去，通过现代通信手段编织出“天罗地网”，对运输、收货和资金了如指掌。(4) 传统运输是单一环节的管理，而现代物流是整体系统化的管理。现代物流业的首要问题是资源整合，使之充分、有效、高效而协调地邮寄连接运行。它有多个环节，通过一个计划、管理、控制的过程，把这几个环节加以组织联通，以最少的费用、最高的效率、客户最满意的程度把产品送到用户手中。

总之，现代物流是以交通运输技术和信息技术为基础，在满足流通需求的同时，追求将服务全过程的系统总成本降至最低水平；而流通过程本身则依托交通运输系统来完成。没有运输就谈不上物流，但仅依靠运输也不能满足社会经济发展所产生的日趋复杂的、多样化的流通服务需求。从这个意义上说，交通运输是物流的有机组成部分，现代物流可以看作是交通运输与其他多个系统的集成。

现代交通运输综合化是社会发展的必然趋势，这势必会使得这个大系统变得更加复杂。系统工程的发展为解决交通运输系统的复杂性提供了理论和技术支持；运筹学的发展为解决交通运输中的问题提供了算法依据。实际上，交通运输系统中许多问题的解决，都可归结为计算机算法的分析与设计。

1.2 在交通运输系统中研究算法的意义

随着科学技术的进步和专业化程度的不断提高，人们对交通运输问题的研究也不断深入。很多学者对交通运输问题的算法也进行了很多探索，但对各类交通运输问题及其算法却没有一个系统的总结。因此，在交通运输系统中研究算法具有重要意义。

在交通运输系统中主要需要解决的问题为：一是资源优化配置问题。近年来，我国交通运输业发展迅速，在交通设施总量、运输供给能力以及运输质量等方面取得了巨大成就，为更好地适应社会经济发展对交通运输的需求，发挥综合交通的集成优势，需要系统组织和协调交通运输生产，优化配置交通运输资源，涉及包括交通运输系统组织结构优化，交通设施资源的优化，运输过程的装、运、卸等环节的资源优化配置等。二是复杂问题的求解。交通运输系统是一个庞大的复杂系统，其中有许多复杂的问题还没有得到很好地解决，比如路径优化问题、装载问题等，都属于组合优化问题，具有 NP 困难性。

系统工程及运筹学的发展，为解决这些问题提供了理论和技术基础。面对交通运输系统中的问题，可以通过数学语言抽象成数学模型，如果要用计算机解决这个模型，就需要编制供计算机运行的程序。而程序是供计算机“理解”的语言，晦涩难懂，它与人类的语言差别较大。为了便于理解，需要在问题和计算机程序之间架起一座“桥梁”——算法。

交通运输领域中的很多运输问题（连续或离散），比如车辆运行径路问题、交通网络优化问题、车辆调度问题、装载问题等，都具有规模大、非线性、多目标、多约束的特点。算法理论的发展对这些问题的解决起到了积极的推动作用。但在交通运输系统中，还有许多问题仍未得到很好的解决，因此，算法设计的任务依然任重而道远。

1.3　交通运输系统典型问题算法设计的任务

交通运输系统包括4种交通方式，即铁路、公路、水路和航空，每种运输方式都有自己的交通运输资源，如铁路的铁路线路、铁路平车，公路的运输车辆、公路运输网络，水路的运输舰船，航空的飞机、机场、航线等，这意味着交通运输系统中不仅存在大量的资源优化配置问题，还存在复杂的组织指挥和决策管理问题，这就必然存在大量的算法设计任务。

那什么是算法设计呢？算法设计就是针对交通运输系统中的问题，设计出正确的、有效的算法，这里的算法通常是指计算机算法。那么在交通运输系统中到底有哪些算法设计任务呢？

在交通运输过程中，主要有装、运、卸三个环节。

（1）装。将待运对象装载到运输工具上。这个过程主要的算法设计任务有：一是如何合理有效地将尽可能多的待运对象装载到交通运输工具上；二是如何根据运输任务的要求，合理的配置装载力量（比如装载点、装载能力等）；三是如何使装载结果满足输送条件的要求。

（2）运。将装有待运对象的运输工具按照一定的组织方式通过路网运抵目的地的过程。这里面的主要问题就是，如何在路网保障能力（通常是线路通过能力）有限的前提下安排运输工具的运行方案，使得运输满足运输要求。比如最短路问题、输送径路的选择及优化问题、运输方式的分担问题等。

（3）卸。将运输对象从运输工具上卸载下来。这里面的问题主要有卸载站的分配及卸载地域的分配等。

在交通运输全过程中，除了装、运、卸之外，还有建、修、防三个环节。

（1）建。交通运输的保障资源种类多，且分布广，这里存在一些资源优化配置的算法设计问题，比如路网规划问题、保障队伍编配问题等。

（2）修。交通运输系统是一个运动状态复杂的大系统，当交通运输设施设备（如桥梁、交通枢纽等）在地震等自然灾害情况下遭到破坏时，会导致交通中断，这里就有一个抢修方案的拟制、抢修力量的安排、施工进度安排等算法设计问题。

(3) 防。交通运输系统分为铁、公、水、空4种运输方式，这里面就包含了铁、公、水、空重点目标的防护问题。

交通运输系统中涉及各种算法设计问题，其中很多问题都是计算机科学中所谓的NP困难问题，也就是说，当问题的规模较大时，这些问题的算法实现在计算机科学中还未得到有效的解决，而交通运输系统中问题的规模往往比较大，因此交通运输系统中的算法设计任务是十分繁重和重要的。

2　算法分析与设计基础

2.1　算法的基本概念

算法是计算机科学的基础，更是程序设计的基石。学习算法，一方面需要学习求解交通领域中典型问题的各种有效算法，在遇到问题时能灵活地应用所掌握的方法技巧；另一方面还要学习设计新算法和分析算法性能的方法，当没有现成可用的算法时，能够创造出有效的问题求解方法。

通俗地讲，算法是指解决问题的方法或过程。从这个角度来讲，算法的研究由来已久。我国的珠算口诀可以说是非常典型的算法，它将复杂的计算（如乘法）描述为一系列的算珠拨动操作。还有计算两个整数的最大公约数的辗转相除法（欧几里得算法），也是算法早期研究的最重要成果。

严格地讲，算法是满足下述性质的指令序列：

（1）输入：有零个或多个外部量作为算法的输入，这些输入在算法开始之前给出，取自特定的对象集合。

（2）输出：有一个或多个输出，这些输出是同输入有某种特定关系的量。

（3）确定性：组成算法的每条指令都是清晰的，无歧义的；在任何条件下，算法都只有唯一的一条执行路径。

（4）有穷性：一个算法总是在有限步之后结束，且每一步都可在有限时间内完成。

（5）可行性：算法中每条指令都有明确的定义，是可行的，可在有限的时间内完成。

概括地说，算法是由一系列明确定义的基本指令所描述的求解特定问题的过程。它能够对合法的输入在有限时间内产生所要求的输出。如果取消了有穷性的限制，则只能称为计算机实现的计算过程。当一个算法使用计算机程序设计语言描述时就是程序。

算法和程序不同。程序是算法用某种程序设计语言的具体实现。程序可以不满足算法的有限性。例如操作系统，它是在无限循环中执行的程序，因而不是算法。然而可以把操作系统的各种任务看成一些单独的问题，每一个问题由操作系统中的一个子程序通过特定的算法实现。该子程序得到输出结果后便停止。

2.2 抽象表达算法机制

算法层出不穷，变化万千，其对象数据和结果数据名目繁多，不胜枚举。最基本的有布尔值数据、字符数据、整数和实数等；稍复杂的有向量、矩阵、记录等；更复杂的有集合、树和图，还有声音、图形、图像等数据。

算法的运算种类五花八门、多姿多彩。最基本的有赋值运算、算术运算、逻辑运算和关系运算等；稍复杂的有算术表达式和逻辑表达式等；更复杂的有函数值计算、向量运算、矩阵运算、集合运算，以及表、栈、队列、树和团上的运算等；此外，还可能有以上列举的运算种类的复合和嵌套。

算法从非形式的自然语言表达形式转换为形式化的高级语言是一个复杂的过程，仍然要做很多繁杂琐碎的事情，因而需要进一步抽象。

对于一个具体的数学问题，要设计它的算法，首先，应该选用一个适合该问题的数据模型；然后，要搞清楚该问题的数据模型在已知条件下的初态和要求的结果状态，以及这两个状态之间的隐含关系；最后，探索从数据模型的已知初始状态到达要求的结果状态所需的运算步骤。这些运算步骤就构成了求解该问题的具体算法。

按照自顶向下逐步分解求解的原则，在探索运算步骤的时候，首先应该考虑算法顶层的运算步骤，然后再考虑底层的运算步骤。定义在数据模型级上的运算步骤称为顶层运算步骤，或称为宏观步骤。它们是组成算法的主干部分，通常使用非形式化的自然语言表达。其中，所涉及的数据是数据模型中的变量，暂时不关心它的数据结构；涉及的运算以数据模型中的数据变量作为运算对象，或作为运算结果，或两者兼而为之，简称为定义在数据模型上的运算。由于暂时不关心变量的数据结构，这些运算都带有抽象的性质，而不含运算细节。所谓底层运算步骤，是指顶层抽象运算的具体实现。它们依赖于数据模型结构及数据模型结构的具体表示。因此，底层运算步骤包含两部分：一是数据模型的具体表示；二是定义在该数据模型上的运算的具体实现。底层运算可以理解为微观运算。底层运算是顶层运算的细化，底层运算为顶层运算服务。为了将顶层算法与底层算法隔开，使两者在设计时相互独立，必须对两者的接口进行抽象。让底层只通过接口为顶层服务，顶层也只能通过接口调用底层运算。这个接口就是抽象数据类型（abstract data types，ADT）。

研究算法的最终目的是为了有效地求出问题的解，对问题求解过程进行精确的描述。描述算法的语言有很多，如自然语言、流程图、伪代码和计算机程序设计语言，这些语言都能表示算法中程序的控制结构和原操作。在大多数情况下，为了更好更清晰地阐明算法的思路，通常采用某高级语言与自然语言相结合的方式。

2.3　算法的复杂度分析

解决同一个问题可以有多个算法，如何确定某个算法是最优的呢？这就要看它的复杂性。一个好的算法，不仅要具备正确性、简明性、高效性，还要具备最优性。一个算法复杂性的高低，体现在运行该算法所需要的计算机资源的多少上，所需要的资源越多，该算法的复杂性越高；反之，所需要的资源越少，该算法的复杂性越低。计算机的资源，最重要的是时间和空间（即存储器）资源。因此，算法的复杂性有时间复杂性和空间复杂性之分。

不言而喻，对于任意给定的问题，设计出复杂性尽可能低的算法是在设计算法时追求的一个重要目标。另外，当给定的问题已有多种算法时，选择其中复杂性最低者，是在选用算法时遵循的一个重要准则。因此，算法的复杂性分析对算法设计或选用有着重要的指导意义和实用价值。

更确切地说，算法的复杂性是算法运行时所需要的计算机资源的量，需要时间资源的量称为时间复杂度，需要空间资源的量称为空间复杂度。这个量应该集中反映算法的效率，而从运行该算法的实际计算机中抽象出来，即算法的复杂度分析应该与具体的计算机无关。换句话说，这个量应该是只依赖于算法要求解的问题的规模、算法的输入和算法本身的函数。

如果分别用 N、I 和 A 表示算法要解的问题的规模、算法的输入和算法本身，用 C 表示复杂度，那么则有 $C=F(N, I, A)$，其中 $F(N, I, A)$ 是 N、I 和 A 确定的三元函数。如果把时间复杂度和空间复杂度分开，并分别用 S 和 T 来表示，那么应该有：$T=T(N, I, A)$ 和 $S=S(N, I, A)$。通常，让 A 隐含在复杂度函数名当中，则有 $T=T(N, I)$ 和 $S=S(N, I)$。

2.3.1　算法的时间复杂度

由于时间复杂性和空间复杂性概念类同，计量方法相似，且空间复杂性分析相对简单些，更重要的是，时间复杂度往往是制约问题求解的关键，因此，本节中主要讨论时间复杂性。

2.3.1.1　时间复杂度的表示

现在研究时间复杂度，所面临的问题是如何将复杂性函数具体化，即对于给定的N、I 和 A，如何导出 $T(N, I)$ 和 $S(N, I)$ 的数学表达式，来给出计算 $T(N, I)$ 和 $S(N, I)$的法则。下面以$T(N, I)$为例，将复杂性函数具体化。

根据 $T(N,I)$ 的概念，它应该是算法在一台抽象的计算机上运行所需要的时间。设此抽象的计算机上的元运算有 k 种，分别为 O_1，O_2，…，O_k，各元运算所需时间分别为 t_1，t_2，…，t_k。对于给定的算法 A，设经统计，用到元运算 O_i

的次数为 e_i，$i=1, 2, \cdots, k$。显然，e_i 是 N 和 I 的函数，即 $e_i=e_i(N,I)$。因此，$T(N,I)=\sum_{i=1}^{k} t_i e_i(N, I)$，其中 t_i 是与 N 和 I 无关的常数。

不同的输入 I，对 $T(N,I)$ 的影响很大。以排序和二分查找为例。显然，不可能对规模 N 的每一种合法的输入 I 都去统计 $e_i(N,I)$，$i=1, 2, \cdots, k$。因此，需对 $T(N,I)$ 的表达式进一步简化，或者说，只能在某些具有代表性的合法输入中统计相应的 $e_i(N,I)$，$i=1, 2, \cdots, k$，以评价时间复杂性。

通常考虑三种情况下的时间复杂性，即最坏情况、最好情况和平均情况下的时间复杂性，分别记为 $T_{\max}(N)$、$T_{\min}(N)$ 和 $T_{\text{avg}}(N)$，即为：

$$T_{\max}(N)=\max_{I\in D_N} T(N, I)=\max_{I\in D_N}\sum_{i=1}^{k} t_i e_i(N, I)=\sum_{i=1}^{k} t_i e_i(N, I^*)=T(N, I^*)$$

$$T_{\min}(N)=\min_{I\in D_N} T(N, I)=\min_{I\in D_N}\sum_{i=1}^{k} t_i e_i(N, I)=\sum_{i=1}^{k} t_i e_i(N, \tilde{I})=T(N, \tilde{I})$$

$$T_{\text{avg}}(N)=\sum_{I\in D_N} P(I) T(N, I)=\sum_{I\in D_N} P(I)\sum_{i=1}^{k} t_i e_i(N, I)$$

式中，D_N 为规模为 N 的合法输入的集合；I^* 为 D_N 中使 $T(N, I^*)$ 达到 $T_{\max}(N)$ 的合法输入；$\tilde{I}$ 为 D_N 中使 $T(N, \tilde{I})$ 达到 $T_{\min}(N)$ 的合法输入；$P(I)$ 为在算法的应用中出现输入 I 的概率。

以上三种情况下的时间复杂性各从一个侧面反映了算法的效率，各有各的局限性，也各有各的用处。在输入为已知的前提下，当然可以决定用哪个复杂度评价算法。但是，对于一个算法，实际中的问题的规模和输入可以是各种各样的。实践表明，可操作性最好且最有实际价值的是最坏情况下的时间复杂度。

2.3.1.2 时间复杂度的渐进复杂度

随着交通运输系统的发展，要求用计算机解决的问题越来越复杂，规模越来越大。因此，我们更为关心当 N 很大的时候的算法复杂度。当两个算法在规模很大的情况下复杂度趋于相同，我们就对两者的复杂度往往不加区别。为此，引入渐进复杂度的概念。

设 $T(N)$ 是前面所定义的关于算法 A 的复杂性函数。一般说来，当 N 单调增加且趋于∞时，$T(N)$ 也将单调增加且趋于∞。对于 $T(N)$，如果存在 $\tilde{T}(N)$，使得当 $N\to\infty$ 时，有 $(T(N)-\tilde{T}(N))/T(N)\to 0$，那么，就说 $\tilde{T}(N)$ 是 $T(N)$ 当 $N\to\infty$ 时的渐近性态，或称 $\tilde{T}(N)$ 为 $T(N)$ 当 $N\to\infty$ 时的渐近复杂性，而与 $T(N)$ 相区别。因为在数学上，$\tilde{T}(N)$ 是 $T(N)$ 当 $N\to\infty$ 时的渐近表达式。直观上，$\tilde{T}(N)$ 是 $T(N)$ 略去低阶项所留下的主项，因此它比 $T(N)$ 简单。比如当

$T(N)=3N^2+4N\lg N+7$ 时 $\tilde{T}(N)$ 的一个答案是 $3N^2$，因为这时有

$$(T(N)-\tilde{T}(N))/T(N)=\frac{4N\lg N+7}{3N^2+4N\lg N+7}\to 0\ (\text{当 } N\to\infty \text{ 时})$$

显然 $3N^2$ 比 $3N^2+4N\lg N+7$ 简单得多。

由于当 $N\to\infty$ 时 $T(N)$ 渐近于 $\tilde{T}(N)$，有理由用 $\tilde{T}(N)$ 来代替 $T(N)$ 作为算法 A 在 $N\to\infty$ 时的复杂性的度量。而且由于 $\tilde{T}(N)$ 明显比 $T(N)$ 简单，这种替代明显是对复杂性分析的一种简化。进一步，考虑到分析算法的复杂性的目的在于比较求解同一问题的两个不同算法的效率，而当要比较的两个算法的渐近复杂性的阶不同时，只要能确定出各自的阶，就可以判定哪一个算法的效率高。换句话说，这时的渐近复杂性分析只要关心 $\tilde{T}(N)$ 的阶就够了，不必关心包含在 $\tilde{T}(N)$ 中的常数因子。所以，常常又对 $\tilde{T}(N)$ 的分析进一步简化，即假设算法中所用到的所有不同的元运算各执行一次所需要的时间都是一个单位时间。

上面给出了简化算法复杂性分析的方法和步骤，即只要考察当问题的规模充分大时，算法复杂性在渐进意义下的阶。与此简化的复杂性相配套，引入渐进意义下的记号：O，Ω，θ 和 o。设 $f(N)$ 和 $g(N)$ 是定义在正数集上的正函数。各记号定义如下。

定义 2.1　如果存在正的常数 C 和自然数 N_0，使得当 $N\geqslant N_0$ 时有 $f(N)\leqslant Cg(N)$，则称函数 $f(N)$ 当 N 充分大时有上界，且 $g(N)$ 是它的一个上界，记为 $f(N)=O(g(N))$。这时还说 $f(N)$ 的阶不高于 $g(N)$。

【例 1】（1）因为对所有的 $N\geqslant 1$ 有 $3N\leqslant 4N$，所以 $3N=O(N)$；

（2）因为当 $N\geqslant 10$ 有 $2N^2+11N-10\leqslant 3N^2$，所以 $2N^2+11N-10=O(N^2)$；

（3）因为对所有的 $N\geqslant 1$ 有 $N^2\leqslant N^3$，所以 $N^2=O(N^3)$；

（4）作为一个反例，$N^3\neq O(N^2)$。因为若不然，则存在正的常数 C 和自然数 N_0，使得当 $N\geqslant N_0$ 时有 $N^3\leqslant CN^2$，即 $N\leqslant C$。显然，当 $N=\max\{N_0,\lfloor C\rfloor+1\}$ 时这个不等式不成立，所以 $N^3\neq O(N^2)$。

定义 2.2　如果存在正常数 C 和自然数 N_0，对任意 $N\geqslant N_0$ 都有 $f(N)\geqslant Cg(N)$，则称函数 $f(N)$ 当 N 充分大时有下界，且 $g(N)$ 是它的一个下界函数，记为 $f(N)=\Omega(g(N))$。这时还说 $f(N)$ 的阶不低于 $g(N)$。

【例 2】（1）因为对所有的 $N\geqslant 1$ 有 $3N\geqslant 2N$，所以 $3N=\Omega(N)$；

（2）因为当 $N\geqslant 1$ 时有 $3N^2+10N\geqslant 3N^2$，所以 $3N^2+10N=\Omega(N^2)$；

（3）因为当 $N\geqslant 1$ 时有 $N^3\geqslant N^2$，所以 $N^3=\Omega(N^2)$；

定义 2.1 说明了解决问题算法所需的时间总量 $f(N)$ 的上界，用数学符号 O

表示。定义2.2说明了算法所需的时间总量$f(N)$的下界，用数学符号Ω表示。

应该指出，符号O在问题时间复杂度和算法时间复杂度的定义中，含义是有差别的：算法时间复杂度用它评估算法的复杂性，得到的只是当规模充分大时的一个上界。这个上界的阶越低则评估就越精确，算法的分析结果就越有价值。而知道问题的复杂度下界，可以帮助找到或确认最优的算法。

在某些情况下，某算法的计算时间既有$f(N)=O(g(N))$又有$f(N)=\Omega(g(N))$，即$g(N)$既是$f(N)$的上界又是它的下界。为了方便起见，引入另一个数学符号表示这种情况。

定义2.3　如果存在正常数C_1，C_2和N_0，对于所有的$N\geqslant N_0$，有$C_1g(N)\leqslant f(N)\leqslant C_2g(N)$，则称$f(N)$与$g(N)$同阶。记为$f(N)=\theta(g(N))$。

这样，复杂性分析大大简化，例如复杂度$N^3+3N^2-10N+35$可用N^3来代替。

定义2.4　如果对于任意给定的$\varepsilon>0$，都存在正整数N_0，使得当$N\geqslant N_0$时有$f(N)/g(N)\leqslant\varepsilon$，则称函数$f(N)$当$N$充分大时的阶比$g(N)$低，记为$f(N)=o(g(N))$。

例如：$5N\lg N+8=o(4N^2+5N\lg N+8)$。

常用的渐进复杂度的阶的大小排序：

$$O(1)<O(\lg n)<O(n)<O(n\lg n)<O(n^2)<O(n^3)<\cdots$$
$$<O(2^n)<O(n!)<O(n^n)$$

在进行算法分析时，我们要确定能反应算法在各种情况下工作的数据集，选取的数据要能够反映各种情况，包括最好情况下的时间复杂度（时间复杂度下界）、最坏情况下的时间复杂度（时间复杂度上界）和平均情况下的时间复杂度。通过使用这些数据配置来运行算法，以了解算法的性能。

2.3.2　算法的空间复杂度

算法的存储量包括：(1) 输入数据所占空间，(2) 算法（程序）本身所占空间，(3) 辅助变量所占空间。其中，输入数据所占空间只取决于问题本身，和算法无关。算法本身所占空间虽与算法有关，但一般其大小是相对固定的。所以，研究算法的空间效率，只需分析除输入数据和算法本身之外的辅助空间。若所得辅助空间相对于输入数据来说是常数，则称此算法为原地工作，否则，它应当是输入数据规模的某种函数。

2.3.3　算法复杂度计算实例

现以顺序检索数组中是否存在元素x算法为例，说明如何对算法进行复杂性分析。

【例3】　设A是一个具有n个元素的数组，给定一个数x，按下述算法判定x是否在数组A中出现：

```
int search {A [n], x}
{ for (k=0; k<n; k++)
      if(A[k] = = x)
        return k;
      return -1;
}
```

假定 x 可以出现在数组中的任意位置或者根本不在数组中，且所有输入的概率相同。试分析算法的时间复杂度。

顺序检索算法复杂度分析：

（1）最好情况复杂度分析。最理想的情况就是比较一次就可以找到了，显然是要查找的元素就是数组的第一个元素，$T_{\min}(n)=1$（次）。

（2）平均时间复杂度 $T_{\text{avg}}(n)$ 分析。首先应根据 x 在表中的位置将输入分类，这样，共有 $n+1$ 种输入情况：对于 $1\leqslant i\leqslant n$，记 I_i 表示 x 在表中第 i 个位置出现的情况，I_{n+1} 表示 x 不在表中的情况。

若记 $t(I_i)$ 为算法在输入 I_i 时所做的比较次数，显然有当 $1\leqslant i\leqslant n$ 时，$t(I_i)=i$，而且 $t(I_{n+1})=n$。

假设 q 是 x 出现在表中的概率，并假定 x 出现在每个位置的可能性均等。则对 $1\leqslant i\leqslant n$，有 $P(I_i)=q/n$，并且 $P(I_{n+1})=1-q$，故有：

$$
\begin{aligned}
T_{\text{avg}}(n) &= \sum_{t=1}^{n+1} P(I)t(I_t) = \sum_{t=1}^{n} (q/n)i + (1-q)n \\
&= (q/n)\sum_{t=1}^{n} i + (1-q)n \\
&= (q/n)n(n+1)/2 + (1-q)n \\
&= q(n+1)/2 + (1-q)n
\end{aligned}
$$

在这里，如果已知 x 在表中，即 $q=1$，则 $T_{\text{avg}}(n)=(n+1)/2$，说明算法平均要检查半张表；如果 $q=1/2$，即 x 有一半可能在表中，则 $T_{\text{avg}}(n)\approx 3n/4$，说明在这种情况下，平均要检查 3/4 张表。如果 $q=0$，即 x 不在表中，则 $T_{\text{avg}}(n)=n$。

（3）最坏情况复杂度分析。显然，$T_{\max}(n)=\max\limits_{1\leqslant t\leqslant n+1} t(I_i)=n$。此情况发生在 x 是表中的最后一项或 x 不在表中的时候。此时，算法需要检查整张表。

2.4 算法设计与分析步骤

2.4.1 利用算法求解问题的过程

算法问题的求解过程在本质上与一般问题的求解过程是一致的。求解一个算法问题，需要先理解问题。通过仔细阅读问题，充分理解所求解的问题。

算法一般分两类：精确算法和启发式算法。一个精确算法总能保证求得问题的解。而一个启发式算法通过使用某种规则、简化或智能猜测来减少问题求解时间。它们有时比精确算法更有效，但其求解问题所需的时间常常因实例而异；且其也不能保证求得的解必定是问题的最优解，甚至不一定是问题的可行解。对于最优化问题，一个算法如果致力于寻找近似解而不是最优解，被称为近似算法。近似算法求得的应当是问题的可行解，可能不是最优解。如果在算法中需做出某些随机选择，则称为随机算法。随机算法执行的随机选择一般依赖于随机数发生器所产生的随机数。

在理解问题之后，算法设计者需要选择采用何种算法。有一些问题无法求得精确解，另一些问题虽然存在精确算法，但这些算法的求解时间非常非常长。这就需要采用智能启发式算法。启发式算法虽然并不总能导致理想的解，但常常能在合理的时间内得到令人满意的结果。

2.4.2 如何设计算法

算法设计是一项创造性活动，学习一些基本的算法设计策略是非常有用的。对于所求解的问题，只要符合某种算法设计策略的前提或者适用范围，便可以利用它设计有效的算法。算法设计策略是使用算法解题的一般性方法，可用于解决不同交通运输领域的多种问题。如果所求问题符合某种算法设计策略处理的问题特性，就可使用该算法设计策略设计算法求解问题。

2.4.3 如何表示算法

算法表示的计算过程需要以某种方式描述出来。算法可以使用自然语言描述，但自然语言不够严谨。算法也可以用流程图描述，但对于复杂算法，流程图会十分复杂，难以建立和理解。伪代码是自然语言和程序设计语言的混合结构。它所描述的算法通常比自然语言精确，又比实际程序设计语言简洁。

2.4.4 如何确认算法

如果一个算法对于所有合法的输入，都能在有限时间内输出预期的结果，那么此算法是正确的。确认一个算法是否正确的活动称为算法确认。算法确认的目的在于确认一个算法能否正确无误地工作。使用数学方法证明算法的正确性，称为算法证明。证明算法正确性常用的方法是数学归纳法。若要表明算法是不正确的，只须给出能够导致算法不能正确处理的输入实例即可。

2.4.5 如何分析算法

算法分析是指对算法的执行时间和所需空间的估算。求解同—问题可以编写不同的算法，通过算法分析，可以比较两个算法效率的高低。渐进复杂度分析是一种用于预测算法近似运行时间以及进行算法比较的方法，是非常有效的。这种方法的主要特征是，忽略常数因子并关注输入大小无限增长后算法的行为。

参 考 文 献

[1] 王晓东．算法设计与分析[M]．北京：清华大学出版社，2003.
[2] 姜新文，彭立宏，殷建平．算法设计与分析．长沙：国防科技大学出版社，2008.
[3] 田翠华．算法设计与分析[M]．北京：冶金工业出版社，2007.
[4] 夏红霞，宋华珠，钟珞．算法设计与分析[M]．武汉：武汉大学出版社，2007.
[5] 吕国英，任瑞征，等．算法设计及应用[M]．北京：清华大学出版社，2008.

3 基本算法策略

3.1 递归与分治策略

政治家们所成功运用的分而治之策略，也可以运用到高效率的计算机算法的设计过程中。分治法的设计思想是将一个难以直接解决的大问题，分割成一些规模较小的子问题，以便各个击破，分而治之。如果原问题可分割成 k （$1<k\leqslant n$）个子问题，且这些子问题都是可解的，并可利用这些子问题的解求出原问题的解，那么这种分治法就是可行的。由分治法产生的子问题往往是原问题的较小模式，这就为使用递归技术提供了方便。在这种情况下，反复使用分治手段，可以使子问题与原问题类型一致而其规模却不断缩小，最终使子问题缩小到很容易求出其解。由此自然导致递归算法。分治与递归像孪生兄弟，经常同时应用在算法设计当中，并由此产生许多高效的算法。

3.1.1 递归的概念

直接或间接地调用自身的算法称为递归算法。用函数自身给出定义的函数称为递归函数。在计算机算法设计与分析中，递归技术是十分有用的。使用递归技术往往使函数的定义和算法的描述简洁且易于理解。有些数据结构如二叉树等，由于其自身固有的递归特性，特别适合用递归的形式来描述。另外，还有一些问题，虽然其本身并没有明显的递归结构，但用递归技术来求解使设计出的算法简洁易懂且易于分析。递归方法大大地减少了算法的代码量。实现递归的关键在于找出递归方程式和递归终止条件。

递归算法解题通常有 3 个步骤：

（1）分析问题、寻找递归：找出递归方程式。

（2）设置边界、控制递归：找出递归终止条件，即算法易解的最小规模问题。

（3）设计函数、确定参数。

下面介绍一个经典的递归问题。

【例 1】 Fibonacci 数列

无穷数列 1，1，2，3，5，8，13，21，34，55，…，称为 Fibonacci 数列。它可以递归地定义为

$$F(n)=\begin{cases}1 & n=0,\ 1\\ F(n-1)+F(n-2) & n>1\end{cases}$$

这是一个递归关系式，它说明当 n 大于 1 时，这个数列第 n 项的值是它前面两项之和。它用两个较小的自变量的函数值来定义较大自变量的函数值，所以需要两个初始值 $F(0)$ 和 $F(1)$。第 n 个 Fibonacci 数可用递归计算如下：

```
public static int Fibonacci (int n)
{
  if  (n≤1)   return 1;
else
  return Fibonacci (n-1) + Fibonacci (n-2)
  }
```

由于递归算法结构清晰，可读性强，而且容易用数学归纳法来证明算法的正确性，因此它为设计算法、调试程序带来很大方便。然而，递归算法的运行效率较低，无论是耗费的计算时间还是占用的存储空间都比非递归算法要多。若在程序中消除算法的递归调用，则其运行时间可大为节省。因此，有时希望在递归算法中消除递归调用，使其转化为非递归算法。通常，消除递归采用一个用户定义的栈来模拟系统的递归调用工作栈，从而达到将递归算法改为非递归算法的目的。仅仅是机械地模拟还不能达到减少计算时间和存储空间的目的。因此，还需要根据具体程序的特点对递归调用工作栈进行简化，尽量减少栈操作，压缩栈存储空间以达到节省计算时间和存储空间的目的。

3.1.2　分治法的基本思想

分治法的基本思想是：将一个规模为 n 的问题分解成 k 个规模较小的子问题，这些子问题互相独立且与原问题形式相同，分别求出这些子问题的解，然后再将这些子问题的解合并成原问题的解。

由算法思路可知，分治法求解一般可以用一个递归过程来表示，可以这样说分治法就是一种寻找大规模问题与小规模问题关系的方法，是递归设计方法的一种具体策略。

根据分治法的分割原则，应把原问题分解为多少个子问题才比较适宜？每个子问题是否规模相同或怎样才为适当？这些问题很难给予肯定的回答。但人们从大量实践中发现，在用分治法设计算法时，最好使子问题的规模大致相同。即将一个问题分成大小相等的 k 个子问题的处理方法是行之有效的。许多问题可以取 $k=2$。这种使子问题规模大致相等的做法是出自一种平衡子问题的思想，它几乎总是比子问题规模不等的做法更好。

3.1.3 二分搜索法

当每次都将问题分解为原问题规模的一半时，称为二分搜索法。二分搜索算法是分治法较常用的分解策略，数据结构课程中的折半查找、归并排序等算法都是采用此策略实现的。

给定已排好序的 n 个元素数组 $a[0:n-1]$，查找值 x 是否在数组中。

首先容易想到的是用顺序搜索法，逐个比较 $a[0:n-1]$ 中元素，直至找出元素 x 或搜索遍整个数组后确定 x 不在其中。这个方法没有很好地利用 n 个元素已排好序这个条件，因此在最坏情况下，顺序搜索法需要 $O(n)$ 次比较。

二分搜索法充分利用了元素间的次序关系，采用分治策略，可在最坏情况下用 $O(\log_2 n)$ 时间完成搜索。二分搜索法的基本思想是将 n 个元素分成个数大致相同的两半，取 $a[n/2]$ 与 x 进行比较。如果 $x=a[n/2]$，则找到 x，算法终止。如果 $x<a[n/2]$，则只要在数组 a 的左半部继续搜索 x。如果 $x>a[n/2]$，则只要在数组 a 的右半部继续搜索 x。具体算法描述如下：

```
Public static int binary Search (int [ ] a, int x, int n)    //在a[0] ≤a[1] ≤…≤a[n-1] 中搜索x
  {                                                          //找到x时返回其在数组中位置，否则返回-1
  int left=0; int right-n-1;
     while (left<=right) {
     int middle= (left+right) /2;
     if(x==a[middle] ) return middle;
     if(x>a[middle] ) left=middle+1;
     else right=middle-1;
  }
  return--1;        //未找到x
  }
```

容易看出，每执行一次算法的 while 循环，待搜索数组的大小减少一半。因此，在最坏情况下，while 循环被执行了 $O(\log_2 n)$ 次。循环体内运算需要 $O(1)$ 时间，因此整个算法在最坏情况下的计算时间复杂性为 $O(\log_2 n)$。

3.1.4 棋盘覆盖

在一个有 $2^k \times 2^k$ 个方格组成的棋盘中，恰有一个方格与其他方格不同，称该方格为特殊方格，该棋盘为残缺棋盘。显然残缺方格在棋盘上出现的位置有 4^k 和情形。因此对于任意的正数 k，存在 4^k 种不同的残缺棋盘。图 3.1 中的残缺棋盘是当 $k=2$ 时 16 个残缺棋盘中的一个，其中残缺的方格用阴影表示。注意当 $k=C$时，仅存在一种可能的残缺棋盘。

在棋盘覆盖问题中，要用图 3.2 所示的 4 种不同形态的三格板覆盖给定的残缺棋盘上除特殊方格以外的所有方格，且任何两个三格板不能重叠。易知，在任何一个 $2^k×2^k$ 的棋盘覆盖中，用到的三格板个数恰为（4^k-1）/3。可以验证（4^k-1）/3 是一个整数。

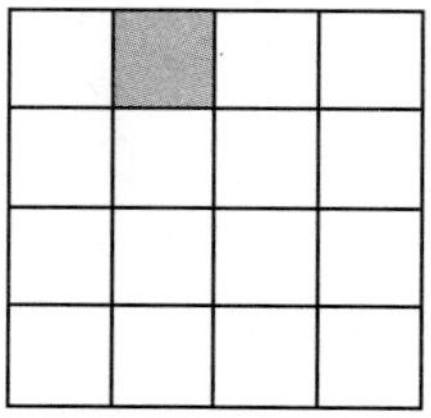

图 3.1　$k=2$ 时的一个残缺棋盘

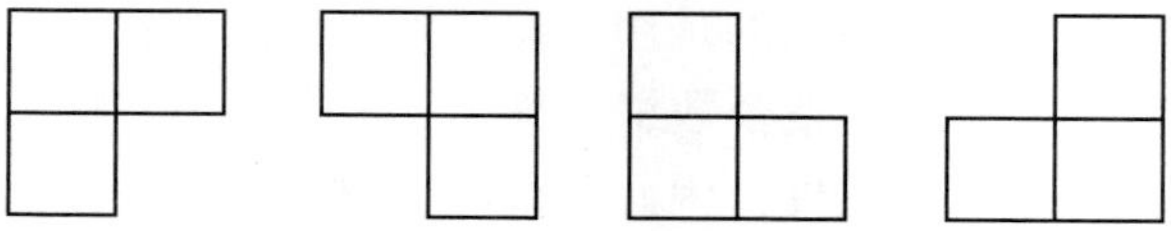

图 3.2　四种不同形态的三格板

用分治策略，可以设计出解棋盘覆盖问题的简洁算法。

首先，将棋盘切割。当 $k>0$ 时，将 $2^k×2^k$ 残缺棋盘分割为 4 个 $2^{k-1}×2^{k-1}$ 子棋盘，如图 3.3（a）所示。特殊方格必位于 4 个较小子棋盘之一中，其余 3 个子棋盘中无特殊方格（因为原来的 $2^k×2^k$ 棋盘仅仅有一个特殊方格）。为了将这 3 个无特殊方格的子棋盘转化为残缺棋盘，可以用一个三格板覆盖这 3 个小棋盘的会合处，如图 3-3（b）所示，这 3 个子棋盘上被三格板覆盖的方格就成为该棋盘上的特殊方格，从而将原问题转化为 4 个较小规模的棋盘覆盖问题。递归地使用这种分割，直至棋盘简化为 1×1 棋盘。此时 1×1 的棋盘中仅仅包含一个方格且此方格残缺，所以无须放置三格板。

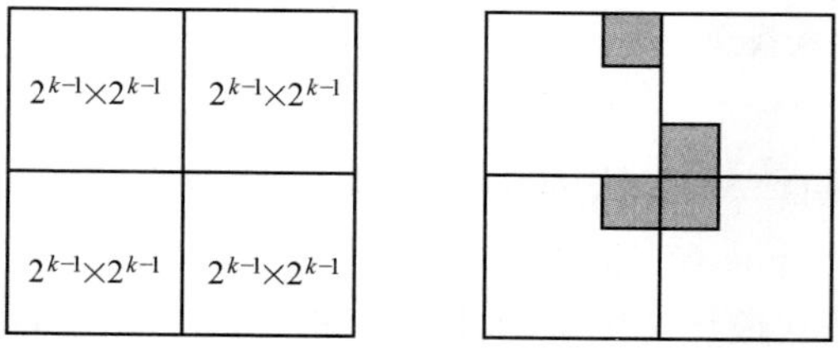

(a)　　(b)

图 3.3　棋盘分割

设 $T(k)$ 为算法覆盖一个 $2^k×2^k$ 残缺棋盘所需要的时间。从算法的分割策略可知，$T(k)$ 满足以下递归表达式：

$$T(k)=\begin{cases}O(1) & k=0\\ 4T(k-1)+O(1) & k>0\end{cases}$$

解此递归方程可得 $T(k)=O(4^k)$，即此算法的时间复杂度为 $O(4^k)$，是一个有效算法。

3.2 动态规划法

动态规划法是在20世纪50年代由美国数学家贝尔曼（Richard Bellman）提出的，它适用于解最优化问题，而且是解决多阶段决策过程得最优化问题。所谓“动态”，指的是问题的多阶段决策中，按某一顺序，根据每一步所选决策的不同，将随即引起状态的转移，最终在变化的状态中产生一个决策序列。动态规划就是为了使产生的决策序列在符合某种条件下达到最优。

3.2.1 动态规划法的基本思想

动态规划算法与分治法类似，其基本思想是将待求解问题分解成若干个子问题，先求解子问题，然后从这些子问题的解得到原问题的解。与分治法不同的是，该法适合于用动态规划法求解的问题，经分解得到的子问题往往不是互相独立的。若用分治法解这类问题，则分解得到的子问题数目太多，以至于最后解决原问题需要耗费指数级时间。然而，不同子问题的数目常常只有多项式量级。在用分治法求解时，有些子问题被重复计算了许多次。如果能够保存已解决的子问题的答案，而在需要时再找出已求得的答案，就可以避免大量重复计算，从而得到多项式时间算法。为了达到这个目的，可以用一个表来记录所有已解决的子问题的答案。不管该子问题以后是否被用到，只要它被计算过，就将其结果填入表中。这就是动态规划法的基本思想。具体的动态规划算法是多种多样的，但它们具有相同的填表格式。

动态规划算法适用于解最优化问题。通常可以按以下步骤设计动态规划算法：

(1) 找出最优解的性质，并刻画其结构特征；

(2) 递归地定义最优值；

(3) 以自底向上的方式计算出最优值；

(4) 根据计算最优值时得到的信息，构造最优解。

步骤（1）~（3）是动态规划算法的基本步骤。在只需要求出最优值的情形，步骤（4）可以省去。若需要求问题的最优解，则必须执行步骤（4）。此时，在步骤（3）中计算最优值时，通常需记录更多的信息，以便在步骤（4）中，根据所记录的信息，快速构造出最优解。

3.2.2 动态规划法的基本要素

一个最优化多步决策问题是否适合采用动态规划法求解，要看它是否具备有两个基本要素：最优子结构性质和子问题重叠性质。这在设计求解具体问题的算法时，对于是否选择动态规划算法具有指导意义。

设计动态规划算法的第一步通常是刻画最优解的结构。当问题的最优解包含了其子问题的最优解时，称该问题具有最优子结构性质。问题的最优子结构性质提供了该问题可用动态规划算法求解的重要线索。最优子结构性质使动态规划法可以采用自底向上的方式进行计算。所有可能的子问题都可被计算，如果能在求解中保存已计算的子问题的最优解，当这些最优解被重复引用时，则无须再次计算，从而节省了大量的计算时间。

可用动态规划算法求解的问题应该具备的另一个基本要素是子问题的重叠性质。也就是说，在用递归算法自顶向下求解问题时，每次产生的子问题并不总是新问题，有些子问题被反复计算多次。动态规划算法正是利用了这种子问题的重叠性质，对每一个子问题只解一次，而后将其解保存在一个表格中，当再次需要解此子问题时，只是简单地用常数时间查看一下结果。通常，不同的子问题个数随问题的大小呈多项式增长。因此，用动态规划算法通常只需要多项式时间，从而获得较高的解题效率。

虽然动态规划法也是基于分解思想的，但由于子问题往往是重叠的，如果采用与分治法类似的直接递归方法来求解将十分费时。为了避免重复计算，动态规划算法一般采用自底向上的方式进行计算，先求较小子问题的最优解，并且保存已经求解的子问题的最优解值，即建立备忘录。当这些子最优解值被重复引用时，无须重新计算这些子问题，因而节省了大量的计算时间。然后从它们的最优解得到较大于问题的最优解，直至最终求得原问题的最优解。

3.2.3　最短路径问题

在一个带权的有（无）向图 $\boldsymbol{G}=(V,E)$ 中，s 和 t 是 V 个两顶点，设有一条从 s 到 t 的路，如果从 s 到 t 的路中没有一条比此路的权更小的路，则称该路是从 s 到 t 的最短路。当然，最短路可能不是唯一的。如图 3.4，如何求解从结点①到结点⑩之间的最短路径？

为了能够使用最优性原理，可以先完成这样的工作：对一个图的顶点进行分级。

对给定的一个有向连通图 $\boldsymbol{G}=(V,E)$，把 V 分成 k 个不相交的子集 V_i，$k\geqslant 2$，$1\leqslant i\leqslant k$。划分的原则是：$V_1=\{s\}$，$V_i=\{t\}$。一般，对 E 中的任一条边 (u, v)，必有 $u\in V_i$，$v\in V_{i+1}$。这里的 s 和 t 分别称为起点和终点；一个边（u，v）的权记为 $a(i,j)$。对图 3.4 分级，如图 3.5 所示。

在对结点分级后，对于每一条由 s 到 t 的路，可以把它看作 $k-2$ 个阶段中做出的某个决策序列的相应结果，而第 i 阶段的决策就是确定 V_{i+1} 中的哪个结点在

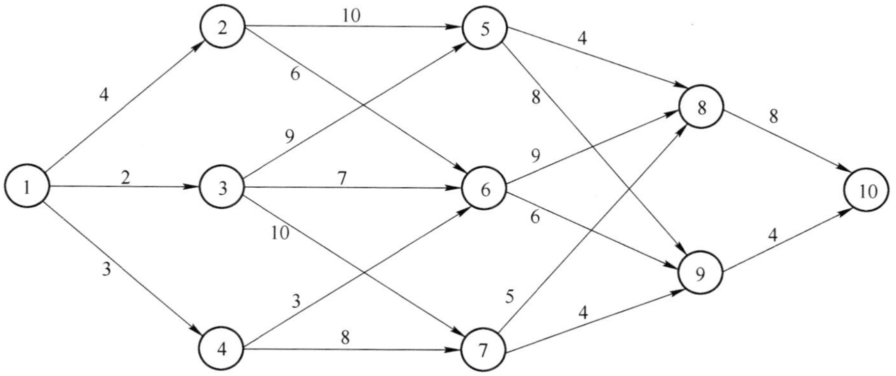

图 3.4 带权有向图

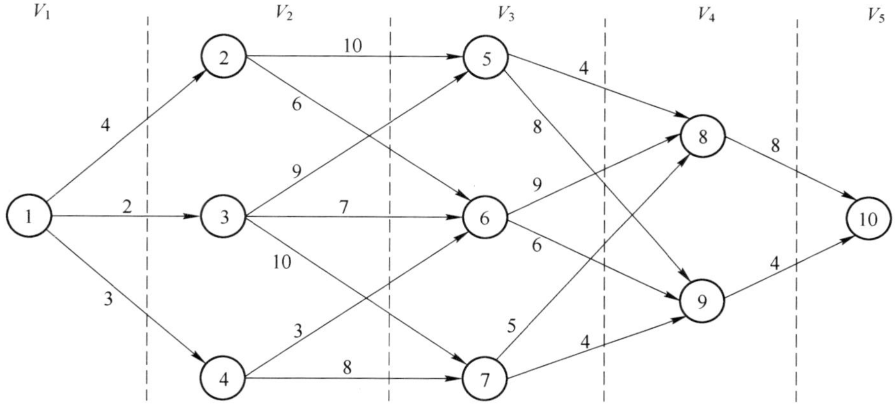

图 3.5 带权有向图的分级

这条路径上，$1 \leqslant i \leqslant k-2$。很容易证明，这样的最优解满足最优子结构特性。

需要指出的是，由于多阶段决策问题的各阶段是相互联系的，因此，一般很难独立做出某一阶段的决策。不过，最优性原理却能启发我们去寻找某种递推的关系。现在，记 $D(i,j)$ 是 V_i 中的结点 j 到 t 的一条最短路径，$d(i,j)$ 是它的权，利用最优化原理可以得到：

$$d(i,\ j) = \min_{\substack{\ell \in V_{i+1} \\ (j,\ t) \in E}} \{a(j,\ \ell) + d(i+1,\ \ell)\} \tag{3.1}$$

在计算开始时，若 $(j,\ 1) \in E$，则 $d\ (k-1,\ j) = a\ (j,\ t)$；若 $(j,\ 1) \notin E$，则 $d(k-1,\ j) = \infty$。利用式（3.1），可以先对 $j \in V_{k-2}$，计算 $d(k-2,\ j)$；再对 $j \in V_{k-3}$；计算 $d(k-3,\ j)$，等，直到计算出 $d(1,\ s)$，此即所要得到的内 s 到 t 的最短路径的权。如果在计算每一个 $d(i,j)$ 的同时，能够记下使 $a(j,\ell) + d(i+$

1，ℓ）取最小的值，那么还可以得到这条最短路径。此过程显然存在重叠子问题现象，可以记录中间值，避免重复计算，以节省计算时间。

【例 2】　图 $\boldsymbol{G}=(V,E)$ 是一个带权有向图，如图 3.4 所示，用动态规划算法求从结点①到结点⑩之间的最短路径。

解：将图 3.4 的 10 个顶点分为 5 级，如图 3.5 所示。

根据式（3.1），对于图 3.5 的计算过程如下：

$d(4,\ 8)=a(4,\ 8)=8$；$d(4,\ 9)=a(9,\ 10)=4$；

$d(3,\ 5)=\min\{4+d(4,\ 8),\ 8+d(4,\ 9)\}=\min\{4+8,\ 8+4\}=12$；

$d(3,\ 6)=\min\{9+d(4,\ 8),\ 6+d(4,\ 9)\}=\min\{9+8,\ 6+4\}=10$；

$d(3,\ 7)=\min\{5+d(4,\ 8),\ 4+d(4,\ 9)\}=\min\{5+8,\ 4+4\}=8$；

$d(2,\ 2)=\min\{10+d(3,\ 5),\ 9+d(3,\ 6)\}=\min\{10+12,\ 9+10\}=19$；

$d(2,\ 3)=\min\{6+d(3,\ 5),\ 7+d(3,\ 6),\ 10+d(3,\ 7)\}=\min\{6+12,\ 7+10,\ 10+8\}=17$；

$d(2,\ 4)=\min\{3+d(3,\ 6),\ 8+d(3,\ 7)\}=\min\{3+10,\ 8+8\}=13$；

$d(1,\ 1)=\min\{4+d(2,\ 2),\ 2+d(2,\ 3),\ 3+d(2,\ 4)\}=\min\{4+19,\ 2+17,\ 3+13\}=16$；

因此，从 s 到 t 的一条最短路的权是 16。

按照前面的定义，$D(i,j)$ 是 V 中的结点 j 到 t 的一条最短路径，则可得到 $D(i,j)$的值，如下所示：

$D(4,\ 8)=\{8,\ 10\}$　　$D(4,\ 9)=\{9,\ 10\}$

$D(3,\ 5)=\{5,\ 8,\ 10\}$ 或 $\{9,\ 10\}$　　$D(3,\ 6)=\{6,\ 9,\ 10\}$　　$D(3,\ 7)=\{7,\ 9,\ 10\}$

$D(2,\ 2)=\{2,\ 6,\ 9,\ 10\}$　　$D(2,\ 3)=\{3,\ 6,\ 9,\ 10\}$

$D(2,\ 4)=\{4,\ 6,\ 9,\ 10\}$ 或 $\{4,\ 7,\ 9,\ 10\}$　　$D(1,\ 1)=\{1,\ 4,\ 6,\ 9,\ 10\}$

设 $D(i,\ j)=1$ 是使和式 $a(j,\ \ell)+d(i+1,\ \ell)$ 取得最小值的 ℓ 值，其中 $d(i,j)$是 V_i 中的结点 j 到 t 的一条最短路径的权，则在上面的计算过程中，随着 $d(i,j)$ 的计算，同时可以求得：

$D(4,\ 8)=8$　　$D(4,\ 9)=9$

$D(3,\ 5)=8$ 或 9　　$D(3,\ 6)=9$　　$D(3,\ 7)=9$

$D(2,\ 2)=6$　　$D(2,\ 3)=6$　　$D(2,\ 4)=6$

$D(1,\ 1)=4$

于是，得到了从 s 到 t 的一条最短路径是 1，4，6，9，10，它的权恰好是 16。在求 V_1 级和 V_k 级中的结点 s 到 t 的最短路径时，实际上是由 V_{k-1}级中的结点，由后向前推到 V_1 级的，这种方法被称为动态规划的向前推理法。如果设 BD 是从 s 到 V_i 中顶点 j 的最短路，$bd(i,j)$ 是该路的权，就可以得到这个问题的向后处理法。读者可以自己练习写出它的递归关系。

此外，在实施算法时，对于一般的图，首先应该像图 3.4 那样对顶点按级进行编号，即 s 为 1，然后是 V_2，V_3 等，最后 t 为 n 。这种编号可以使算法更为简捷。

3.2.4 货郎担问题

货郎担问题的基本描述为：一个售货员要到若干个村庄去售货，村庄间的路是已知的。如果售货员从商店出发到每村庄售货一次，然后返回商店，那么他应该选择一条什么样的路线才能使所走的路程最短呢？该问题就是寻找一个图中具有最小权的闭合回路。

在一个具有 n 个顶点的图 $\boldsymbol{G}(V,E)$ 中，如果固定某一顶点为起点，那么将会得到 $(n-1)!$ 条闭合回路，对应着除顶点之外的其余所有顶点的不同排列，因此，不能通过枚举法来得到最优解。

不失一般性，可以假定起始顶点为 1，那么一条闭合回路一定是由结点 1 的一条邻边 $(1, k)$ 和一条由结点 k 出发经过 $V-\{1, k\}$ 中的所有顶点一次再回到结点 1 的路径组成。如果一条回路是最优的，那么，由 k 到 1 的路径就一定是结点 k 到结点 1 的最短路（要求该路经过图中的其余所有顶点一次），即最优性原理成立。

设 $g(i,S)$ 是由结点 i 开始，通过 S 中的所有结点一次，然后终止于结点 1 的一条最短路径的权，那么，$g(1, V-\{1\})$ 就是一条起始并终止于结点1的最优周游路线的权。则有递推关系：

$$g(1,\ V-\{1\}) = \max_{\substack{2\leqslant k\leqslant n \\ (1,\ k)\in E}} \{a(1,\ k) + g(1,\ V-\{1,\ k\})\} \tag{3.2}$$

一般地，有递推关系：

$$g(i,\ S) = \max_{\substack{i\in S \\ (1,\ k)\in E}} \{a(i,\ k) + g(k,\ S-\{i\})\} \tag{3.3}$$

如果对于所有的 k，$(1, k)\in E$，计算出了 $g(k,V-\{k\})$ 的值，则由式（3.2）可求得 $g(1, V-\{1\})$。显然，初始时，对任意的 i，$1\leqslant i\leqslant n$，$g(i, \phi) = a(i, 1)$，于是，由式（3.3）可计算出 $S=1$ 时的 $g(i, S)$，再对 $S=2$进行计算，等。

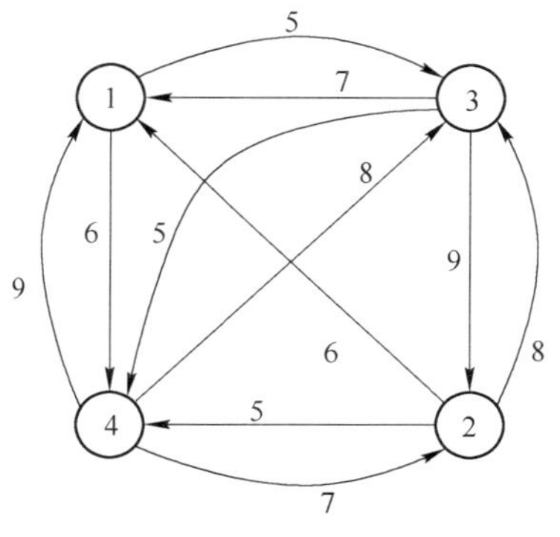

图 3.6 带权有向图

【例 3】 给定一个 4 个顶点的带权有向图（见图 3.6），求此图的一条最优周游路线。

解：权矩阵为：

$$A = (a_{ij})_{mn} = \begin{bmatrix} \infty & \infty & 5 & 6 \\ 6 & \infty & 8 & 5 \\ 7 & 9 & \infty & 5 \\ 9 & 7 & 8 & \infty \end{bmatrix}$$

根据递推式（3.3）计算，可得：

$$g(2,\ \phi) = a_{21} = 6\ ,\ g(3,\ \phi) = a_{31} = 7\ ,\ g(4,\ \phi) = a_{41} = 9$$

利用上述初值及公式，计算如下：

$g(2,\ \{3\}) = a_{23} + g(3,\ \phi) = 15$; $g(2,\ \{4\}) = a_{24} + g(4,\ \phi) = 14$;

$g(3,\ \{2\}) = a_{32} + g(2,\ \phi) = 15$; $g(3,\ \{4\}) = a_{34} + g(4,\ \phi) = 14$;

$g(4,\ \{2\}) = a_{42} + g(2,\ \phi) = 13$; $g(4,\ \{3\}) = a_{43} + g(3,\ \phi) = 15$;

$g(2,\ \{3,\ 4\}) = \min\{a_{23} + g(3,\ \{4\}),\ a_{24} + g(4,\ \{3\})\} = 20$;

$g(3,\ \{2,\ 4\}) = \min\{a_{32} + g(2,\ \{4\}),\ a_{34} + g(4,\ \{2\})\} = 18$;

$g(4,\ \{2,\ 3\}) = \min\{a_{42} + g(2,\ \{3\}),\ a_{43} + g(3,\ \{2\})\} = 22$

最后，有

$$g(1,\ \{2,\ 3,\ 4\}) = \min\{a_{12} + g(2,\ \{3,\ 4\}),\ a_{13} + g(3,\ \{2,\ 4\}),\ a_{14} + g(4,\ \{2,\ 3\})\} = 23$$

故图 **G** 的最优周游路线的权是 23。如果对每个 $g(i,S)$，记住使式（3.3）右边取得最小值的下标 k，则可以得到这条回路是 1—3—4—2—1。

时间分析：以下将从过程本身出发来考察比算法所需要的比较运算次数。显然，比较运算来源于 $g(i,S)$ 的计算，因此，需要先确定在求得 $g(1,\ V-\{1\})$ 之前需要计算 $g(i,S)$ 的数目，$|S| = 1,\ 2,\ \cdots,\ n-2$。设 $|S| = k$，那么，在计算 $g(i,S)$ 时，i 可以是 $V-\{1\}$ 中的任何一个，共有 $n-1$ 个。因 S 时 $V\cdots\{1,\ i\}$ 中任取的 k 个元素组成，共有 C_{n-2}^k 种取法。因此，当 $|S| = k$ 时，共需计算 $(n-1)C_{n-2}^k$ 个 $g(i,S)$，此外，在 $|S| = k$ 时，计算一个 $g(i,S)$ 需要 $k-1$ 次比较，于是，总的比较次数为：

$$T(n) = \sum_{k=1}^{n-2}(n-1)(k-1)C_{n-2}^k \leqslant n^2\sum_{k=1}^{n-2}C_{n-2}^k \leqslant n^2 2^n$$

即上述算法的最坏时间是 $O(n^2 2^n)$。此结果说明，尽管该方法较枚举法有一定改进，但改进后的算法复杂度仍然很差，因此，实际应用上仍是不可取的。

3.3 贪心算法

贪心算法（greedy approach）从局部的最优出发，简单而快捷。对于一个问题的最优解只能用穷举法得到时，用贪心法是寻找问题次优解的较好算法。但要注意贪心法所存在的问题有三个方面：

（1）不能保证求得的最后解是最佳的；

（2）不能用来求最大或最小解问题；

（3）只能求满足某些约束条件的可行解的范围。

本节主要讲述贪心法的概念、基本思想和基本要素。

3.3.1 贪心算法的基本思想

如果一个问题具有最优子结构性质，可以采用动态规划法求解。但有时可以采用更加直接的方法求出最优解或近似最优解，本节所要讨论的贪心算法就是这样一种方法。

首先我们来看一个日常生活中经常会碰到的找硬币的例子。假设有 4 种硬币，它们的面值分别为一元、五角、一角和五分。现在要找给某顾客一元六角五分钱。这时，很自然会拿出 1 个一元的硬币，1 个五角的硬币，1 个一角的硬币和 1 个五分的硬币交给顾客。这种找硬币方法与其他的找法相比，所拿出的硬币个数是最少的。事实上，这里用到下面的找硬币方法：首先选出 1 个面值不超过一元六角五分的最大硬币，即一元，然后从一元六角五分中减去一元，剩下六角五分。再选出 1 个面值不超过六角五分的最大硬币，即五角。如此一直做下去，这个找硬币的方法实际上就是贪心算法。

顾名思义，贪心算法总是做出在当前看来最好的选择，也就是说，贪心算法并不从整体最优考虑。它所做出的选择只是在某种意义上的局部最优选择。当然，希望贪心算法得到的最终结果也是整体最优的。前面所说的找硬币算法得到的结果是整体最优解。找硬币问题本身具有最优子结构性质。它可以用动态规划法求解。但用贪心算法更简单，更直接，且解题效率更高。贪心算法利用了问题本身的一些特性。例如，上述找硬币的算法利用了硬币面值的特性。如果硬币的面值改为一分、五分和一角，而要找给顾客的是一角五分钱。还用贪心算法，将找给顾客 1 个一角一分的硬币和 4 个一分的硬币。然而 3 个五分的硬币显然是最好的找法。

虽然贪心算法不能对所有问题都得到整体最优解，但用贪心算法求解问题快速、直接，并且在一些情况下，即使贪心算法不能得到全局最优解，其最终结果却是最优解的很好近似。所以贪心算法在很多场合被广泛使用。例如，图的单源最短路径问题、最小生成树问题等。

总的来说，贪心算法采用的是逐步构造最优解的方法。也就是在每个阶段，都在一定的标准下做出一个看上去最优的决策。决策一旦做出，就不可更改。做出这个局部最优决策所按照的准则称为贪心准则。不难看出，贪心算法实际上是一种改进了的分级处理方法。因此，贪心算法有以下一些特点：在当前状态下一旦选定一个分量，就不再重试其他的可行性；它并不从整体最优上做出考虑，它的选择只是在贪心准则下的局部最优选择。因此，使用贪心算法得到的最优解不一定是整体最优的，却往往是最优解的很好的近似解。

3.3.2　贪心算法的基本要素

贪心法被用于求解一类最优化问题，它多步地使用决策求解方法，根据选定的最优度量标准（也称贪心准则），每次确定问题解的一个分量。由于贪心法在每一步上所做的选择只是当时的最佳选择，因此并不一定总能产生最优解。然而，对于一个最优化问题，如何才能得知该问题可用贪心法求解？

一般说来，适合应用贪心法求解的问题大都具有下面两个特性：贪心选择性质和最优子结构性质。

所谓贪心选择性质是指所求问题的整体最优解可以通过一系列局部最优的选择，即贪心选择来达到。这是贪心算法可行的第一个基本要素，也是贪心算法与动态规划算法的主要区别。在动态规划算法中，每步所做出的选择往往依赖于相关子问题的解。因而只有在解出相关子问题后，才能做出选择。而在贪心算法中，仅在当前状态下做出最好选择，即局部最优选择。然后再去解做出这个选择后产生的相应的子问题。贪心算法所做出的贪心选择可以依赖于以往所做过的选择，但决不依赖于将来所做的选择，也不依赖于子问题的解。正是由于这种差别，动态规划算法通常以自底向上的方式解各子问题，而贪心算法则通常以自顶向下的方式进行，以迭代的方式做出相继的贪心选择，每做出一次贪心选择就将所求问题简化为规模更小的子问题。

对于一个具体问题，要确定它是否具有贪心选择性质，必须证明每一步所做出的贪心选择最终导致问题的整体最优解。通常采用如下的证明过程：首先假设问题的一个整体最优解，那么第一步要证明可以把这个最优解修改成从贪心选择开始，此时原问题就转化为与原问题相似的一个子问题。然后，用数学归纳法证明，通过每一步做贪心选择，最终可得到问题的整体最优解。其中，证明贪心选择后的问题简化为规模更小的类似子问题的关键在于利用该问题的最优子结构性质。

当一个问题的最优解包含了这个问题的子问题的最优解时，就说这个问题具有最优子结构。问题的最优子结构性质是该问题可用动态规划算法或贪心算法求解的关键特征。贪心法就是通过对每一个子问题采取最优决策，最后达到全局最优的一种策略。

3.3.3　单源最短路径

在图论中最短路径问题可以分为很多种，比如：单源点最短路径问题，找图中第一短路径，第二路径，…，最短路径问题等。这里将要讨论的是单源点最短路径问题，即设有一个带权有向图 $\boldsymbol{G}=(V, E)$，其中每条边的权都是非负实数。设顶点 v_0 是图 $\boldsymbol{G}$ 中的一个指定顶点，称之为源。那么求从源到图 $\boldsymbol{G}$ 中其他各顶点的最短路长度就是单源最短路径问题。这里路的长度是指路上各边权之和。

3.3.3.1 算法基本思想

Dijkstra 算法是解单源最短路径问题的贪心算法。其基本思想是，设置顶点集合 S 并不断地做贪心选择来扩充这个集合。一个顶点属于集合 S 当且仅当从源到该顶点的最短路径长度已知。初始时，S 中仅含有源。设 u 是 $\boldsymbol{G}$ 的某一个顶点，把从源到 u 且中间只经过 S 中顶点的路称为从源到 u 的特殊路径，并用数组 dist 记录当前每个顶点所对应的最短特殊路径长度。Dijkstra 算法每次从 V-S 中取出具有最短特殊路长度的顶点 u，将 u 添加到 S 中，同时对数组 dist 进行必要的修改。一旦 S 包含了所有 V 中顶点，dist 就记录了从源到所有其他顶点之间的最短路径长度。

【例 4】 对下图中的有向图，应用 Dijkstra 算法计算从源顶点 1 到其他顶点间最短路径的过程列在表 3.1 中。

表 3.1 Dijkstra 算法的迭代过程

迭代	S	u	dist［2］	dist［3］	dist［4］	dist［5］
初始	{1}	—	10	∞	30	100
1	{1，2}	2	10	60	30	100
2	{1，2，4}	4	10	50	30	90
3	{1，2，4，3}	3	10	50	30	60
4	{1，2，4，3，5}	5	10	50	30	60

上述 Dijkstra 算法只计算出从源顶点到其他顶点间的最短路径长度。如果还要求相应的最短路径，可以用算法中数组 prev 记录的信息找出相应的最短路径。算法中数组 prev[i]记录的是从源到顶点 i 的最短路径上 i 的前一个顶点。初始时，对所有 $i \neq 1$，置 prev[i]=v。在 Dijkstra 算法中更新最短路径长度时，只要 dist[u]+c[u][i]<dist[i]时，就置 prev[i]=u。当 Dijkstra 算法终止时，就可以根据数组 prev 找到从源到 i 的最短路径上每个顶点的前一个顶点，从而找到从源到 i 的最短路径。

例如，对于图 3.7 中的有向图，经 Dijkstra 算法计算后可得数组 prev 具有值 prev[2]=1，prev[3]=4，prev[4]=1，prev[5]=3。如果要找出顶点 1 到顶点 5 的最短路径，可以从数组 prev 得到顶点 5 的前一个顶点是 3，3 的前一个顶点是 4，4 的前一个顶点是 1。于是从顶点 1 到顶点 5 的最路径是 1，4，3，5。

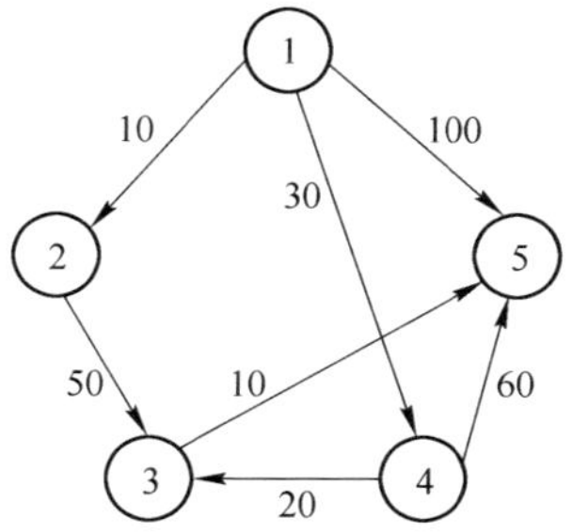

图 3.7 一个带仅有向图

3.3.3.2　算法的正确性和计算复杂性

下面讨论 Dijkstra 算法的正确性和计算复杂性。

A　贪心选择性质

Dijkstra 算法是应用贪心算法设计策略的一个典型例子。它所做出的贪心选择是从 $V-S$ 中选择具有最短特殊路径的顶点 u，从而确定从源到 u 的最短路径长度 dist[u]。这种贪心选择为什么能导致最优解呢？换句话说，为什么从源到 u 没有更短的其他路径呢？事实上，如果存在一条从源到 u 且长度比 dist[u]更短的路。设这条路初次走出 S 之外到达的顶点为 $x\in V-S$，然后徘徊于 S 内外若干次，最后离开 S 到达 u，如图 3.8 所示。

在这条路径上，分别记 $d(v,x)$，$d(x,u)$ 和 $d(v,u)$ 为顶点 v 到顶点 x，顶点 x 到顶点 u 和顶点 v 到顶点 u 的路长，那么

$$\text{dist}[x] \leqslant d(v,\ x)$$

$$d(v,\ x)+d(x,\ u)=d(v,\ u)<\text{dist}[u]$$

利用边权的非负性，可知 $d(x,u)\geqslant 0$，从而推得 dist[x]<dist[u]。此为矛盾。这就证明了 dist[u]是从源到顶点 u 的最短路径长度。

B　最优子结构性质

要完成 Dijkstra 算法正确性的证明，还必须证明最优子结构性质，即算法中确定的 dist[u]确实是当前从源到顶点 u 的最短特殊路径长度。为此，只要考察算法在添加 u 到 S 中后，dist[u]的值所起的变化。将添加 u 之前的 S 称为老的 S。当添加了 u 之后，可能出现一条到顶点 i 的新的特殊路。如果这条新特殊路是先经过老的 S 到达顶点 u，然后从 u 经一条边直接到达顶点 i，则这种路的最短的长度是 dist[u]+a[u][i]。这时，如果 dist[u]+a[u][i]<dist[i]，则算法中用 dist[u]+a[u][i]作为 dist[i]的新值。如果这条新特殊路径经过老的 S 到达 u 后，不是从 u 经一条边直接到达 i，而是像图 3.9 那样，回到老的 S 中某个顶点 x，

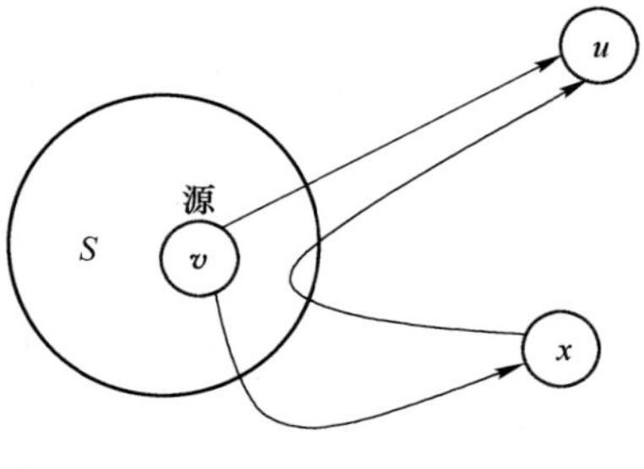

图 3.8　从源到顶点 u 的最短路径

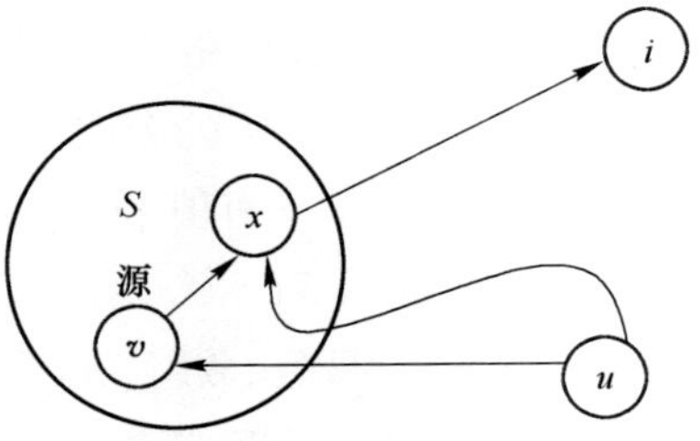

图 3.9　非最短的特殊路径

最后才到达顶点 i，那么由于 x 在老的 S 中，因此 x 比 u 先加入 S，故图 3.9 中从源到 x 的路的长度比从源到 u，再从 u 到 x 的路的长度小。于是当前 dist[i] 的值小于图 3.9 中从源经 x 到 i 的路的长度，也小于图中从源经 u 和 x，最后到达 i 的路的长度。因此，在算法中不必考虑这种路。由此即知，不论算法中 dist[u]的值是否有变化，它总是关于当前顶点集 S 到顶点 u 的最短特殊路径长度。

C 计算复杂性

对于具有 n 个顶点和 e 条边的带权有向图，如果用带权邻接矩阵表示这个图，那么 Dijkstra 算法的主循环体需要 $O(n)$ 时间。这个循环需要执行 $n-1$ 次，所以完成循环需要 $O(n^2)$ 时间。算法的其余部分所需要时间不超过 $O(n^2)$。

3.3.4 贪心启发式算法

在前面，用贪心法解决了一些问题并得到了最优解。但是，贪心法并不总是产生最优解。事实上，有太多的问题，要得到它们的最优解是很困难的。此时，启发式算法可以提供一种新的设计思路。当一个问题的最优解算法的复杂度很高时，如果利用某种办法产生的算法能很快地得到较好的解（或称为次优解、满意解），可能就相当满意了。从这种愿望出发就形成了所谓启发式的算法设计方法。而在许多情况下，贪心法能提供快速的方法去获得“满意”的解。因此，如果一个问题只能使用穷举搜索技术才能得到最优解时，贪心法作为一种启发式技术，是获得一个“满意”解的重要方法。

【例 5】 货郎担问题（TSP 问题）。给定一个带有权值的连通有向图（或无向图），以及它的邻接矩阵，称此邻接矩阵为权矩阵。如图 3.10 所示，希望在该图中寻找一条闭合回路，使得回路经过每一个图顶点，且回路中各边的权之和最小，称这样的一条闭合回路为最小周游路线。

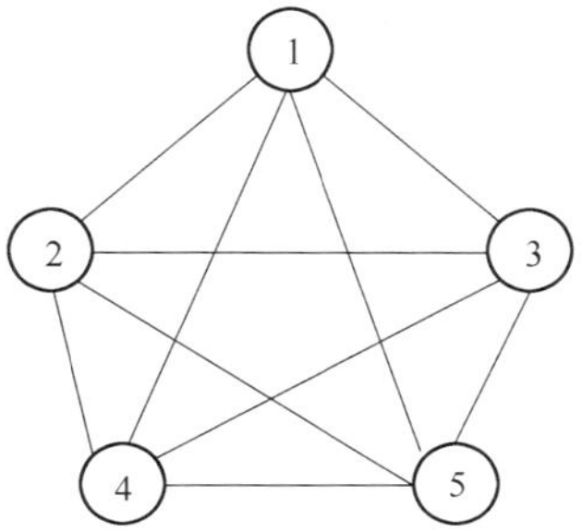

$$\begin{pmatrix} \infty & 20 & 30 & 10 & 11 \\ 15 & \infty & 12 & 4 & 14 \\ 3 & 9 & \infty & 8 & 8 \\ 19 & 6 & 18 & \infty & 17 \\ 7 & 6 & 13 & 16 & \infty \end{pmatrix}$$

图 3.10 一个带权的有向图及权矩阵

解： 不妨假定由顶点 1 出发。根据贪心算法，依次选择权最小的边，那么第一条被选出的边是（1，4），随之被选出的边是（4，2），（2，3），（3，5）和

(5，1)。这样，得到一条周游游线为 1—4—2—3—5—1，总权数是 43。实际上，该图的一条最小周游路线是 1—5—2—4—3—1，其权是 42。

对于上述问题，用贪心法得到了很好的解，尽管它不是最优的。不过，这种较好的情况一般是发生在图中各边的权相差不很悬殊的时候，否则它甚至可能得到一个最差的回路。这是因为最后的两条边是不容许选择的。即使这两条边的权非常大也只能如此。

之所以算法不一定能得到一个最好的解，其原因就是它限定了出发点并且每一次都选取具有最小权的边。对此，可以尝试以下几种改进的办法。

(1) 选择不同的起点；

(2) 交替地选取最小边和次小边；

(3) 随机地选取从某顶点引出的一条边。

实际上，可以综合地使用上述某种或某几种办法。找出若干条闭合回路，再从这些回路中选取一条最小回路，这样效果会更好些。如果选出了 k 条回路，所花的时间当然也会增多，但不会超过 $O(kn^2)$。

对于一个无向图，启发式算法也可以像有向图那样处理。但因无向图的权矩阵是对称的，因而一旦选定一条边 (w, v)，则同时也就选定了另一条边 (w, v)，因为在一个无向图里两者代表了同一条边。这样，任何一条周游路线必定在权矩阵中取每行每列的两个元素。如果考虑一种算法，每行每列都取两条边，这些边都是从某一个顶点的邻接边中选出的权最小或次最小的边，且它们构成一条闭合回路，那么这样的一条路线的权几乎是最小的。

存在一种比较好的启发式的算法，它是这样工作的：

(1) 在权矩阵的每一行中找出两个权最小边并加上标识，而且对它们的对称元素也加上标记，这样做的结果使每行至少有两个元素被加上标记（列也如此）；

(2) 从头对各行进行扫描，以删除某些多余的元素，即在加标元素个数多于两个的行中删去一些加标元素。删除某行的加标元素的规则是从大到小进行：

1) 找到加标元素个数大于 2 的行，然后依次检查这些行中的加标元素所在的列，目的是找出所在列中加标元素也多于 2 个的加标元素；

2) 将找到的加标元素排成非增序列，设为 S；

3) 按次序删去 S 中的元素标记：如果元素 a_{ij} 所在的列仍含有多于 2 个加标记元素，则撤销 a_{ij} 的标记。

【例 6】　给定一个有 6 个顶点的无向图的权矩阵，如图 3.11 (a) 所示，寻找过程如下：

(1) 为各行中的两个最小元素及其对称元素加上标记，结果如图 3.11 (b) 所示；

（2）扫描各行，将所在行和列加标记个数多于 2 的元素找出并由大到小排列，依次是 13，11，7，6；

（3）按规则，撤去所在行和列上的加标元素多于 2 的元素及其对称元素的记号，这些元素是 13 和 7，如图 3.11（c）所示；

（4）得到一条闭合回路，它由边（1，2），（3，4），（4，2），（2，6），（6，5），（5，1）组成，总权数是 75，见图 3.11（d）所示。实际上，这的确是一条最小周游路线。

$$\begin{pmatrix} \infty & 47 & 15 & 37 & 11 & 7 \\ 47 & \infty & 31 & 19 & 23 & 8 \\ 15 & 31 & \infty & 16 & 63 & 27 \\ 37 & 19 & 16 & \infty & 13 & 22 \\ 11 & 23 & 63 & 13 & \infty & 6 \\ 7 & 8 & 27 & 22 & 6 & \infty \end{pmatrix}$$

（a）权矩阵 A

$$\begin{pmatrix} \infty & 47 & \underline{15} & 37 & \underline{11} & \underline{7} \\ 47 & \infty & 31 & \underline{19} & 23 & 8 \\ 15 & 31 & \infty & \underline{16} & 63 & 27 \\ 37 & \underline{19} & \underline{16} & \infty & \underline{13} & 22 \\ \underline{11} & 23 & 63 & \underline{13} & \infty & \underline{6} \\ \underline{7} & \underline{8} & 27 & 22 & \underline{6} & \infty \end{pmatrix}$$

（b）加标记

$$\begin{pmatrix} \infty & 47 & \underline{15} & 37 & \underline{11} & \underline{7} \\ 47 & \infty & 31 & \underline{19} & 23 & \underline{8} \\ \underline{15} & 31 & \infty & \underline{16} & 63 & 27 \\ 37 & \underline{19} & \underline{16} & \infty & 13 & 22 \\ \underline{11} & 23 & 63 & 11 & \infty & 6 \\ \underline{7} & \underline{8} & 27 & 22 & \underline{6} & \infty \end{pmatrix}$$

（c）撤去 a_{45} 和 a_{54} 标记

$$\begin{pmatrix} \infty & 27 & \underline{15} & 37 & \underline{11} & 7 \\ 47 & \infty & 31 & \underline{19} & 23 & \underline{8} \\ \underline{15} & 31 & \infty & \underline{16} & 63 & 27 \\ 37 & \underline{19} & \underline{16} & \infty & 13 & 22 \\ \underline{11} & 23 & 63 & 13 & \infty & 6 \\ 7 & \underline{8} & 27 & 22 & \underline{6} & \infty \end{pmatrix}$$

（d）撤去 a_{16} 和 a_{61} 标记

图 3.11 在权矩阵中闭合回路的查找过程

3.4 回溯法

回溯法（backtracking）有“通用解题法”之称，它是一种迂回解决问题的方法。使用回溯法可以系统地搜索所求问题的一个解或全部解。回溯法通过系统地检索一个问题的解空间来得到问题的解，它与树的深度优先检索十分类似。它在问题的解空间树中，按深度优先策略，从根结点出发搜索解空间树。算法搜索至解空间树的任一结点时，先判断该结点是否包含问题的解。如果肯定不包括，则跳过对以该结点为根的子树的搜索，逐层向其祖先结点回溯；否则，进入该子树，继续按深度优先策略搜索。回溯法求问题的一个解时，只要搜索到问题的一个解就可结束。这种按深度优先方式系统搜索问题解的算法称为回溯法。它适用于求解组合数较大的问题。

3.4.1 问题的解空间

用回溯法解决问题时，首先要定义问题的解空间，这个空间至少应包含问题的一个（最优）解。例如，对于有 n 件物品的 0-1 背包问题，可以描述如下：已知有一个可容纳质量为 c 的背包以及 n 件物品，其中第 i 件物品的质量为 w_i，每件物品的单位效益为 p_i，选取这 n 件物品的一部分装入背包，使得 $\sum_{1 \leqslant i \leqslant n} w_i x_i \leqslant c$ 且 $\sum_{1 \leqslant i \leqslant n} p_i x_i$ 具有极大值。当某物品被选择时，其状态表示为 1，否则表示为 0，这 n 件物品的选择状态就构成一个取 0 或 1 的解向量，解向量可以表示为 $S = \{(x_1, x_2, \cdots, x_n) \mid x_i = 0 \text{ 或 } x_i = 1\}$。当 $n=3$ 时，解空间为｛（0，0，0），（0，1，0），（0，0，1），（1，0，0），（0，1，1），（1，0，1），（1，1，0），（1，1，1）｝。

定义了问题的解空间之后，还应将解空间很好地组织起来，使得能用回溯法方便地搜索整个解空间。通常将解空间组织成树或图的形式。

解空间树的第 i 层到第 $i+1$ 层边上的标号给出了变量的值。从根结点到叶结点的任一路径定义了解空间中的一个元素。例如，从根结点到结点 L 的路径相当于解空间中元素（0，1，1）。例如，对于 $n=3$ 时的 0-1 背包问题，可用完全二叉树表示其解空间，如图 3. 12 所示。

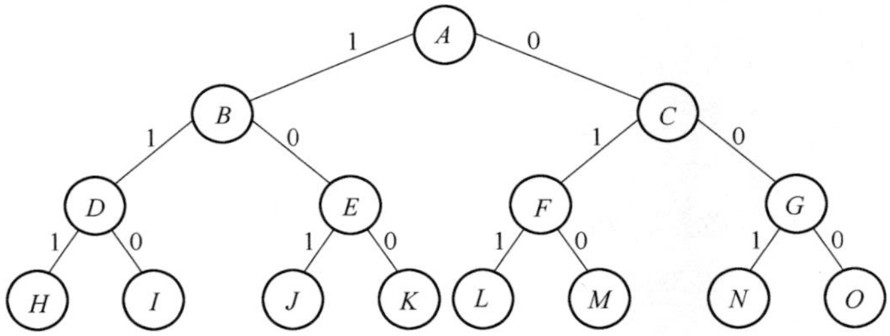

图 3. 12　0-1 背包问题的解空间树

3. 4. 2　回溯法的基本思想

确定了解空间的组织结构后，回溯法从开始结点（根结点）出发，按深度优先方法搜索整个解空间。这个开始结点称为活结点，同时也称为当前的 E-结点，即扩展结点。在当前 E-结点处，搜索向纵深方向移动到一个新结点。这个新结点将成为新的活结点，并成为当前 E-结点。如果当前 E-结点不能再向纵深方向移动，则当前的 E-结点就称为死结点。此时，应往回移动（回溯）到最近被考察的活结点处，并使这个活结点成为当前 E-结点。回溯法以这种工作方式递归地在解空间中搜索，直至找到所要求的解或解空间中已无活结点时为止。

考察如下 0-1 背包问题：$n=3$，$w=[16, 15, 15]$，$p=[45, 25, 25]$，$c=30$。从图 3. 12 的根结点开始搜索解空间。开始时，根结点是当前唯一的活结点，也是当前 E-结点。在这个 E-结点处，可以沿纵深方向移动到结点 B 或结点 C。假设移动到结点 B，此时，结点 A 和 B 是活结点，结点 B 是当前 E-结点。由于选取了 $w_1=16$，因此在结点 B 剩余的背包容量是 $r=14$，获取的收益 cp 为 45。从结点 B 处，可以移至结点 D 或 E。由于移至结点 D 至少需要 $w_2=15$ 的背包容量，而现在仅有的背包容量是 $r=14$，故移到结点 D 是不可行的。搜索至结点 E 不需要背包容量，因而是可行的。从而选择移至结点 E，此时 E 变成新的 E-结点。结点 A，B 和 E 是活结点。在结点 E 处，$r=14$，获取的价值 $cp=45$。从结点 E 处，可以向纵深移至结点 J 和 K。移至结点 J 导致不可行解，而移向结点 K 是可行的，于是移向结点 K，它变成了新的 E-结点。由于结点 K 是一个叶子结点，所以得到一个可行解。这个解相应的收益为 $cp=45$。x_i 的取值由根结点到叶子结点 K 的路径来唯一决定，即 $x=$（1，0，0）。由于在结点 K 处已不能再向纵深扩展，所以结点 K 成为死结点。返回到结点 E，此时在结点 E 处也没有可以扩充的结点，它也成为死结点。

接下来回溯到结点 B 处，结点 B 同样成为死结点，从而结点 A 再次成为当前 E-结点。结点 A 还可继续扩展，从而到达结点 C。此时 $r=30$，获取的价值 $cp=0$。从结点 C 可移向结点 F 或 G。假定移动到结点 F，它成为新的 E-结点。结点 A、C 和 F 是活结点。在结点 F 处，$r=15$，$cp=25$。从结点 F，向纵深移至结点 L。此时 $r=0$，$cp=50$。由于 L 是叶结点，而且是迄今为止找到的获取价值最高的可行解，因此记录这个可行解。结点 L 不可扩展，回溯到结点 F。按此方法继续下去，搜索整棵树。搜索结束后找到的最优解是相应 0-1 背包问题的最优解。

3.4.3 旅行商问题

旅行商问题具有广泛的应用。交通运输中有不少问题是旅行商问题的变形，如车辆路径问题。旅行商问题的提法是：某旅行商要到若干个城市去推销商品，已知各城市之间的路程（或旅费）。他要选定一条从驻地出发，经过每个城市一次，最终回到驻地的路线，使总的路程（或总旅费）最短（或最小）。

这是个 NP 难问题，其计算复杂性是问题输入规模的指数函数。

这个问题可以用图论的语言形式来描述。设 $\boldsymbol{G}=(V, E)$ 是一个带权图。图中各边的费用（权）为正数。图的一条周游路线是包括 V 中的每个顶点在内的一条环路。周游线路的费用是这条路线上所有边的费用之和。旅行商问题就是要在图中找出一条费用最小的线路。

图 3.13 给出了一个四顶点的无向带权图。在这个网络中，顶点序列 1，2，4，3，1；1，3，2，4，1 和 1，4，3，2，1 是该图中 3 条不同的周游路线。

旅行售货员问题的解空间可以组织成一棵树，从树的根结点到任一叶结点的

路径定义了图 **G** 的一条周游路线。图 3.14 是当 $n=4$ 时解空间的示例。其中从根结点 A 到叶结点 L 的路径上边的标号组成了一条周游路线 1，2，3，4，1。从根结点到叶结点 O 的路径表示周游路线 1，3，4，2，1。图 **G** 的每一条周游路线都恰好对应于解空间树中的一条从根结点到叶结点的路径。因此，解空间中叶结点个数为（n-1)!。

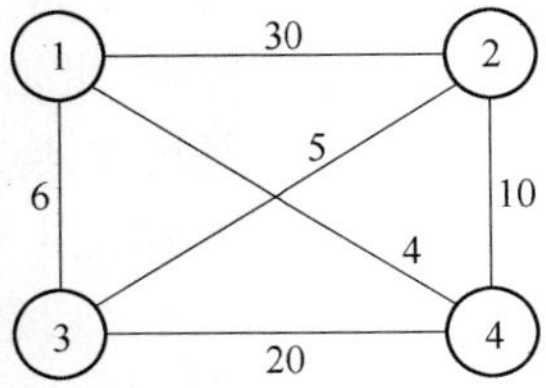

图 3.13　4 顶点网络

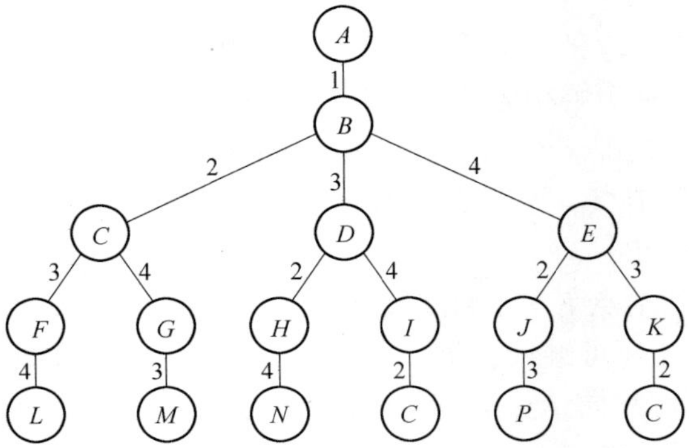

图 3.14　旅行商问题的解空间树

对图 3.14 所示的图 **G**，回溯算法找最小费用周游路线时，从解空间树的根结点 A 出发，搜索至 B，C，F，L。在叶结点 L 处，记录找到的周游路线 1，2，3，4，1，该周游路线的费用为 59。从叶子结点 L 回溯到最近活结点 F 处。由于 F 处已没有可扩展结点，因此它成为死结点，回溯到结点 C 处。结点 C 成为新 E-结点，由新扩展结点，算法再移至结点 G 后由移至结点 M。这样得到周游路线 1，2，4，3，1，其费用为 66。这个费用不比已有的周游路线 1，2，3，4，1 的费用更小，因此抛弃该结点。算法又依次返回至结点 G，C，B。从结点 B，算法继续搜索至结点 D，H，N。在结点 N 处，相应的周游路线 1，3，2，4，1 的费用是 25，它是当前找到的一条最好周游路线。从结点 N，算法返回至结点 H，D。然后从结点 D 开始继续向纵深搜索至结点 O。依此方式算法继续搜索遍整个解空间，最终得到最小费用周游路线 1，3，2，4，1。

回溯法搜索解空间树时，通常采用两种策略避免无效搜索，提高回溯法的搜索效率。其一是用约束函数在扩展结点处剪去不满足约束的子树；其二是用限界函数剪去得不到最优解的子树。这两类函数统称为剪枝函数。

例如，解 0-1 背包问题回溯法用剪枝函数剪去导致不可行解的子树。在解旅行售货员问题的回溯法中，如果从根结点到当前扩展结点处的部分周游路线费用已超过当前找到的最好的费用周游路线费用，则可以断定以该结点为根的子树中不含最优解，因此可将该子树剪去。

综上所述，用回溯法求解问题通常有如下步骤：

（1）针对所给问题，定义问题的解空间；

（2）确定易于搜索的解空间结构；

（3）以深度优先方式搜索解空间，并在搜索过程中用剪枝函数避免无效搜索。

3.5 分支限界法

分支限界法类似于回溯法，是在问题的解空间树上搜索问题解的算法。一般情况下，分支限界法与回溯法的求解目标不同。回溯法的求解目标是找出解空间树中满足约束条件的所有解，而分支限界法的求解目标则是找出满足约束条件的一个解，或是在满足约束条件的解中找出使某一目标函数值达到极大或极小的解，即在某种意义下的最优解。

由于求解目标不同，导致分支限界法与回溯法对解空间树的搜索方式也不相同。回溯法以深度优先的方式搜索解空间树，而分支限界法则以广度优先或以最小耗费优先的方式搜索解空间树。分支限界法的搜索策略是，在扩展结点处先生成某所有的儿子结点（分支），然后再从当前的活结点表中选择下一个扩展结点。为了有效地选择下一个扩展结点，加速搜索进程，在每一活结点处，计算一个函数值（限界），并根据函数值，从当前活结点表中选择一个最有利的结点作为扩展结点，使搜索朝着解空间树上有最优的分支推进，以便尽快地找出一个最优解。这种方法称为分支限界法（branch and bound）。人们已经用分支限界法解决了大量离散最优化问题。

3.5.1 分支限界法的基本思想

分支限界法常以广度优先或以最小耗费（最大效益）优先的方式搜索问题的解空间。问题的解空间树是表示问题解的一颗有序树，常见的有子集树和排列树。在搜索问题的解空间树时，分枝限界法与回溯法的主要区别在于它们对当前E-结点所采用的扩展方式。在分支限界法中，每个活结点有且仅有一次机会成为当前E-结点。活结点一旦成为E-结点，就一次性产生所有儿子结点。在这些儿子结点中，抛弃那些不可能导出（最优）可行解的儿子结点，其余儿子结点加入活结点表中，然后从活结点表中选择一个结点作为下一个当前E-结点，并重复上述结点扩展过程，直到找到所需的解或活结点表为空时结束。

从活结点表中选择下一个E-结点的不同方式导致不同的分支限界法。最常见的有以下两种方式：

(1) 队列式（FIFO）分支限界法。队列式分支限界法将活结点表组织成一个队列，并按队列的先进先出 FIFO（first in first out）原则选取下一个结点为当前扩展结点。

(2) 优先队列式分支限界法。优先队列的分支限界法将活结点表组织成一个优先队列，并按优先队列中规定的结点优先级选取优先级最高的下一个结点成为当前扩展结点。用优先队列式分支限界法解具体问题时，应根据具体问题的特点确定选用最大优先队列或最小优先队列表示解空间的活结点表。

考察背包问题：$n=3$，$w=[16, 15, 15]$，$p=[45, 25, 25]$，$c=30$。FIFO 分支限界法利用一个队列来记录活结点表，而优先队列式分支限界法则将活结点表组成优先队列并用最大堆来实现该优先队列，该优先队列的优先级定义为活结点所获得的价值。这个例子与在回溯法中讨论的例子相同，其解空间是图 3.12 中的子集树。

使用 FIFO 分支限界法解此问题时，算法从根结点 A 开始。初始时活结点队列为空，结点 A 是当前 E-结点。结点 A 的 2 个儿子结点 B 和 C 都是可行结点，故将这 2 个儿子结点按从左到右的顺序加入活结点队列中，并舍弃当前 E-结点 A。依先进先出的原则，下一个 E-结点是活结点队列的队首结点 B，扩展结 B 得到它的儿子结点 D 和 E，由于 D 是不可行的，故被删除。E 是可行结点，被加入活结点队列。接下来，C 成为当前 E-结点，它的两个儿子结点 F 和 G 都是可行结点，故加入活结点队列中。扩展下一个结点 E 得到结点 J 和 K。J 是不可行结点，故被删除；K 是一个可行的叶结点，表示所求问题的一个可行的解，其价值为 45。

当前活结点队列的队首结点 F 成为下一个 E-结点，它的两个孩子结点 L、M 均是叶结点。L 表示一个获得价值为 50 的可行解，M 代表另一个价值为 25 的可行解。G 是最后一个 E-结点，其儿子结点 N 和 O 都是可行叶结点。最后，由于活结点队列变为空，算法终止。算法搜索得到最优值为 50。

从这个例子可以看到，FIFO 分支限界法搜索解空间树的方法与解空间树的广度优先搜索非常相似。唯一的区别是在 FIFO 分支限界法不搜索以不可行的结点为根的子树。

优先队列式分支限界算法从根结点 A 开始搜索解空间树。用一个极大堆表示活结点表的优先队列。初始时堆为空，扩展结点 A 得到它的 2 个儿子结点 B 和 C。这 2 个结点都是可行结点，因此被加入堆中，结点 A 被舍弃。结点 B 获得的收益值是 40（设 $x_1=1$），而结点 C 的当前价值为 0。由于结点 B 的价值大于结点 C 的价值。所以结点 B 是堆中最大元素，从而成为下一个扩展结点。扩展结点 B 得到结点 D 和 E。结点 D 是不可行结点，因而被删除。E 是可行结点被加入堆中。E 的价值为 40，成为当前堆中最大元素，从而成为下一个扩展结点。

扩展结点 E 得到 2 个叶结点 J 和 K。J 是不可行结点而被删除，K 是一个可行叶结点，表示所求问题的一个可行解，其价值为 45。此时，堆中只剩下一个活结点 C，它成为当前 E-结点。它的 2 个儿子结点 F 和 G 均是可行结点，因此被插入当前堆中。结点 F 的价值为 25，是堆中最大的元素，成为下一个 E-结点。结点 F 的 2 个儿子结点 L 和 M 均是叶结点。叶结点 L 相应于价值为 50 的可行解。叶结点 M 相应于价值为 25 的可行解。叶结点 L 所对应的解成为当前最优解。最后，结点 G 成为 E-结点，其儿子结点 N 和 O 均是叶结点，它们的价值分别为 25 和 0。接下来，存储活结点的堆变为空，算法终止。算法搜索得到最优值为 50。相应的最优解是从根结点到结点 J 的路径（0，1，1）。

在寻求问题的最优解时，与讨论回溯法时类似，可用剪枝函数加速搜索。该函数给出每一个可行结点相应的子树可能获得的最大价值的上界。如果这个上界不比当前最优值更大，则说明相应的子树中不含问题的最优解，因而可以剪去。另一方面，也可以将上界函数确定的每个结点的上界值作为优先级，以该优先级的非增序抽取当前扩展结点。这种策略有时可以更迅速地找到最优解。

3.5.2 旅行商问题

对于图 3.13 的四城市旅行商问题，其对应的解空间为图 3.14 所示的排列树。解此问题的 FIFO 分支限界法以排列树中的结点 B 作为初始 E-结点。此时，活结点队列为空。由于从图 $\boldsymbol{G}$ 的顶点 1 到顶点 2，3 和 4 均有边相连，因此结点 B 的儿子结点 C、D 和 E 均为可行结点，它们被加入活结点队列中，并舍去当前的 E-结点 B。当前活结点队列中的队首结点 C 成为下一个 E-结点。由于图 $\boldsymbol{G}$ 的顶点 2 到顶点 3 和 4 的边相连，因此结点 C 的 2 个儿子结点 F 和 G 均为可行结点，从而被加入活结点队列中。接下来，结点 D 和结点 E 相继成为 E-结点而被扩展。此时，活结点队列中的结点依次为 F，G，H，I，J，K。

结点 F 成为下一个 E-结点，其儿子结点 L 是一个叶结点。找到了一个旅行售货路径，其费用是 59。从下一个 E-结点 G 得到叶结点 M，它相应的旅行售货员回路的费用为 66。接结点 H 依次成为 E-结点，得到结点 N 相应的旅行售货员回路，其费用为 25。这是当前最好的一条回路。下一个 E-结点是结点 I，由于从根结点到叶结点 I 的费用 26 已经超过了当前最优值，故没有必要扩展结点 I。以结点 I 为根的子树被剪去。最后，结点 J 和 K 被依次扩展，活结点队列变为空，算法结束。算法搜索得到的最优值为 25，相应的最优解是从根结点到结点 N 的路径（1，3，2，4，1）。

解同一问题的优先队列式分支限界法用一个极小堆来存储活结点表。其优先级是指结点的当前费用。算法还是从排列树的结点 B 和空优先队列开始。结点 B 被扩展后，它的 3 个儿子结点 C、D 和 E 被依次插入堆中。此时，由于 E 是堆中具有最小当前费用（因为 1–4 的局部旅行的费用是 4）的结点，所以处于堆顶的位置，它自然成为下一个 E-结点。结点 *E* 被扩展后，其儿子结点 *J* 和 *K* 被插入当前堆中，它们的费用分别为 14 和 24。此时，堆顶元素是结点 *C*、*H*、*I*、*J*，*K*。在这些结点中，结点 *H* 具有最小费用，从而它成为下一个 E-结点。扩展结点 *H* 后得到一条旅行售货员回路 1—3—2—4—1，相应的费用是 25。接下来，结点 *J* 成为 E-结点，由此得到另一个费用为 25 的回路 1—4—2—3—1。此后的 2 个结点是结点 *K* 和 *I*。由结点 *K* 得到的可行解费用高于当前最优解。结点 *I* 本身的费用已高于当前最优解，从而它们都不能得到更好的解。最后，优先队列为空，算法终止。

同样，可以用一个限界函数在搜索过程中裁剪子树，以减少产生的活结点。此时剪枝函数是当前结点扩展后可得到的最小费用的一个下界。如果在当前扩展结点处，这个下界不比当前最优值更小，则可剪去以该结点为根的子树。另一方面，也可以每个结点的下界作为优先级，依非减序从活结点优先队列中抽取下一个扩展结点。

参考文献

[1] 王晓东. 算法设计与分析[M]. 北京：清华大学出版社，2003.
[2] 姜新文，彭立宏，殷建平. 算法设计与分析[M]. 长沙：国防科技大学出版社，2008.
[3] 田翠华. 算法设计与分析[M]. 北京：冶金工业出版社，2007.
[4] 夏红霞，宋华珠，钟珞. 算法设计与分析[M]. 武汉：武汉大学出版社，2007.
[5] 吕国英，任瑞征，等. 算法设计及应用[M]. 北京：清华大学出版社，2008.

4 并行算法及其在交通运输中的应用

并行计算机的发展使大型科学与工程计算成为可能，使科学计算作为科学研究的一种有效手段，已上升为与科学理论和科学实验并重的三大科学方法之一。而且随着计算机硬件、软件及算法的进步，这种趋势还会加强。在并行计算领域，并行体系结构、并行软件和并行算法三者缺一不可，其中并行算法是核心和瓶颈技术。并行算法更是发展的趋势，算法只有实现并行化，才能真正地实现高性能。

4.1 并行算法概述

随着计算机科学技术的发展，其应用领域也越来越广泛。虽然近几十年来硬件技术的发展促使 CPU 的处理速度得到迅速提高，但在许多高级应用领域内，对处理速度的要求仍不能得到满足。许多领域，如能源、气象、军事、医学、人工智能及一些基础研究等，都需要快速而有效的并行计算机来实现大规模的科学计算和数据处理。对并行处理的需求极大地促进了并行技术的发展。

并行技术中的并行性在不同的处理级别中可以表现为不同方式，如先行方式、流水方式、向量化、并发性、同时性、数据并行性、划分、交叉、重叠、重复、时间共享、空间共享、多任务方式、多线程方式和分布式计算等。

并行技术包括硬件技术和软件技术两个方面，硬件技术涉及硬件制造和硬件级别的指令并行等；软件技术则包括并行操作系统、并行编译环境、并行编程语言和并行算法设计等。

并行性（parallelism）是指具有可以同时进行运算或操作的特性，并行性实际上包括同时性和并发件两层含义。同时性（simultaneity）是指两个或多个事件在同一时刻发生；并发性（concurrency）是指两个或多个事件在同一时间间隔内发生。并行处理就是把传统串行处理的任务分解开来，并将其分配给多个处理器同时处理，即在同一时间间隔内增加计算机的操作数量。为并行处理所设计的计算机统称为并行计算机（parallel computer）。在并行计算机上求解问题的过程称之为并行计算（parallel computing）。凡适合于在各种并行计算机上求解问题和处理数据的算法称之为并行算法（parallel algorithm）。

4.2 并行计算机和并行模型

4.2.1 并行计算机分类

1966 年，美国学者 Michal. J. Flynn 提出按指令流和数据流的多倍性对计算机系统结构进行分类。指令流（instruction stream）是指机器执行的指令序列。数据流（data stream）是指指令流调用的数据序列，包括输入数据和中间结果。多倍性（multiplicity）是指在系统最受限制的部件上，同时处于同一执行阶段的指令或数据的最大可能个数。Flynn 分类法按照指令流和数据流的不同组织方式，把计算机系统分为单指令流单数据流（single instruction stream & single data stream，SISD）、单指令流多数据流（single instruction stream & multiple data stream，SIMD）、多指令流单数据流（multiple instruction stream & single stream，MISD）和多指令流多数据流（sultiple instruction stream & multiple data stream，MIMD）计算机。

按照 Flynn 分类法，通用的并行计算机分类如下：

$$\text{并行机}\begin{cases}\text{SIMD}\\ \text{MIMD}\begin{cases}\text{多处理机}\\ \text{多计算机}\end{cases}\end{cases}$$

多处理机是指通过共享变量进行交互的异步 MIMD 机。多计算机是指用消息传递进行交互的异步 MIMD 机。SIMD 机与 MIMD 机根本区别是，SIMD 机中每台处理器执行中央处理器的指令，而 MIMD 机中每台处理器是用自己的指令处理中央处理器分配的任务。MIMD 机比 SIMD 机更灵活通用，前者适用于开发粗粒度的功能并行（任务并行），而后者适合开发细粒度的数据并行（操作级的并行）。粒度（granularity）是指两次并行操作或交互操作之间所执行的计算负载。粒度的单位可以是指令数、浮点操作数、秒或进程大小。粒度大小常可分为细、中、粗三种，一般认为细粒度的计算操作数小于 20、中粒度在 20 到 2000 之间，而粗粒度则超过数千。以下简单介绍三种典型的并行计算机。

4.2.1.1　阵列处理机

阵列处理机（或称阵列机，也称为数据并行结构）属于 SIMD 并行机。按照存储模块的分布方式不同，阵列机可分为分布存储的阵列机（也称闺房式）和共享存储的阵列机（也称舞厅式），如图 4.1 所示。

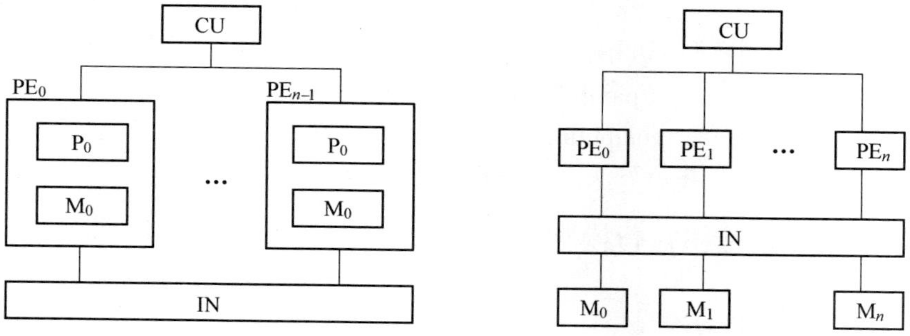

(a)分布存储阵列机　　(b)共享存储阵列机

图 4.1　阵列机的两种基本结构

它通常由一个控制单元 CU(control unit)、n 个处理单元 PE(processing element)、m 个存储块 M 和一个互联网络 IN（Interconnection Network）组成。CU 将单一指令（单指令流）播送至各个 PE，而所有活动的 PE 将从相应的 M 中取出各自所需的数据元素（多数据流），以同步的方式执行该条指令。在阵列机中，IN 常常是实现置换（Permutation）的网络，它用来提供各 PE 之间或 PE 与 M 之间的通信连接。

4.2.1.2 多处理机

多处理机属于 MIMD 并行机，它通常由若干台独立的处理机组成，每台处理机能够独立执行自己的程序，处理机之间按某种形式互连，从而实现程序之间的数据交换和同步。多处理机系统基本结构如图 4.2 所示。在图 4.2（a）中，存储器和 I/O 设备是独立的子系统，为所有处理机共享，称为共享存储器多处理机结构，任何两台处理机可以通过访问共享存储器的单元实现通信；在图 4.2（b）中，每台处理器有自己的存储器和 I/O 设备，称为分布式存储器多处理机结构，处理机之间通过点对点的通信实现信息交换。分布存储多计算机属于消息传递型并行计算机，其中每个处理机都是一个独立性较强的结点，由处理器、局部存储器、I/O 设备和消息传递通信接口组成。由于每个计算结点的局部存储器容量较大，所以运算时所需的绝大部分的指令和数据均可取自局部存储器，当不同计算结点上的进程需要通信时，可以通过接口进行消息交换。多处理机系统可以是这两种基本结构，也可以是这两种结构的组合。

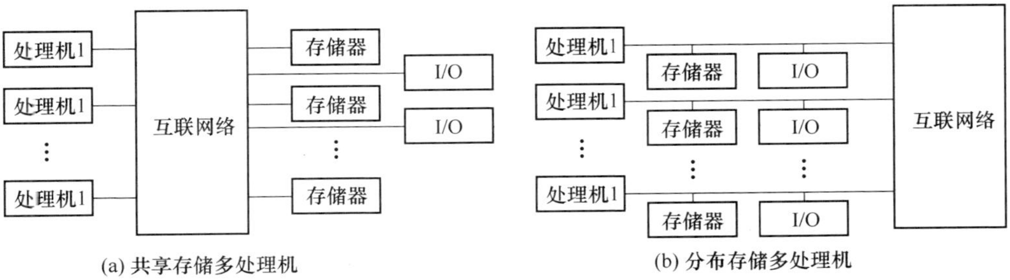

图 4.2 多处理机系统基本结构

多处理机系统包括：

（1）多向量处理机系统（如 CBAY YMP-90、NEC SX-3、FUJITSU VP-2000）；

（2）对称多处理机（symmetry multiprocessors）；

（3）共享存储多处理机（shared memory multiprocessors），如 SGI Challenge，Sun Spare Center 2000；

(4) 大规模并行处理机（massively parallel processing），如 Intel Paragon、CM-5、Cray T3D；

(5) Cluster 机群系统（NOW 或 COM）。

4.2.1.3　多计算机

多计算机系统和多处理机系统是有差别的。多计算机系统是由多台独立的计算机组成的系统，各个计算机分别受各自独立的操作系统控制。计算机之间通过通道或通信链路进行通信，通过文件或数据集的交互作用来实现作业级、任务级的并行。多处理机系统是由多台处理机组成的单计算机系统。各台处理机共享同一主存并有各自的控制部件，可以执行各自独立的程序。多处理机系统由统一的操作系统控制，由于它们共享主存、各处理机和它们执行的程序之间不但能以文件和数据实现交互作用，而且能以向量或单个数据实现交互作用，因而不仅可以有任务级的并行，还可以实现同一任务中的指令间的并行，甚至可以同时执行多条指令对同一数组的数据进行全并行处理。由于早期的多处理机中采用各处理机直接共享主存，因此它与多计算机系统在并行处理结构和功能上都有着明显的不同。现在，许多多处理机系统除了共享生存之外，每个处理机都带有自己的局部存储器，其本身就构成了一台完整的计算机，如上面提到的分布存储多计算机，这样与多计算机系统次结构上的差别就不明显了。

4.2.2　并行计算机模型

按照 Flynn 分类法，并行计算机模型分类如下：

- 并行机模型
  - SIMD
    - 基于共享存储
    - 基于互联网络
  - MIMD
    - 基于共享存储
    - 基于异步通信

SIMD 共享存储（简称 SIMD-SM）模型是指假设有限或无限个功能相同的处理机，每个处理机拥有简单的算术运算和逻辑判断能力，在理想的情况下，假定存在一个容量无限大的共享存储器，在任何时刻，任意一个处理机均可通过共享存储器的共享单元同其他任何处理机相互交换数据。SIMD 共享存储模型在实际情况中，共享存储器的容量有限，因此同一时刻当多个处理机访问同一单元时会发生冲突。根据解决冲突的能力，SIMD 共享存储模型又可分为 SIMD-EREW PRAM（不允许同时读和同时写，即每次只允许一个处理机读和写一个共享单元）和 SIMD-CREW PRAM（允许同时读，不允许同时写，即每次允许多个处理机同时读一个共享单元的内容，但每次只允许一个处理机向某个共享单元写内容，允许同时读和写）和 SIMD-CRCW PRAM（允许同时读和写，即每次允许任意多个处理机同时读和写同一个共享存储单元)。

SIMD 互联网络（简称 SIMD-IN）模型是指每个处理机在控制器控制下或处于活动状态，或处于不活动状态。活动状态的处理机都执行相同的指令，处理机之间的数据交换是通过互联网络进行的。

MIMD 共享存储（简称 MIMD-SM）是指所有的处理机共享一个公共的存储器，每个处理机各自完成自己的任务，各处理机之间的通信是通过共享存储器的全局变量来实现的。在这种模型上开发的算法称为异步并行算法。

MIMD 异步通信（简称 MIMD-CL）是指处理机之间不存在共享存储器，每个处理机从各自存储器中存取指令和数据。各处理机之间用通信网络以信息方式交换数据。在这种模型上开发的算法称为分布式并行算法。

4.3 并行算法

并行算法是指在各种并行计算机上求解问题和处理数据的算法，其本质是把多任务映射到多处理机中执行，或将现实的多维问题映射到具有特定的拓扑结构的多处理机上求解。并行算法的实现强烈地依赖于计算机硬件和软件环境，其相关研究领域十分广泛。

对于用户而言，所设计的任何并行算法最终总要通过并行编程在具体并行机上执行实现。不同的并行机体系结构模型其编程风范也不同。不同的并行编程风范，是建立在不同的并行程序设计模型上的。本节简要讨论一下数据并行模型、消息传递模型和共享变量模型。

4.3.1 数据并行模型

数据并行模型既可以在 SIMD 计算机上实现，也可以在 SPMD 计算机上实现，这取决于粒度大小。SIMD 程序着重开发指令级细粒度的并行性；SPMD 程序着重开发子程序级中粒度的并行性。数据并行程序设计强调的是局部计算和数据选路操作，它比较适合于使用规则网络、模板和多维信号及图像数据集来求解细粒度的应用问题。数据并行操作的同步是在编译时而不是在运行时完成的。硬件同步则是通过控制器执 SIMD 程序的锁步操作完成的。在同步的 SIMD 程序中，所有 PE 间的通信则直接由硬件控制，除所有 PE 间操作需锁步外，PE 间的数据通信也是以锁步方式进行的。这些同步指令的执行和数据选路操作使得 SIMD 计算机在开发大型数组、大型网格或网状数据的空间并行性时相当有效。

值得注意的是，一个 SIMD 程序可以重新编译用于 MIMD 结构，其思想是开发了一个源到源的预编译器来实现程序之间的转换。就此意义而言：数据并行程序设计模型既适用于同步的 SIMD 计算机，也适用于紧耦合的 MIMD 计算机。

总之，数据并行模型具有以下特点：

（1）单线程：从程序员的观点看，一个数据并行程序中由一个进程执行，具有单一控制线；就控制流而言，一个数据并行程序就像一个顺序程序一样。

（2）并行操作于聚合数据结构上：数据并行程序的一个单步（语句），可指定同时作用在不同数据组元素或其他聚合数据结构上的多个操作。

（3）松散同步：在数据并行程序的每一条语句之后，均有一个隐含的同步，这种语句级的同步是松散的（相对于 SIMD 机器每条指令之后的紧同步而言）。

（4）全局命名空间：数据并行程序中的所有变量均驻留在单一地址空间内，所有语句可访问任何变量而只要满足通常的变量作用域规则。

（5）隐式相互作用：因为数据并行程序的每条语句之末存在着一个隐含的路障，所以不需要一个显式同步；通信可由变量指派而隐含地完成。

（6）隐式数据分配：程序员不必要明确地指定如何分配数据，可将改进数据局部性和减少通信的数据分配方法揭示给编译器。

4.3.2　消息传递模型

在消息传递模型中，驻留在不同的结点上的进程可以通过网络传递消息相互通信。消息可以是指令、数据、同步信号或中断信号等。在消息传递并行程序中，用户必须明确地为进程分配数据和负载，它比较适合于开发大粒度的并行性，这些程序是多线程的和异步的，要求显式同步（如路障等），以确保正确地执行顺序。然而这些进程均有其分开的地址空间。消息传递模型比数据并行模型灵活，两种广泛使用的标准库 PVM 和 MPI 使消息传递程序大大地增强了可移植性。消息传递不仅可执行在共享变量的多处理机上，而且可执行在分布存储的多计算机上。

总之，消息传递模型具有以下特点：

（1）多线程（multithreading）：消息传递程序系由多个进程组成，每个进程都有其自己的控制线且可执行不同的代码；控制并行（如 MPMD）和数据并行（如 SPMD）均可支持。

（2）异步并行性（asynchronous parallelism）：消息传递程序的诸线程彼此异步地执行，使用诸如路障和阻塞通信的方法来同步各个进程。

（3）分离地址空间：并行程序的进程驻留在不同地址空间内。一个进程中的数据变量在其他进程是不可见的，因此一个进程不能读/写另一进程中的变量，进程的相互作用通过执行特殊中消息传递操作实现之。

（4）显式相互作用：程序员必须解决包括数据映射、通信、同步和聚合等相互作用问题；负载分配通常通过属主计算规则来完成，即进程只在其所拥有的数据上执行计算。

（5）显式分配：负载和数据均由用户显式地分配给进程，为了减少设计和编码的复杂性，用户常使用单一代码方法编写 SPMD 应用程序。

4.3.3 共享变量模型

在共享变量模型中，驻留在各处理器上的进程可以通过读/写公共存储中的共享变量相互通信。它与数据并行模型的相似之处在于它有一个单一的全局名字空间；它与消息传递模型的相似之处在于它是多线程的和异步的。然而数据是驻留在单一共享地址空间中，因此不需要显式分配数据，而工作负载既可显式也可隐式分配。通信通过共享的读/写变量隐式完成，而同步必须是显式的，以保持进程执行的正确顺序。

共享变量模型目前已有一个可接受的标准——OpenMP。

对于共享变量模型还需说明以下几点：

（1）一个广泛流传的错误概念是共享变量模型运行细粒度的并行性比消息传递模型好。要注意共享变量模型是一种并行编程模型，它可以实现在 PVP、SMP、DSM、MPP 甚至机群的任意并行平台上。支持细粒度开行性的平台应具有有效的通信/同步机制，一个共享变量的程序可能导致高的相互作用开销从而远比运行在机群、MPP 甚至 SMP 上的消息传递程序慢得多。

（2）一个普遍的说法是共享变量编程比消息传递编程容易，此说法虽没错，但科学试验的事实仍未完全建立。为了开发一个新的、有效的、松散同步的、通信模式规则的并行程序，共享变量的方法不一定比消息传递方法容易。当然对于非规则的并行程序，使用消息传递模型原语很难指明所需要的相互作用；同时共享变量模型允许全局指针操作，而消息传递模型是无此能力的；此外，共享变量编程虽不必明显地划分和分配数据，但这也可能伤害性能。

（3）就查错而言，共享变量程序可能比消息传递程序更困难。共享变量程序中的所有逆程都驻留在单地址空间中，而且访问共享数据必须由同步结构（如锁和临界区）加以保护。同步错误易出现，而且一旦出现就难以查找；但在消息传递程序中，此类错误出现的频度大大减少，因为诸进程不共享单一地址空间。

4.3.4 并行算法实现

这里采用的非数值计算排序问题为例，说明采取 MPI 编程实现具体并行算法的过程。所谓排序，就是要整理文件中的记录，使得它按关键字递增（或递减）的次序排列起来。若给定的文件含有 n 个记录 $\{R_1, R_2, \cdots, R_n\}$，它们的关键字分别为 $\{K_1, K_2, \cdots, K_n\}$，要把这 n 个记录重新排列成为 $\{R_1, R_2, \cdots, R_n\}$，使得 $\{K_{i1} \geqslant K_{i2} \geqslant \cdots \geqslant K_{in}\}$ 或 $\{K_{i1} \leqslant K_{i2} \leqslant \cdots \leqslant K_{in}\}$。

【例 1】 枚举排序及其串行算法

这里选择一种最简单的排序算法枚举排序，通常也被称为秩排序，来说明串行算法的实现方法。假设排序按关键字递增进行，那么这种算法基本思想是：对每一个待排序的元素统计小于它的所有元素的个数，从而得到该元素最终处于序列中的位置。实现方法是：假定待排序的 n 个数存在 $A[1]$，…，$A[n]$中。首先将 $A[1]$ 与 $A[2]$，…，$A[n]$比较，记录比其小的数的个数，令其为 k，$A[1]$ 就被存入有序的数组 $B[1]$，…，$B[n]$的 $B[k+1]$ 的位置上；然后将 $A[2]$ 与 $A[1]$，$A[3]$，…，$A[n]$比较，记录比其小的数的个数，依此类推。这样的比较操作一共进行 n（$n-1$）次，所以串行秩排序的时间复杂度为 $O(n^2)$。

输入：$A[1]$，…，$A[n]$

输出：$B[1]$，…，$B[n]$

```
Begin
 for i=1 to n do
  k=1
  for j=1 to n do
      if A[i]>A[j] then
        k=k+1
     end if
  end for
B[k]=A[i]
end for
End
```

【例 2】　并行化枚举排序的串行算法

并行化枚举排序的串行算法是很简单的。假设对一个长为 n 的输入序列使用 n 个处理器进行排序，只需要使每个处理器负责完成对其中一个元素的定位；之后，由主进程收集到所有的定位信息，并负责完成所有元素的最终排位。具体算法描述如下：

输入：无序数组 $A[1]$，…，$A[n]$

输出：有序数组 $B[1]$，…，$B[n]$

```
Begin
    P0 播送 A[1]，…，A[n]给所有 Pi                  //（1）
    for all Pi where 1≤ i ≤n par-do                 //（2）
    n=1=                                             //（2.1）
       for j=1 to n do=                              //（2.2）
    if（A[i]> A[j]）or（A[i]= A[j] and i>j）then
        k=k+1
    end if
    end for
  P0 收集 k 并按序定位                               //（3）
End
```

在上述并行算法中，使用了 n 个处理器完成排序。由于每个处理器只定位一个元素，所以可以确定步骤（2）的时间复杂度为 $O(n)$；步骤（3）中主进程完成的数组元素重定位操作的时间复杂度，可以确定为 $O(n)$，而且存在通信复杂度，可以确定为 $O(n)$；同时（1）中的通信复杂度为 $O(n^2)$；所以总的计算复杂度为 $O(n)$，总的通信复杂度为 $O(n^2)$。

【例 3】 快速排序及其串行算法

以快速排序为例，来研究串行算法的并行化问题。快速排序是一种最基本的排序方法。基本思想是：在当前无序区 $B[1, n]$ 中取一个记录作为比较的“基准”（一般取第一个、最后一个或中间位置的元素），用此基准将当前的无序区别 $B[1, n]$ 划分成左右两个无序的子区 $B[1, i-1]$ 和 $B[i,n]$ $(1 \leqslant i \leqslant n)$，且左边的无序子区中记录的所有关键字均小于等于基准的关键字，右边的无序子区中记录的所有关键字均大于等于基准的关键字。当 $B[1, i-1]$ 和 $B[i,n]$ 非空时，分别对它们重复上述的划分过程，直到所有的无序子区中的记录均排好序为止。

输入：无序数组 $B[1, n]$

输出：有序数组 $B[1, n]$

```
Begin
      call procedur equicksort (B, 1, n)
   End
   procedur equicksort (B, i, j)
   Begin
      if(i<j) then                      // (1)
   r=partition (B, i, j)                // (1.1)
   quicksort (B, i, r-1)                // (1.2)
   quicksort (B, r+1, j)                // (1.3)
      end if
   End
   procedure partition (B, k, t)
   Begin
   Pivo=B[t]                            // (1)
      i=k-1                             // (2)
      for j=k to t-1 do                 // (3)
     if B[j]< Pivo then
        i=i+1
        exchange B[i] and B[j]
     end if
   end for
   exchange B[i+1] and B[t]             // (4)
   return i+1                           // (5)
End
```

以上快速排序算法的性能主要取决于输入数组的划分是否均衡，而这又与基准元素的选择密切相关。在最好的情况下，每次划分都使得输入数组平均分为两半，那么算法的复杂度为 $O(n\log_2 n)$。在一般的情况下该算法仍能保持 $O(n\log_2 n)$ 的复杂度，只不过它会有更高的常数因子。在最坏的情况下，划分的结果是一边有 $n-1$ 个元素，而另一边有 0 个元素（除去被选中的基准元素）。要是每次递归排序令的划分都产生这种极度的不平衡，则整个算法的复杂度将是 $\theta(n^2)$。

【例 4】　并行化的快速排序的串行算法

基本思想是对每次划分过后所得到的两个序列分别使用两个处理器完成递归排序。比如，对一组 n 个元素的序列，首先划分得到两个长为 $n/2$ 的子序列，将其交给两个处理器分别处理；而后进一步划分得到 4 个长为 $n/4$ 的序列，再分别交给 4 个处理器处理；如此反复地递归下去，最终得到排好序的序列。当然，这是理想的划分情况，如果划分不能达到平均分配的目的，那么排序的效率会相对降低。下面这个算法描述了使用 2^m 个处理器完成对 n 个输入数据排序的并行算法的实现过程。

输入：无序数组 A[1，n]，使用的处理器个数 2^m

输出：有序数组 A[1，n]

```
Begin
   para-quicksort (A, 1, n, m, 0)
 End
 procedure para-quicksort (A, 1, n, m, 0)
 Begin
   if(j-i) ≤k or m=0 then                        // (1)
      P_id, call quicksort (A, i, j)             // (1.1)
   else
      P_id: r= partition (A, i, j)               // (1.2)
      P_id  send A[r+1, m-1] to P_{id+2^{m-1}}   // (1.3)
      para= quicksort (A, i, r−1, m-1, id)       // (1.4)
      para= quicksort (A, r+1, j, m-1, id+2^{m-1})  // (1.5)
   end if
 End
```

在最理想的情况下，该并行算法形成一个深度为 $\log_2 n$ 的排序树，其时间复杂度为 $O(n)$，通信复杂度也为 $O(n)$。同串行算法一样，在最坏情况下其计算复杂度降为 $O(n^2)$。正常情况下该算法的计算复杂度也为 $O(n)$，只不过具有更高的常数因子。

4.4 并行算法在交通运输中的运用

假设一有向图各边赋予非负整数，某条路径的长度就是沿该路径所有边权之和。最短路径问题，就是对每一点对 i 和 j，查找其间任何最短长度的路径。单源点最短路径，即在一个图中寻找从一个指定顶点到所有其他定点的最短路径。

4.4.1 单处理机上的 Moore 算法

在 Moore 算法中，设源点为 $s \in V$。从 s 到其他各顶点的最短路径长度用一维数组 dist 存储。首先置 $\text{dist}(s)=0$，$\text{dist}(v)=\infty$，其中 $v \neq s$，且 $v \in V$。算法使用了一个队列 queue。开始执行时队列中仅含有源点 s，以后每次只要队列非空，就将排头顶点 u 从队列中移去，令其作为本次搜索的顶点，然后检查 u 的所有射出边 $(u,v) \in E$；若 $\text{dist}(u)+w(u,v) < \text{dist}(v)$，则此时就找到了一条从 s 到 v 的更短路径，置 $\text{dist}(v)=\text{dist}(u)+w(u,v)$；若 v 不在搜索队列中，则把 v 加到队尾。如此重复进行，直到整个待搜索队列空时，算法就终止。

输入：有向加权图 $G(V,E)$ 的权矩阵。

输出：从源 s 到其余顶点 $i(i \neq s)$ 的最短路径 $\text{dist}(i)$，$i \in V$。

SISD 机器上的单源最短路径算法描述为：

```
  SISD SHORTEST PATH
{
  fori←1 to n do //初始化 (1)
   {
  INITIALIZE (i);
   }
  将 s 插入队列 queue 中;                    // (2)
  while 队列非空 do SEARCH                   // (3)
}
Status SEARCH
{
  dequeue vertex u;    //从队列中删去顶点 u  // (3.1)
  for each edge (u, v) ∈E do                 // (3.2)
   {
     new_dist←dist (u) +w (u, v);
```

```
    if new_dist<dist (v) then
    {
    dist (v) ←new_ dist;
    }
if v is not in the queue then
        {
    Enqueue vertex v;
            }
        }
    }
    Status INITIALIZE
    {
        dist (s) ←0;                          // (1.1)
        dist (v) ←∞ ;     (v≠s, v∈V)          // (1.2)
    }
```

4.4.2　Moore 算法的并行化

Deo 等人基于 MIMD 紧耦合共享存储模型实现了 Moore 算法的并行化。从直观上讲，算法 SISD 机器上的单源点最短路径有两处可并行化的地方：一是 SEARCH 的第（3.2）步；二是主算法的第（3）步。前者，任何一个顶点均可能有多条射出边，它们都可并行地被检查；后者，在任何时候都可能有多个顶点在队列中，因此有可能每次检查多个顶点的射出边。由于后者可产生较大的加速，而且当 G 是个稀疏图时，并行度受定点射出变得影响，因此选用后者。首先，队列用源点初始化。然后创建了许多异步进程，每个进程都从队列中删除一个顶点，检查其射出边，将已发现有更短路径的顶点加入队列。算法的第（1）步采用预调度方法很容易并行化。而第（3）步的 while 循环需作适当的修改，以能反映并执行 SEARCH 过程时一些异步进程的存在。显然，当一个进程发现队列为空时，就停止执行是不合适的。因而必须采用两个变量联合使用的办法，以决定什么时候无工作可做：第一个是数组变量 waiting，它记住哪一个进程正处于等待状态；第二个是布尔变量 halt，仅当队列为空和所有进程处于等待状态时为真。INITIALIZE 过程置数组 waiting 中的第一个元素为假。SEARCH 过程也必须做适当的修改。因为队列的插入、删除操作不是原子操作，所以执行上述操作时必须给队列上锁；其次，在一个进程将刚找到的 v 路径 new_ dist 与当前的最短路径 dist(v) 比较之前，变量 dist(v) 也必须上锁，否则两个进程有可能同时修改它；最后，若一个进程发现队列为空时，则置 waiting 中的相应元素为真。若进程 1 处于等待状态，则它要检查每个进程是否都处在等待状态。如果是，则 halt

置为真，而进程 1 检查每个进程是否处于等待状态时，队列也必须上锁。

该并行算法的描述如下：

输入：有向加权图 G 的权矩阵 W。

输出：从源 s 到其余顶点 $i(i \neq s)$ 的最短路径 dist(i)，$i \in V$。

MIMD-SM 模型上单源点最短路径算法描 述为：

```
MIMD SHORTEST PATH
 {
  fori←1 to p par-do    //p 为进程数
  {
  for j←i to n step p do    //初始化
  {
      INITIALIZE (j);
    }
  }
  enqueue s;    //s 入队
  halt←FALSE;
  fori←1 to p par-do
  {
    While not halt do
     {
      SEARCH (i);
    }
  }
}
Status SEARCH (i)
 {
    Lock the queue;    //队列上锁
    if queue is empty then    //队列空时，等待进程为真
     {
      Waiting (i) ←TRUE;
      if i=1 then       //进程 1 等待时，其他进程均须等待
       {
        halt←waiting (2) ∧waiting (3) ∧…∧waiting (p);
      }
      else
       {
```

```
    dequeue u;       //从队列中删除u
   waiting (i) ←FALSE;
    unlock the queue;       //队列开锁
    for every edge (u, v) in Graph do     //检查每条射出边
     {
      dist (v) ←new_ dist;        //更新 new_ dist
      unlock (dist (v) );             // dist (v) 开锁
      if v ∉ queue then
       {
          Lock the queue;     //队列上锁
          enqueue v;       //v 入队
          unlock the queue;      //队列开锁
          }
        }
         else unlock (dist (v) );     // dist (v) 开锁
        }
    }
}
```

参考文献

[1] 田翠华. 算法设计与分析 [M]. 北京:冶金工业出版社, 2007.
[2] 夏红霞, 宋华珠, 钟珞. 算法设计与分析 [M]. 武汉:武汉大学出版社, 2007.
[3] 吕国英, 任瑞征, 等. 算法设计及应用 [M]. 北京:清华大学出版社, 2008.

5 交通运输系统中的组合优化问题及其智能优化算法

交通运输系统是一个大的离散系统，存在着大量的组合优化问题（combination optimization problem）。这类问题的共同特征是需要在复杂而庞大的搜索空间中去寻找最优解或近似解，其求解时间随问题规模的扩大将呈指数增长。目前对于该类组合优化问题的研究有两个方向——完全算法和启发式算法。完全算法能保证得到最优解，但是运行时间是指数复杂度的，因而难以适应大规模问题实例的求解；启发式算法则能够在多项式时间内找到比较好的能够满足要求的解，但并不一定是全局最优解。

由于在实际应用中，使用有限的时间得到较好的可以满足实际需求的解（并不一定必须是全局最优解）是至关重要的，因此对于以 TSP 问题为代表的这类 NP 难解问题，算法研究主要集中在启发式算法（heuristic algorithm）上，国内外许多著名的学者为这一类问题设计了各种各样的启发式算法。

1997 年，印度军事运筹学专家 N. K. Jaiswal 在《军事运筹学：定量决策》一书中，介绍了包括神经网络、遗传算法和模拟退火在内的启发式优化算法。1999 年，邢文训在《现代优化计算方法》一书中介绍的启发式优化算法，不仅包括神经网络、遗传算法、模拟退火算法，还包括拉格朗日松弛算法及禁忌搜索算法。2000 年，王凌在《智能优化算法及其应用》一书中，将神经网络、混沌、进化计算、遗传算法、进化规划、模拟退火、禁忌搜索算法及其混合优化策略统称为智能优化算法（intelligent optimization algorithms），或称为现代启发式算法。

本章将介绍几种有效的智能启发式算法，这对交通运输系统中尚未找到多项式算法的 NP 难问题，是非常适用的。同时这类算法还具有非常好的通用性。在有些情况下，即使没有给出问题的数学模型，只要理解了问题，就可以用这类智能启发式算法寻求解决。

5.1 组合优化问题及其 NP 困难性

5.1.1 组合优化问题

组合优化问题又称离散优化问题，是一类重要的优化问题。所谓组合优化问题，就是通过数学方法的研究去寻找离散事件的最优编排、分组、次序或筛选等，是运筹学中的一个重要的分支。

最优化问题的数学模型的一般描述是

$$\min_{x \in F} f(x)$$

式中，x 为决策变量；$f(x)$ 为目标函数；F 为可行域，F 中的任何一个元素称为该问题的一个可行解，满足 $f(x^*) = \min\{f(x) \mid x \in F\}$ 的可行解 x^* 称为该问题的最优解，$f(x^*)$ 为对应的目标函数值，称为最优值。

组合最优化问题的特点在于，可行域 F 表示的是有限个离散的点组成的集合（解空间）。通常情况下，可行域 F 可以表示为 $\{x \mid x \in D,\ g(x) \geqslant 0\}$，所以组合最优化问题的一般形式为

$$\min f(x)$$
$$s.t.\ \begin{cases} g(x) \geqslant 0 \\ x \in D \end{cases}$$

因此，一个组合最优化问题可用 3 参数（D，F，f）表示，其中 D 表示决策变量的定义域，$F = \{x \mid x \in D,\ g(x) \geqslant 0\}$ 表示可行解区域（可行域），f 表示目标函数。组合最优化的特点是可行解的集合 F 为有限点集，决策变量的定义域 D 通常也是有限点集。由直观可知，只要将 D 中有限个点逐一判别是否满足 $g(x)$ 的约束和比较目标值的大小，即穷举法，该问题的最优解一定存在且可以得到（除非可行域为空集）。因为交通运输中的大量优化问题是从有限个状态中选取最好的，所以大量的实际优化问题是组合最优化问题。

典型的组合优化问题有旅行商问题（traveling salesman problem，TSP）、加工调度问题、0-1 背包问题（knapsack problem）、装箱问题（bin packing）、图着色问题、最小生成树问题等。

（1）旅行商问题。一个商人欲到 n 个城市推销商品，每两个城市 i 和 j 之间的距离为 d_{ij}，如何选择一条道路使得商人每个城市走一遍后回到起点且所走路径最短？TSP 还可以细分为对称和非对称距离两大类问题。当 $d_{ij} = d_{ji}$，$\forall i$，j 时，称为对称距离 TSP，否则为非对称距离 TSP。

（2）装箱问题。设有 n 个一维尺寸不超过 1 的物品集合 $\{a_1, a_2, \cdots, a_n\}$，如何以个数最少的一维尺寸为 1 的箱子装进这 n 个物品？

5.1.2　NP 困难性

一个组合优化问题如果已找到了多项式时间算法，那么就称它为多项式时间可解问题，把所有这样的问题集合记为 P，因此多项式时间可解问题就称为 P 类问题。所有复杂度高于多项式时间的算法都被称为指数时间算法，而不管它的时间复杂度是不是准确的指数量级。假设一台计算机的计算速度为每秒 10 亿次。表 5.1 比较了具有几种不同时间复杂度函数的算法在输入规模增加时运算时间增

长的情况，从表中可以看出，指数时间算法在输入规模增加时运算时间急剧增长，最终将达到天文数字的量级。

表 5.1　不同时间复杂度函数下算法性能的比较

时间复杂度	输入问题规模 n				
	10	20	30	40	50
n	10 纳秒	20 纳秒	30 纳秒	40 纳秒	100 纳秒
$n\lg n$	10 纳秒	26 纳秒	44.3 纳秒	64.1 纳秒	200 纳秒
n^2	100 纳秒	400 纳秒	900 纳秒	1.6 微秒	10 微秒
2^n	1.0 微秒	10 毫秒	1.1 秒	18.3 分	4.0 世纪
$n!$	3.6 毫秒	77.1 年	8.4×10^{13} 世纪	2.6×10^{29} 世纪	3.0×10^{139} 世纪

一个问题如果未找到多项式时间算法，那么直觉上它是难解的，但又往往无法证明其多项式时间算法的不存在性。由于在寻找有效算法上的失败不一定意味着这样的算法不存在，这就给理论工作者提出了难题：一方面，证明一个问题不存在多项式时间算法是困难的，至今尚未给出；另一方面有越来越多的问题无法给出多项式时间算法。同时，理论工作者又渴望解决此难题。为此在 20 世纪 70 年代提供了一个漂亮的理论，它把这种失败归结为一个深刻的数学猜想，这个理论就是 NP-完全性理论。

在关于问题能否存在有效算法的讨论中，人们发现，如果把所有问题都转化成只要求简单回答“是”或“否”的形式，将会带来许多方便，使差别很大的不同问题进行比较成为可能。我们称答案为“是”或“否”的问题为判定问题。给定一个判定问题，如果存在一个算法，对任何一个答案为“是”的实例 I，该算法首先给出一个猜想，该猜想规模不超过 I 的输入长度的某个多项式函数，且验证猜想的正确性仅需多项式时间，则称该问题属于 NP 类。易知 $P \subseteq NP$，但是多项式时间可验证性不能保证多项式时间可解性。如果问题 $\pi \in NP$，那么存在一个多项式 p 使得 π 能用时间复杂性为 $O(2^{p(n)})$ 的确定型算法求解，这里 n 表示 π 的实例的输入长度。

设有两个判定问题 π_1、π_2，如果对 π_1 的任一实例 I_1，可以多项式时间构造出 π_2 的一个实例 I_2，使 I_1 的答案为“是”当且仅当 I_2 的答案为“是”，则称 π_1 可以多项式时间归约到 π_2。如果 NP 类中所有问题都可以多项式时间归约到 NP 类中某个问题 π，则称 π 是 NP-完全问题（NP-complete 或 NPC）。

如果 π_1 是 NP-完全问题，$\pi_2 \in NP$，且 π_1 可以多项式时间归约到 π_2，则 π_2 也是 NP-完全问题。如果 NP-完全问题有多项式时间算法，则 NP 类中所有其他问题也有多项式时间算法。因此 NP-完全问题是 NP 类中最难解问题。另一方面，如果一个 NP-完全问题没有多项式时间算法，则所有 NP-完全问题也没有，因此所有 NP-完全问题是同等难度的。到目前为止，这些问题既没有找到多项式时间算法，又无法证明多项式时间算法不存在性。要解决此问题，需要理论上有重大突破。

对于一个组合优化问题，为了证明它的难解性，需先给出它的判定问题，然后证明该问题是 NP-完全的，显然，回答判定问题不会比解决原优化问题困难，因为如果能求出最优解，只要把它与判定问题中给定的上界或者下界比较，就可回答判定问题。如果某组合优化问题时的判定问题是 NP-完全问题，则称问题 π 是 NP-难解问题（NP-hard 或 NPC）。如果存在一个 NP-难解问题 π_1 可以多项式时间归约到 π_2，则 π_2 也是 NP-难解的。除非 $P=NP$，NP-难解问题没有多项式时间算法。

5.2 禁忌搜索算法

禁忌搜索（tabu search，TS）算法是局部邻域搜索算法的推广，是人工智能在组合最优化算法中的一个成功应用。Glover 在 1986 年提出这个概念，进而形成一套完整算法。禁忌搜索算法的特点是采用了禁忌技术。所谓禁忌就是禁止重复前面的工作。为了回避局部邻域搜索陷入局部最优的主要不足，禁忌搜索算法用一个禁忌表记录下已经到达过的局部最优点或达到局部最优的一些工作，在下一次搜索中，利用禁忌表中的信息不再或有选择的搜索这些点或过程，以此来跳出局部最优点。因此，有很多技术的细节问题有待下面讨论。

禁忌搜索算法中充分体现了集中和扩散两个策略。它的集中策略体现在局部搜索，即从一点出发，在这点的邻域内寻求更好的解，以达到局部最优解而结束。为了跳出局部最优解，扩散策略通过禁忌表的功能来实现。禁忌表中记录下已经到达点的某些信息，算法通过对禁忌表中点的禁忌，而达到一些没有搜索的点，从而实现更大区域的搜索。

5.2.1 局部搜索

在这里，我们假设算法解决如下组合最优化问题：

$$\min f(x)$$

$$\text{s. t.}\quad \begin{cases} g(x) \geqslant 0 \\ x \in D \end{cases}$$

式中，$f(x)$ 为目标函数；$g(x)$ 为约束方程；D 为定义域，是一个离散的点集合。

因为禁忌算法中用到局部搜索算法，这里首先介绍局部搜索算法，该算法可简单表示为：

（1）Step1：选定一个初始可行解 x^0，记录当前最优解 $x^{\text{best}} := x^0$，$T := N(x^{\text{best}})$。

（2）Step2：当 $T\setminus\{x^{best}\}=\Phi$ 时或满足其他停止运算准则时，输出计算结果，停止运算；否则，从 T 中选一集合 S，得到 S 中的最好解 x^{now}；若 $f(x^{now})<f(x^{best})$，则 $x^{best}:=x^{now}$，$T:=N(x^{best})$；否则，$T:=T\setminus S$，重复 Step2。

在局部搜索算法中，Step1 的初始可行解可用随机的方法选择，也可用一些经验的方法或是其他算法计算得到。Step2 中的集合 S 选取可以大到是 $N(x^{best})$ 本身，也可以小到只有一个元素，如用随机的方法在 $N(x^{best})$ 中选一点，西欧那个直观可以看出，S 选取得小使每一步的计算量减少，但可比较的范围也小；S 选取得大使每一步计算时间增加，比较的范围自然增加。这两种情况的应用效果依赖于实际问题。在 Step2 中，其他停止准则是除 Step2 中 $T\setminus\{x^{best}\}=\Phi$ 以外的准则。这些准则的给出往往取决于人们对算法的计算时间、计算结果的要求。

局部搜索算法的优点是简单易行、容易理解，但其缺点是无法保证全局最优性。

局部最优搜索算法的计算结果主要依赖起点的选取和邻域的结构。同一个起点，不同的邻域结构会得到不同的计算结果。同样，同一个邻域结构，不同的初始点会得到不同的计算结果。因此，在使用局部搜索算法时，为了得到好的解，可以比较不同的邻域结构和不同的初始点。一个非常直观的结论是：如果初始点的选择足够多，总可以计算出全局最优解。

5.2.2 禁忌搜索

禁忌搜索是一种人工智能的算法，是局部搜索算法的扩展。它的一个重要思想是标记已得到的局部最优解或求解的过程，并在进一步的迭代中避开这些局部最优解或过程，如何避开和记忆这些点是禁忌算法主要讨论的问题。

禁忌搜索算法的特征由禁忌对象和长度、候选集和评价函数、停止规则和一些计算信息组成。禁忌表特别指禁忌对象及其被禁的长度。禁忌对象多选择造成解变化的状态。候选集中的元素依评价函数而确定，根据评价函数的优劣选择一个可能替代被禁对象的元素，是否替代取决于禁忌的规则和其他一些特殊规则，如特赦原则。计算中的一些信息，如被禁对象对应的评价值、被禁的频率等，将对禁忌的长度和停止规则提供帮助。

禁忌搜索算法的步骤为：

（1）Step1：给以禁忌表（tabu list）$H:=\Phi$ 并选定一个初始解 x^{now}；

（2）Step2：满足停止规则时，停止计算，输出结果；否则，在 x^{now} 的邻域 $N(x^{now})$ 中选取满足不受禁忌的候选集 $Can\_N(x^{now})$；在 $Can\_N(x^{now})$ 中选一个评价值最佳的解 x^{next}，$x^{now}:=x^{next}$；更新历史记录 H，重复 Step2。

在禁忌搜索算法的 Step2 中，x^{now} 的邻域 $N(x^{now})$ 中不受禁忌的元素包含两类，一类是那些没有被禁忌的元素，另一类是可以被解除禁忌的元素。

禁忌搜索算法是人工智能同局部搜索算法的结合，沿袭了局部搜索的邻域构造，增加了一个禁忌表。于是，邻域连通条件为禁忌搜索可以达到全局最优解的一个必要条件。

定义 5.1 集合 C 称为相对邻域映射 N 是连通的，若对 C 中的任意两点 x，y，存在互异的 $x=x_1$，x_2，…，$x_l=y$，使得 $N(x_i) \cap \{x_{i+1}\} \neq \Phi$，$i=1, 2, \cdots, l-1$。

定理 5.1（最优性必要条件） 在禁忌搜索算法中，若解区域相对邻域映射 N 是连通的，则可以构造禁忌算法，使得算法求得全局最优解。

证明 算法的构造如下，从任何初始解 x 开始，禁忌表中记录所有一步（除 x 外）可达的所有点，即邻域中的所有点，再以这些点为起点，一步步地记录下去。禁忌的对象不允许出现循环。很明显，这样的算法一定可以到达任何一点 y。

这实际上就是遍历所有的状态，这不是我们希望的。实际使用时，我们期望禁忌表不能过大，因此，使用的禁忌搜索算法是一类启发式的算法。

作为禁忌搜索算法设计的第一步，邻域的构造非常重要，一旦邻域映射无法保证连通性，那么，无论禁忌表构造的多么精巧，都可以出现从某些点开始计算无法到达全局最优解。

5.2.3 基本流程

简单 TS 算法的基本思想是：给定一个当前解（初始解）和一种邻域，然后在当前解的邻域中确定若干候选解；若最佳候选解对应的目标值优于“best so far”状态，则忽视其禁忌特性，用其替代当前解和“best so far”状态，并将相应的对象加入禁忌表，同时修改禁忌表中各对象的任期；若不存在上述候选解，则在候选解中选择非禁忌的最佳状态为新的当前解，而无视它与当前解的优劣，同时将相应的对象加入禁忌表，并修改禁忌表中各对象的任期；如此重复上述迭代搜索过程，直至满足停止准则。

简单禁忌搜索的算法步骤可以简单地描述如下：

（1）给定算法参数，随机产生初始解 x^{now} 及给出初始禁忌表 $H=\Phi$；

（2）若满足停止规则，停止计算；否则，利用当前 x^{now} 的邻域函数 $N(H, x^{now})$ 产生其所有（或若干）邻域解，并从中确定若干候选解；

（3）对候选解判断是否满足藐视规则，若满足，则用满足藐视规则的最佳状态 x^{next} 代替 x^{now} 成为新的当前解，即 $x^{now}=x^{next}$，并用与 x^{next} 对应的禁忌对象替换最早进入禁忌表的禁忌对象，同时用 x^{next} 替换“best so far”状态，然后转入步骤（5），否则继续以下步骤；

（4）判断候选解对应的各对象的禁忌属性，选择候选解集中非禁忌对象对应的最佳状态为新的当前解，同时用与之对应的禁忌对象替换最早进入禁忌表的禁忌对象元素；

(5) 转步骤 (2)。

简单禁忌搜索算法可用如图 5.1 所示的流程图更直观地描述。

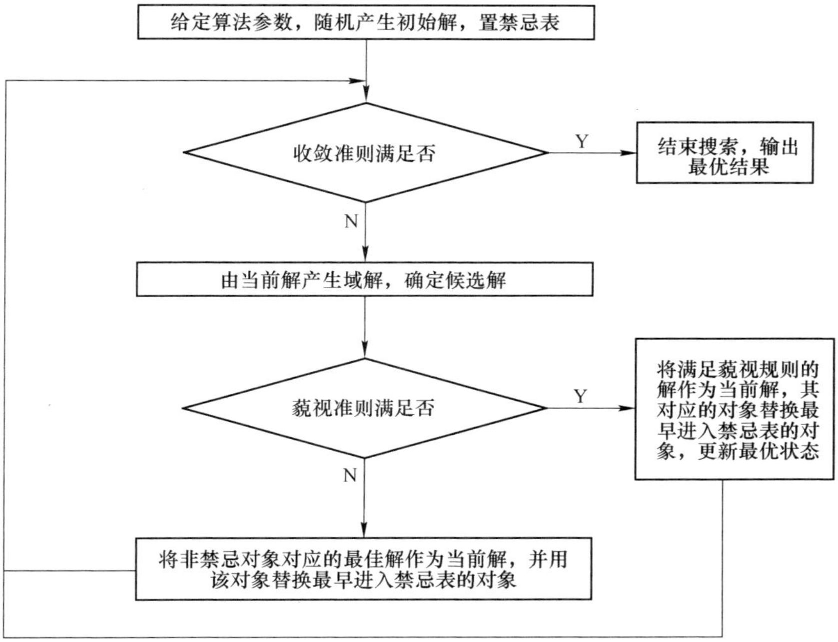

图 5.1 简单禁忌搜索算法流程图

由图 5.1 可以明显看到，邻域函数、禁忌对象、禁忌表和藐视规则构成了禁忌搜索算法的关键。其中，邻域函数沿用局部搜索算法的思想，用于实现邻域搜索；禁忌表和禁忌对象的设置，体现了算法避免迂回搜索的特点；藐视准则，则是对优良状态的奖励，它是对禁忌策略的一种放松。

需要指出地是，上述算法仅是一种简单的禁忌搜索框架，对各关键环节复杂和多样化的设计则可构造出各种禁忌搜索算法。同时，算法流程中的禁忌对象可以是搜索状态，也可以是特定搜索操作，甚至是搜索目标值等。

5.2.4 算法特点

与传统的优化算法相比，TS 算法的主要特点是：

(1) 在搜索过程中，可以接受劣解，因此具有较强的“爬山”能力；

(2) 新解不是在当前解的邻域中随机产生，而或是优于“best so far”的解，或是非禁忌的最佳解。因此，选取优良解的概率远远大于其他解。

由于TS算法具有灵活的记忆功能和藐视准则，并且在搜索过程中可以接受劣解，从而增加获得更好全局最优解的概率，因此TS算法是一种局部搜索能力很强的全局迭代寻优算法。但TS也有明显的不足：

（1）对初始解有较强的依赖性，好的初始解可使禁忌搜索在解空间中搜索到更好的解，而较差的初始解则会降低TS的收敛速度；

（2）迭代搜索过程是串行的，仅是单一状态的移动，并非并行搜索。

为了进一步改善禁忌搜索的性能，一方面可以对禁忌搜索算法本身的操作和参数选取进行改进，另一方面则可以与模拟退火、遗传算法、神经网络算法相结合。

【实例1】 基于禁忌算法的多约束集装箱装载问题研究

集装箱装载问题是运筹学领域的一个经典问题，可以描述为：长、宽、高分别为 l_i、w_i、h_i 的 n 个矩形货物在多个集装箱中摆放，在满足一定的约束（重心位置约束、单箱质量约束、放置顺序约束等）条件下，达到一定的目标（使集装箱利用率最高、费用最低等）。

由于集装箱装载问题是NP-hard问题，目前还找不到解决此问题的多项式时间算法。在实际的集装箱装载任务中，货物数量一般较大，货物和集装箱都受到多方面约束，传统算法难以进行求解。因此，越来越多的研究人员开始借助智能算法对集装箱装载问题进行研究。本节将利用禁忌算法研究含有多种约束的集装箱装载问题，这些约束包括集装箱重心位置约束、集装箱单箱质量约束、货物放置顺序约束、货物摆放方位约束以及货物摆放位置约束。本节最后运用禁忌算法对算例进行仿真计算，并且应用于广东某企业的集装箱装载实例中，算例和实例结果及其分析证明了禁忌算法对多约束集装箱装载问题的有效性。

1 多约束集装箱装载问题

（1）集装箱重心位置约束：为了使集装箱在运输过程中保持平衡，一般对集装箱的重心位置有要求，即实际重心与集装箱的几何中心的距离不能超过 D。

（2）集装箱单箱质量约束：为了便于运输与搬运，集装箱单箱质量不能超过上限 WH。

（3）货物摆放位置约束：一般包装相似的货物会放置在一起，否则可能会损坏货物包装。例如实际集装箱装载过程中，一般木箱和纸箱不放在一起。

（4）货物放置顺序约束：实际装载过程中尽量做到“大不压小，重不压轻”原则，即货物放置的层有一定的限制。

（5）货物摆放方位约束：货物包装及货物性质的不同，货物摆放方位也不同。有的货物能翻转倒置，有的能水平旋转放置，有的只能按固定的一个方位摆放。集装箱长、宽、高均为 l、w、h 规格，优化目标为集装箱的空间利用率最高，即对一批固定的货物进行转载，使选用集装箱的数量最少。

2　多约束集装箱装载问题的禁忌算法设计

2.1　解的编码设计

采用自然数进行编码，每一箱货物由相应自然数表示，将货物属性（摆放位置、放置顺序、摆放方位）存入对应的结构体中，作为邻域操作的依据。将货物的摆放位置属性进行分类，例如木质包装用1表示，纸箱包装用2表示。同理可以将货物的放置顺序进行编排，货物的放置顺序属性用式（5.1）表示：

$$\alpha \times l_i w_i h_i + (1 - \alpha) wei_i \tag{5.1}$$

式中，α为常数；第1项为货物体积；第2项为货物质量。

对于货物摆放方位属性，与集装箱长-宽-高相对应，将货物放置方位进行如下赋值：长-宽-高（1），宽-长-高（2），高-宽-长（3），长-高-宽（4），高-长-宽（5），宽-高-长（6）。解的结构为集装箱号：（货物号（摆放位置、放置顺序、摆放方位））。例如解2：（1（1，5，2）、4（1，5，1）、3（1，4，2）、2（2，3，3））表示2号集装箱中按2、1、2、3方位顺序放置1、4、3、2货物。

2.2　货物的分层摆放规则

集装箱装载过程采用从下到上分层摆放，图5.2所示为集装箱的俯视剖面图，我们把层的左下点定义为基点，货物从基点开始按一定次序放置。货物与集装箱、货物与货物之间边线的左下相交点称为潜在放置点。图5.2中A为基点，B、C、D为潜在放置点。

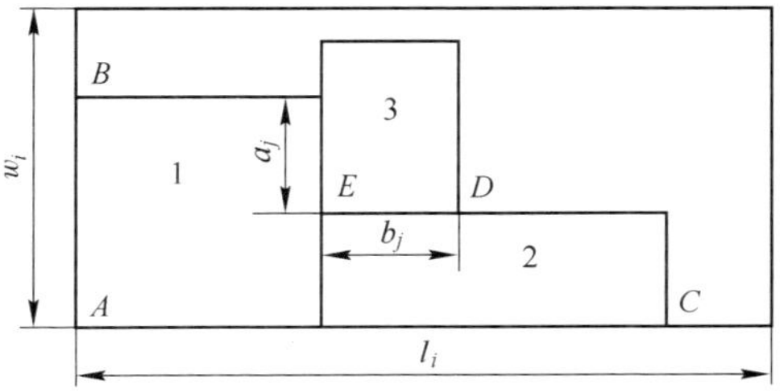

图5.2　货物摆放规

对于解$t(i_1, i_2, \cdots, i_n)$，货物的摆放规则和分层步骤如下：

（1）置$k := 0$，本层最大高度$h := 0$；

（2）$k := k + 1$，如果$k > n$，转步骤（8）；

（3）对于货物i_k，判断当前层是否还能按i_k的方位属性放置该货物，能则转步骤（5），否则继续；

（4）增加一新层，按上一层高度h值确定新基点；置$h := 0$；

（5）把i_k按i_k方位属性放入所有潜在放置点，比较i_k与货物或者集装箱的接触线$a_j \times b_j$的大小，选择该值最大的潜在放置点摆放i_k；

（6）比较i_k在集装箱高度方向的值h_{i_k}与h的大小，如果$h_{i_k} > h$，则$h := h_{i_k}$；

(7) 转步骤 (2);

(8) 结束。

2.3　初始解的产生

产生初始解步骤如下:

(1) 将全部货物按货物的摆放位置属性分类;

(2) 设定 a 值,计算货物的放置顺序属性值,将每类货物按放置顺序属性值从高到低降序排列;

(3) 根据每类货物放置顺序属性的平均值降序排列各类货物,得到所有货物的排列序列;

(4) 将货物按得到的序列顺序依次放入集装箱,货物与货物放置方位属性随机产生;

(5) 结束。

2.4　邻域设定

本文设定了两种邻域:一种为货物序列更新邻域,另一种为货物摆放方位变化邻域。

(1) 货物序列更新邻域。生成初始解时,货物序列首先按值 $\alpha \times l_i w_i h_i + (1-\alpha) wei_i$($\alpha$ 为初始设定常数) 降序排列,货物序列更新邻域就是对每个集装箱的货物序列进行更新,搜索更好的摆放序列。定义摆放序列函数 $f=\beta \times l_i w_i h_i + (1-\beta) wei_i$,其中 β 为序列调整系数,且 $0 \leqslant \beta \leqslant 1$。对 β 进行调整,能够改变矩形箱中货物的摆放序列。当 $\beta=0$ 时,完全按货物重量值进行降序排列;当 $\beta=1$ 时,完全按货物体积进行降序排列。取步长 ξ,每次 β 的变化值为 ξ,进而对摆放序列进行调整。

(2) 货物摆放方位变化邻域。生成初始解时,摆放的货物已经有了初始方位,对该方位改变,进而对矩形箱中货物的摆放进行调整。本文方位变化采用全序列邻域,即对货物每个可能方位都进行邻域操作。

2.5　利用率最小的集装箱货物移入、移出操作

每经过一次货物序列更新邻域或者货物摆放方位变化邻域操作,选用的集装箱会出现剩余空间或者剩余货物。出现剩余空间是因为经过邻域操作得到了更好的摆放序列或者摆放方位;反之会出现剩余货物。所以,邻域操作过后要把利用率最小的集装箱 i 作为缓冲:当出现剩余空间时,把 i 中货物按 i 中序列和方位放入其他出现剩余空间的集装箱中;当出现剩余货物时,把这些货物按摆放序列函数排列,插入到 i 中。

2.6　约束的处理和解的评价

本书提出的装箱问题含有集装箱重心位置约束、集装箱单箱质量约束、货物放置顺序约束、货物摆放方位约束以及货物摆放位置约束。其中货物放置顺序约

束、货物摆放方位约束以及货物摆放位置约束在初始解的生成和邻域的处理中已经进行了限制，即如果经过某邻域操作，产生的解不满足以上约束，则取消此邻域操作。

对于质量上、下限约束和重心位置约束，我们采用在解的评价函数中增加惩罚函数的方法加以限制。惩罚函数如下：

$$p = c \times \sum_{i \in J_Z} \max(0,\ wei_i - WH) + \\ d \times \sum_{i \in J_Z} \max\left(0,\ \sqrt{(x_i - X)^2 + (y_i - Y)^2 + (z_i - Z)^2} - D\right) \tag{5.2}$$

式中，J_Z为选用集装箱集合；wei_i为集装箱 i 中货物质量；x_i，y_i，z_i分别为集装箱重心坐标；X，Y，Z 分别为集装箱几何中心坐标；c，d 为惩罚系数。

解的评价函数为选用集装箱的数量与惩罚函数的和，即 $F = \| J_Z \| + P$。

2.7 禁忌表的设计和终止准则

本节设定的两种邻域是针对不同对象（货物序列和单个货物）进行的操作，因此本节构造了与之相对应的两个禁忌表。

(1) 货物序列禁忌表。对序列调整系数β按步长ξ进行操作，如果当前代对β进行了增加ξ的操作，那么在接下来的η_X代内，不允许对β进行减小ξ的操作；

(2) 货物方位禁忌表。如果当前代对货物 i 进行了方位变化操作，那么在接下来的 η_H 代内，不允许再对货物 i 进行方位反向变化操作。

终止准则：如果连续迭代 N_D代最优解没有变化，则算法终止。

2.8 禁忌算法优化多约束集装箱装载问题算法框架

禁忌算法优化多约束集装箱装载问题算法框架（见图 5.3）。

3 算例结果

3.1 算例结果 1

我们在 Martelloectal[1] 算例产生程序的基础上加以修改，增加货物质量、货物摆放方位等参数。货物质量参数在（0，10］区间产生，货物摆放方位参数在［1，6］区间产生。集装箱尺寸 $l=9$，$w=5$，$h=10$，集装箱装载质量上限 $WH=650$，重心偏移距离上限 $D=0.8$。货物尺寸分为 4 种型号，型号及数量产生区间见表 5.2。

用 c 语言实现多约束集装箱装载问题的禁忌算法，取参数 $\alpha=0.3$，$\xi=0.02$，$c=100$，$d=1000$，$N_D=200$，$N_Z=30$。在计算机上计算 20 次，18 次概率得到本算法所能得到的最优解值（解值相同并不表示解一定一样，因为可能各解的排列序列不同），最优解表示要用 3 个集装箱对上述规模货物进行装载。总空间利用率达到 85.54%。平均收敛时间仅为 1min28s。

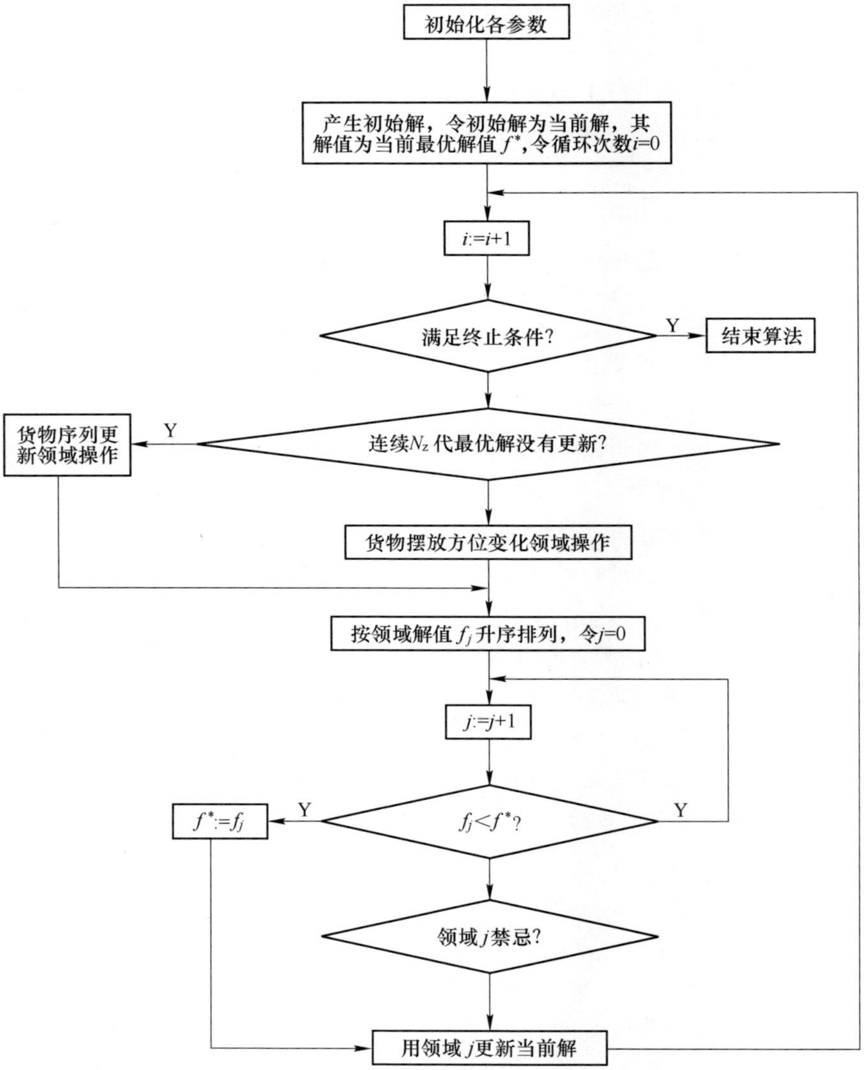

图 5.3　禁忌算法优化多约束集装箱装载问题算法框架

3.2　算例结果 2

把本算法应用于广东某物流企业的集装箱配货过程进行优化。选用任务为规模较大的一次，含有 27 种不同型号的 988 箱货物，运算 20 次，平均计算时间为 8min47s，得到了令人满意的结果，集装箱平均空间利用率达到了 82.3%。由于企业当前系统不能进行如此复杂的优化（该企业对复杂任务操作一般是先初步优化，后人工调整），因此不好直接比较本节算法与该系统的优劣。但无论从优化能力还是从优化速度方面分析，该算法都能完全满足实际需求。

表 5.2 货物尺寸、数量

参数	$l_{i,J}$	$w_{i,J}$	$h_{i,J}$	n_i
型号 1	(2, 5)	(2, 3)	(2, 3)	(50, 100)
型号 2	(3, 6)	(2, 4)	(3, 5)	(50, 100)
型号 3	(1, 4)	(2, 4)	(2, 5)	(50, 100)
型号 4	(3, 4)	(3, 5)	(1, 2)	(50, 100)

5.3 模拟退火算法

模拟退火（simulated annealing，SA）算法最早由 Metropolis 在 1953 年提出，是模拟加热熔化后冷却的金属的退火过程，来寻找全局最优解的有效优化算法之一。即将固体温度加温至充分高，再让其缓慢冷却，加温时，固体内部粒子随着温度升高变为无序状，内能增大；而缓慢冷却时，粒子渐趋有序，在每个温度都达到平衡态，最后在常温时达到基态，内能减为最小。Kirkp-atrick 在 1983 年成功地将这一方法应用在组合优化问题中。

5.3.1 模拟退火算法的基本思想

模拟退火算法是模拟热力学中经典粒子系统的降温过程，来求解规划问题的极值。当孤立粒子系统的温度以足够慢的速度下降时，系统近似处于热力学平衡状态，最后系统将达到本身的最低能量状态，即基态，这相当于能量函数的全局极小点。

模拟退火算法源于对固体退火过程的模拟，其物理背景是固体退火的物理现象和统计力学模型。模拟退火算法有 2 个主要操作：一是称为冷却流程的热静力学操作，用于设定温度 t 下降幅度（算法的一个参数）；另一个用于在每个温度下搜索最优解的随机松弛过程。

设组合优化问题的一个解 i 及其目标函数 $f(i)$ 分别与固体的一个微观状态 i 及其能量 E_i 等价，令随算法进程递减其值的控制参数 t 担当固体退火过程中的温度 T 的角色，则对于控制参数 t 的每一取值，算法持续进行“产生新解—判断—接受/舍弃”的迭代过程对应着固体在某一恒定温度下趋于热平衡的过程，也就是执行了一次 Metropolis 算法，与 Metropolis 算法从某一初始状态出发，经过大量解的变化后，可以求得给定控制参数值时组合优化问题的相对最优解。然后减小控制参数 t 的值，重复执行 Metropolis 算法，就可以在控制参数 t 趋于零时，最终求得组合优化问题的整体最优解。由于固体退火必须“缓慢”降温，才能使固体在每一温度下都达到热平衡，最终趋于能量最小的基态，控制参数的值也必须缓慢衰减，才能确保模拟退火算法最终趋于组合优化问题的整体最优解集。

模拟退火算法用 Metropolis 算法产生组合优化问题解的序列，并由与 Metropolis 准则对应的转移概率 p 如下式所示：

$$p(i \Rightarrow j)=\begin{cases}1;\ f(j) \leqslant f(i) \\ \exp[(f(i)-f(j))/t];\ f(j)>f(i)\end{cases} \tag{5.3}$$

由式（5.3）确定是否接受从当前解 i 到新解 j 的转移。式中的 $t \in R^{+}$ 表示控制参数，开始让 t 取较大的值（与固体的熔化温度相对应），在进行足够多的转移后，缓慢减小 t 的值（与“缓慢”降温相对应），如此重复，直至满足某个停止准则时算法终止。因此，模拟退火算法可视为递减控制参数时 Metropolis 算法的迭代。

简单的模拟退火算法步骤为：

（1）初始化。给定初温 $t=t_0$（充分大），随机产生初始状态 $S=S_0$，令 $K=0$。

（2）重复。产生新状态 S_j=Generate（S）；

若 $\min\{1,\ \exp[-(C(S_j)-C(S_i))/t_k]\} \geqslant \text{random}[0,\ 1]$，则 $S=S_j$；

直到抽样稳定准则满足；

退温 $t_{k+1}=\text{update}(t_k)$，并令 $k=k+1$。

（3）直到算法终止准则满足。

（4）输出算法搜索结果。

模拟退火算法与初始解状态 S（S 是算法迭代的起点）无关；模拟退火算法具有渐近收敛性，已在理论上被证明是一种以概率 l 收敛于全局最优解的全局优化算法；模拟退火算法具有并行性。模拟退火算法的流程可用流程图直观表示，如图 5.4 所示。

模拟退火算法依据 Metropolis 准则接受新解，因此除接受优化解外，还在一个限定范围内接受恶化解，这正是模拟退火算法与局部搜索算法的本质区别所在。开始时 t 值大，可能接受较差的恶化解；随着 t 值的减小，只能接受较好的恶化解；最后在 t 值趋于零值时，就不再接受任何恶化解了。这就使模拟退火算法既可以从局部最优的“陷阱”中跳出，更有可能求得组合优化问题的整体最优解；又不失简单性和通用性。因此，对大多数组合优化问题而言，模拟退火算法要优于局部搜索算法。

5.3.2　模拟退火算法的参数控制问题

模拟退火算法的应用很广泛，但其参数难以控制，其主要问题有以下 3 点：

（1）温度 T 的初始值设置问题。温度 T 的初始值设置是影响模拟退火算法全局搜索性能的重要因素之一。初始温度高，则搜索到全局最优解的可能性大，

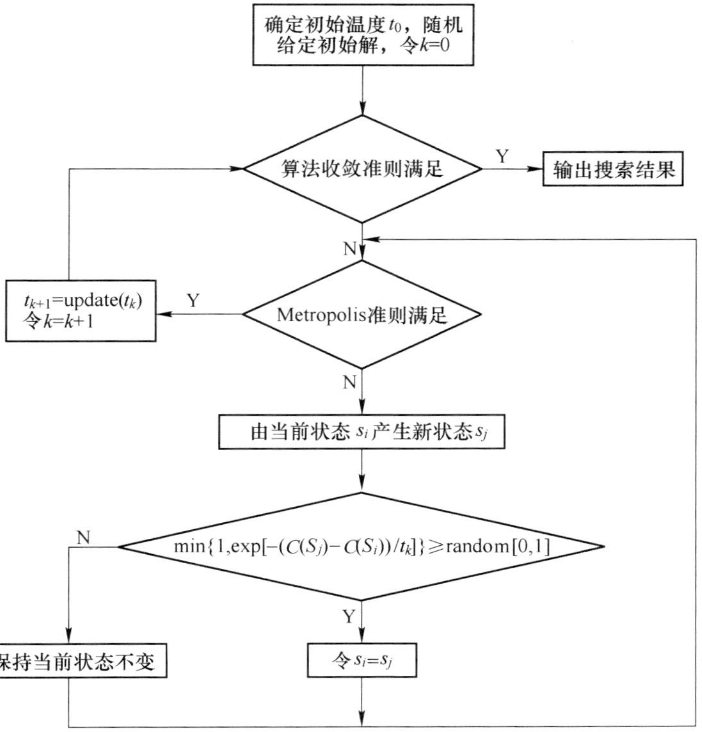

图 5.4 标准模拟退火算法流程图

但因此要花费大量的计算时间；反之，则可节约计算时间，但全局搜索性能可能受到影响。实际应用过程中，初始温度一般需要依据实验结果进行若干次调整。

（2）退火速度问题。模拟退火算法的全局搜索性能也与退火速度密切相关。一般来说，同一温度下的“充分”搜索（退火）是相当必要的，但这需要计算时间。实际应用中，要针对具体问题的性质和特征设置合理的退火平衡条件。

（3）温度管理问题。温度管理问题也是模拟退火算法难以处理的问题之一。实际应用中，由于必须考虑计算复杂度的切实可行性等问题，常采用如式（5.4）所示的降温方式：

$$T(t+1)=k\times T(t) \tag{5.4}$$

式中，k 为正的略小于 1 的常数；t 为降温的次数。

5.3.3 常用退火方式

在模拟退火算法中，降温的方式对算法有很大影响。如果温度下降过快，可能会丢失极值点；如果温度下降过慢，算法的收敛速度又大大降低。为了提高模拟退火优化算法的有效性，许多学者提出了多种退火方案，有代表性的有：

（1）经典退火方式。降温公式为：$T(t) = T_0/\ln(1+t)$；特点是温度下降很缓慢，因此，算法的收敛速度也是很慢的。

（2）快速退火方式。降温公式为：$T(t) = T_0/(1+\alpha t)$；这种退火方式的特点是在高温区，温度的下降是比较快的，而在低温区，降温的速率较小。这符合热力学分子运动理论中，某粒子在高温时，具有较低能量的概率要比在低温时小得多，因此寻优的重点应在低温区。其中 α 可以改善退火曲线的形态。

5.3.4　模拟退火算法的缺陷

模拟退火算法也存在一些缺陷，主要表现在：

（1）由于模拟退火法为了避免落入局部最优，采用 Boltzman 机制，然而在每一步冷却，为使状态达到平衡分布将是一个非常耗时的过程；

（2）模拟退火对于已试探的空间区域所知不多，不能利用已试探过的区域引导搜索，且很难判断空间中的哪些区域有更多的机会得到最优解。在这种意义上，模拟退火被称为“随机漫步”。

【实例 2】　矩形物体布局问题的模拟退火算法

1　问题的提出

矩形物体布局问题是指将 n 个矩形物体按一定的要求合理地放置在一个平面内，使所占面积尽量最小，也称为排料和切割问题。在工业的许多领域中，人们经常会遇到这类问题，比如木板、玻璃、钢板的切割、土地规划、大规模电路设计等。

2　解的表达方式和目标函数的计算

本算法采用二维数组结构作为布局问题解的表达方式，例如，图 5.5 所示数组结构为｛（3，0）（1，1）（2，1）｝表示 3 个布局物体的排放顺序和排放方式。其中数组的第一维（3，1，2）表示物体在平面上排放的先后顺序，数组的第二维 0 表示布局物体的长平行于水平方向，1 表示布局物体的长平行于垂直方向。待布局物体的摆放位置是在目标函数的计算过程中完成的。

目标函数的计算过程就是按照解的表达方式对矩形物体进行布局的过程。我们假设布局空间为宽度给定，长度不限的长方形，则布局结果得到的包络长方形的长就是给定解对应的目标函数值。布局如图 5.6 所示，并做了相应的改进。对布置点数组中的每个布置点放入物体时采用适者优先的原则，即从排在第一位的物体开始（如果物体还未被放置）按照解的表达方式中给出的排放方式进行放置，如果物体在水平方向和垂直方向的边长均小于布置点的空间长度，则物体放置成功，此时布局物体的左下角放置在布置点的坐标上。接着对布置点作相应的改进：将原来的布置点平移到被布局物体的左上角，在被布局物体的右下角增加一个新布置点，同时适当调整布置点各方向上的长度；如果物体放置不成功，则检查此布置点上方左右相邻的布置点，如果右方布置点较低则将其平移到此布置点的正上方，否则，直接对下一个布置点放入物体。每成功放置一个布局物体，对布置点数组按照坐标从低到高进行一次排序，如果布置点高度相同则左边的布置点排在前。重复此过程直到所有布局物体放置成功。此时寻找所有被放置物体的坐标 y 与物体垂直方向的长度 h 之和的最大者，即构成放置所有物体的最小布局空间，$y+h$ 的值即为个体的适应值。以上是非一刀切问题的个体适应值评价过程，对于一刀切问题的不同点是当物体放置不成功时将此相应布置点删去即可。

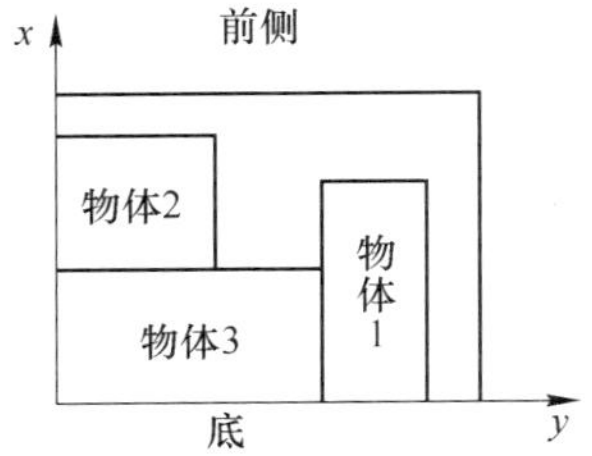

图 5.5 数组{(3，0)(1，1)(2，1)}对应的布局图

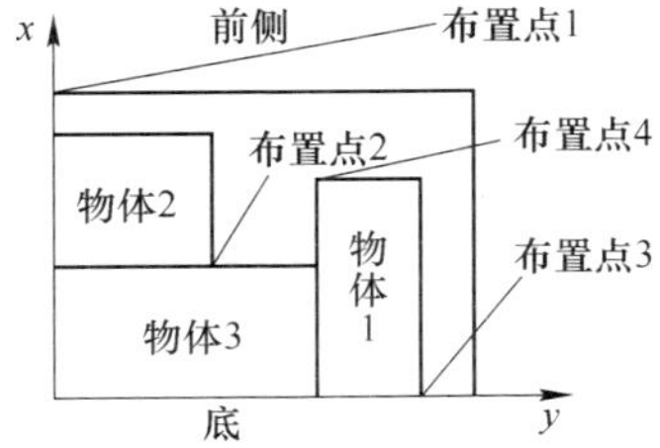

图 5.6 布置点的例子

3 新解生成算子

新解生成算子即模拟退火算法流程中的 Generate 0 函数，算法中我们采用两种算子生成新解。方法 1：对待布入的 n 个物体逐个按概率进行前后交换。即随机生成一个 0 和 1 之间的随机数，如果该随机数小于给定的概率 p_1，则将此物体与其后一个物体交换顺序。方法 2：对待布局的 n 个物体逐个按概率交换其长和宽。即随机生成一个 0 和 1 之间的随机数，如果该随机数小于给定的概率 p_2，则将此物体的长和宽互相交换。也就是将解的表达式中的 0 和 1 互相转化。

4 算例

计算 50 个尺寸如下的矩形物体在宽度固定为 400，长度不限的矩形内的优化布局方式（单位：cm）：

(30，120)，(30，100)，(30，80)，(30，60)，(30，40)，
(40，120)，(40，100)，(40，80)，(40，60)，(40，40)，
(50，120)，(50，100)，(50，80)，(50，60)，(50，40)，
(60，120)，(60，100)，(60，80)，(60，60)，(60，40)，
(70，120)，(70，100)，(70，80)，(70，60)，(70，40)，
(80，120)，(80，100)，(80，80)，(80，60)，(80，40)，
(90，120)，(90，100)，(90，80)，(90，60)，(90，40)，
(100，120)，(100，100)，(100，80)，(100，60)，(100，40)，
(120，120)，(120，100)，(120，80)，(120，60)，(120，40)，
(200，120)，(200，100)，(200，80)，(200，60)，(200，40)

实际上本题是将一个 400×840 大矩形按照网格线分割成 50 个大小不同的小矩形，如图 5.7 所示。

计算时算法中参数设置如下：初始温度 T 为 100，温度递减因子为 0.92，终止温度为 0.0001，Markov 链长为 500，算法运行的最大代数为 168，算法运行的代数是指温度变化的次数。运行时间均在 30s 以内，得到的最优布局方式如图 5.8 所示，其包络矩形长为 850，最优布局的利用率达到 98.82%。关于新解生成算子中的变异概率 p_1、p_2 分别采用如下公式动态取值：$p_1=0.4(1-gen/max\_gen)$，$p_2=0.15(1-gen/max\_gen)$，其中 gen 指算法运行的代数，max_gen 指算法运行的最大代数。

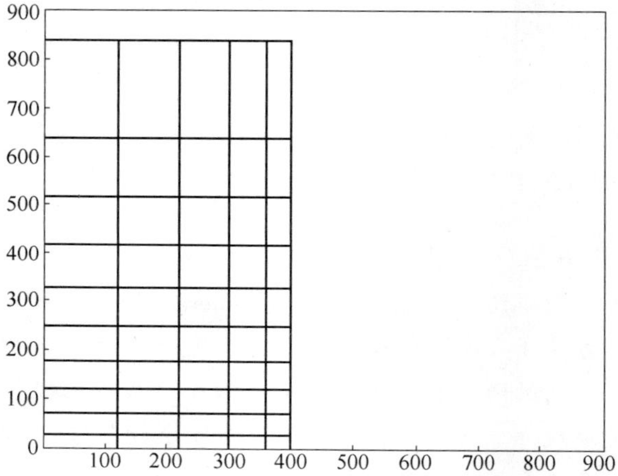

图 5.7　将 400×840 大矩形按照网格线分割成 50 个小矩形

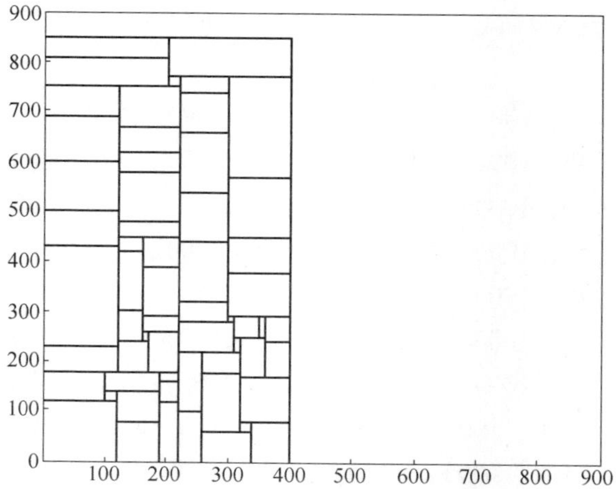

图 5.8　模拟退火算法得到的最优布局图

5.4 遗传算法

Holland 教授在 20 世纪 70 年代初期首先提出遗传算法（genetic algorithm, GA）这个概念并使其发展起来。1975 年，Holland 出版了第一本比较系统的论述遗传算法的专著“Adaptation in Natural and Artificial Systems”。

5.4.1 遗传算法的产生

生命科学与工程科学的相互交叉、相互渗透和相互促进是近代科学技术发展的一个显著特点，而遗传算法的蓬勃发展正体现了科学发展的这一特征和趋势。

遗传算法是一类模拟达尔文自然选择和自然淘汰生物进化过程的计算模型，由美国 Michigan 大学的 John Holland 于 1975 年提出，John Holland 教授和他的研究小组围绕遗传算法进行研究的宗旨有 2 个：一是抽取和解释自然系统的自适应过程，二是设计具有自然系统机理的人工系统。毫无疑问，John Holland 教授的研究无论对自然系统还是对人工系统都是十分有意义的。

在人工智能领域中，有不少问题需要在复杂而庞大的搜索空间中寻找最优或准最优解。像 TSP 问题和规划问题等组合优化问题就是典型的例子。在求解此类问题时，若不能利用问题的固有知识来缩小搜索空间则会产生搜索的组合爆炸。因此，研究能在搜索过程中自动获得和积累有关搜索空间。基于遗传算法的物流配送优化模型求解方法的知识，并自适应地控制搜索过程，从而得到最优解或准最优解的通用搜索算法一直是令人瞩目的课题。遗传算法是这种特别有效的算法之一。它的主要特点是简单、通用，具有全局搜索性，搜索时只使用适应度函数，不用其他辅助信息，鲁棒性强，它适用于处理传统方法难以解决的复杂、非线性问题，并在组合优化、机器学习、规划设计等领域广泛应用。

5.4.2 遗传算法思想

遗传算法的基本思想是优胜劣汰、适者生存。解的性能越优，越容易进入下一代进化，将其优良基因继承下去，直至搜索至满意解或近似最优解。

为了更好地理解遗传算法的原理，先介绍一下常用的基本概念。

（1）染色体或个体（chromosome）。染色体在遗传算法中有 2 种表示模式：表现型（phenotype）和基因型（genetype）。表现型对应问题的候选解或参数集，基因型对应遗传算法直接处理的一种数据结构如数组等。

（2）编码（encoding）和译码（decoding）。遗传算法不能直接处理解空间的数据，因此求解问题时需要对要求问题的解进行编码才能够进行遗传算法的操作，具体包括 2 类数据的转换操作：一种为编码操作，实现问题空间到 GA 空间的映射，将表现型转换为能被遗传算法处理的基因型；另一种为译码操作，实现

GA 空间到问题空间的映射，将基因型转换为表现型的形式。译码是编码的反相操作。最常用的编码方式为二进制编码，但对于 TSP 等基于次序的问题，如果采用二进制编码，实施遗传操作后可能会导致频繁生成无效解，给遗传操作和解码造成很大的复杂性。为了减少无效解的生成，一般采用最直观的自然数或整数编码策略，同时需要调整遗传操作的策略。

（3）群体或种群（population）。群体就是一定数量染色体（个体）的集合，在 GA 中对应的是问题空间中候选解的集合。在确定了编码方式后，需要设定初始群体的生成方式，并以初始群体为起点逐步进化并按照一定规则对群体进行更新直至满足进化停止条件，初始群体中个体一般是随机生成的。在设计初始群体生成方式和相关参数时，要考虑到计算效率和群体多样性二者的权衡，以保证在有效合理的时间内得到最优解。

（4）适应度（fitness）。适应度是评价个体优劣和进行遗传操作的依据，在求解优化问题时，个体适应度往往与问题的目标函数有关。车辆路径选择问题是一个很典型的约束组合优化问题，用遗传算法求解这类问题必须考虑处理约束的对策。

（5）遗传操作（genetic operation）。遗传操作是推动 GA 进化的内在动力，在生物学中对应个体基因的结构重组和变异，求解问题时对应个体数据结构，如位串的重组和变异，通过个体特征的遗传和变异实现优胜劣汰的进化过程。从理论上讲可使遗传操作的解逐渐优化，逼近最优解。

GA 中主要有 3 种遗传操作：选择（selection）、交叉（crossover）和变异（mutation）。遗传操作的设计与编码方式直接相关，即具体问题采用的编码方式不同，相应的遗传操作方式也不同。对于车辆路径问题等基于次序的优化问题来说，一般采用十进制数编码方案，为了避免生成无效解，需要专门设计交叉和变异算子，常用的遗传操作见表 5.3。

表 5.3　常见的遗传操作

遗传操作	操　作　过　程	常用策略
选择	根据适应度大小选择个体直接进入下一代或作为交叉、变异的对象	轮盘赌选择、最佳个体保存
交叉	重组双亲的部分基因生成单点新个体，使后代继承父代优良基因	单点交叉，多点交叉，均匀交叉
变异	变异对个体中某些基因值做细微变动，维持群体多样性	对换变异、位点变异、逆转变异等

5.4.3　遗传算法的工作机理

遗传算法是从达尔文进化论中得到灵感和启迪，借鉴自然选择和自然进化的原理，模拟生物在自然界中的进化过程所形成的一种优化求解方法。尽管这种自适应寻优技术可用来处理复杂的线性、非线性问题，但它的工作机理十分简单。

标准遗传算法（canonical genetic algorithms）的步骤如下：

(1) 构造满足约束条件的染色体。由于遗传算法不能直接处理解空间中的解，所以必须通过编码将解表示成适当的染色体。实际问题的染色体有多种编码方式，染色体编码方式的选取应尽可能地符合问题约束，否则将影响计算效率。

(2) 随机产生初始群体。初始群体是搜索开始时的一组染色体，其数量适当选择。

(3) 计算每个染色体的适应度。适应度是反映染色体优劣的唯一指标，遗传算法就是要寻得适应度最大的染色体。

(4) 使用选择、交叉和变异算子产生子群体。这三个算子是遗传算法的基本算子，其中选择体现了优胜劣汰的自然规律，交叉体现了有性繁殖的思想，变异体现了进化过程的基因突变。

(5) 重复步骤（3）、(4)，直到满足终止条件为止。

5.4.4 遗传算法的特点

同传统算法相比，遗传算法具有以下特点：

(1) 遗传算法对问题参数的代码集起作用，而不是对参数本身起作用。遗传算法处理的对象是染色体，因而要求把所要优化问题的基本参数转化为定长的有限符合的染色体。

(2) 遗传算法是从初始群体开始搜索的，而不是从单点开始搜索的。许多传统优化方法都是从搜索空间的单点出发，通过某些转换规则确定下一点。这种点到点的搜索方法在许多峰值优化问题中，首先找到的可能不是最优峰值，容易陷入局部最优解而不是全局最优解；而遗传算法是以点集开始的寻优过程，初始群体是随机地在搜索空间中选取的，这样在搜索过程中达到最优峰值的概率远大于点到点方法的概率，遗传算法具有更好的全局搜索性。

(3) 遗传算法在搜索过程中只使用适应度函数信息，而不用导数及其他辅助信息。对于不同类型的优化问题，传统方法需要不同形式的辅助信息，没有一种优化方法能适应各类问题的要求。遗传算法在优化过程中，放弃使用这些辅助信息，具有更广泛的适应性。

(4) 遗传算法使用概率转换规则而不用确定性规则。遗传算法使用概率转换规则来调整其搜索方向，各代群体间没有统一的联系规律。但使用概率转换并不意味着这种方法属于随机算法范畴，它只是使用随机转换作为工具来调整搜索过程趋向于目标函数不断改进的区域。

与传统方法相比，遗传算法的优越性主要表现在：首先，在遗传算子的作用下，遗传算法具有很强的搜索能力，能以很大概率找到问题的全局最优解：其次，由于它固有的并行性，能有效地处理大规模的优化问题。

5.4.5　遗传算法参数选择

遗传算法中需要选择的参数主要有染色体长度、群体规模、交叉概率和变异概率等，这些参数对遗传算法性能影响很大。

为了选择合适的群体规模 n、交叉概率 p_c、变异概率 p_m，许多学者进行了研究。建议的最优参数范围是：$n=20\sim30$，$p_c=0.75\sim0.95$，$p_m=0.005\sim0.01$。在简单遗传算法或标准遗传算法中，这些参数是恒定的。目前许多学者认识到这些参数需要随着遗传进程而自适应变化，这种有自组织性能的遗传算法具有更强的鲁棒性、全局收敛性和计算效率。Davis 提出一种 p_c、p_m 遗传算子的在线性能自适应变化的有效方法，性能提高则 p_c 增加。Fogarty 研究了 p_c 和 p_m 随遗传代数变化的有效方法，例子显示随指数下降有较好性能。Whitley 提出一种自适应突变策略，与父代间的 Hamming 距离成反比，结果显示能有效保持基因的多样性。Srinivas 和 Patnaik 提出一种 p_c 和 p_m 随父代的适应度自适应变化的新方法，并进行了详细的理论分析和广泛的实验研究，结果显示该方法在非线性和多模型问题的优化中性能优异。

【实例 3】　配送路径优化问题算法设计

1　编码

在遗传算法中最常用的编码方式为二进制编码，但对于基于次序的问题，如果采用二进制编码，实施遗传操作后可能会导致频繁生成无效解，给遗传操作和解码造成很大的复杂性。为了减少无效解的生成，一般采用最直观的自然数或整数编码策略，同时需要调整遗传操作的策略。本实例所研究的问题为起终点固定的次序问题，它与传统的 TSP 问题还有所不同，因为起终点固定的路径选择问题存在两类不同的点一类为途经节点一类为起点和终点，因此在编码时应予以不同的考虑。本实例对起终点固定的路径选择问题采用十进制编码，始终以“1”表示起点，本实例中的染色体就是指一个解或一条路径，染色体长度是指连同起点在内的所有节点的个数（不含终点，因为终点起点重合），当染色体长度为 l_n 时，则以 $n-1$ 表示终点。1，2，3，…，$n-2$ 为途中需要访问的各个节点，例如一条染色体 132456 表示从起点（编码为 1）顺序经过 3，2，4，5，6 这五个节点再回到终点（编码为 1），这条染色体长度为 6。

2　译码

译码就是对一个染色体编码译出其对应的一条路径并求出此路径长度，由于本实例对染色体采用的是十进制编码方式，其对应的码编号就是实际的路径编号，因此译码过程相对较简单，例如一条染色体的编号为 132456，通过对其译码表示车辆从起点1出发顺序经过3，2，4，5，6这五个节点再回到终点1的一条路径，由于每个点在编码前都有确定的位置坐标，因此通过计算 $\sum_{i=1}^{n} c_{i,\ i+1} + c_{n,\ l}$ 就可以求出这条路径的长度，其中 c_{ij} 表示 i 点至 j 点之间的距离，一般事先给出，也可以通过公式 $c_{ij} = \sqrt{(x_i - x_j)^2 + (y_i - y_j)^2}$ 求出，其中（x_i，y_i）表示 i 点的坐标，（x_j，y_j）表示 j 点的坐标。因此任给一条染色体编码，就可以求得这条染色体表示的路径及其长度。

3 初始群体的形成

初始群体就是随机产生的一组初始染色体的集合，在遗传算法中初始群体是进化的起点，遗传算法正是在初始群体的基础上一代又一代的进化逐步向最优解靠近，群体操作也是遗传算法并行性特点的体现。如何快速地产生一定数量的初始群体是问题求解的关键性起点。产生初始群体的算法能够快速地产生随机初始种群，其中染色体长度为 n，群体规模为 m。初始化群体中每个染色体的第一点编号都为0，最后一点的编号都为 $n-1$。下面以产生一个染色体为例说明产生初始群体的具体算法步骤如下：

（1）设置被选标志数组 bSelected[i] =FALSE，i=1，2，…，n；

（2）设置 bSelected[1] =TRUE，W 第一点编号 arry[1] =1，剩余待编节点数 left=n−1；

（3）设置待编点号 j=2；

（4）判断 left 是否为0，如果是则转步骤（8）。否则产生一个1至 left 的随机数 random；

（5）从被选标志数组 bSelected 中找到第 random 个 bSelected[k] =FALSE；

（6）置 arry[j] =k；

（7）准备编下一个点，置 j=j+1，bSelected[k]=TRUE，left=left−1 转步骤（4）；

（8）置最后一点 arry[n] =n。

重复执行以上步骤 m 次，就可以得到群体规模为 m 的随机染色体编码。

初始群体形成框图如图5.9所示。

4 适应度函数

适应度是评价个体优劣和进行遗传操作的依据，个体的适应度越大进入下一代的概率就越大，在 TSP 问题中由于目标函数需要计算哪条路径最短，因此一般不用目标函数直接作为适应度函数，需要对目标函数进行变形。本例的适应度函数采用染色体所代表的路径长度的倒数乘以一个系数作为评价个体适应度的函数，即 $f_i = 10000/d_i$，i=0，1，2，…，$m-1$，m 为群体规模，d_i 表示染色体所代表的路径。染色体所代表的路径越短其适应度越大，也就越容易进入下一代。

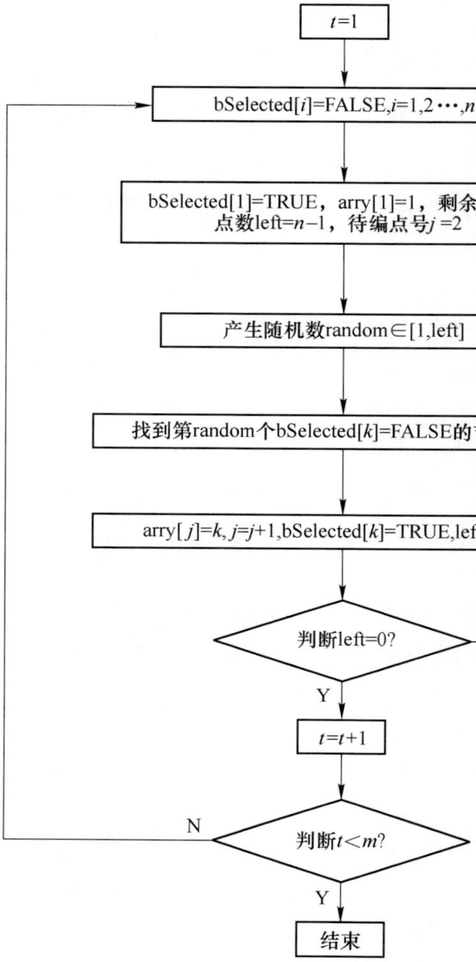

图 5.9　生成初始群体流程

5　选择算子

为了产生下一代个体，首先需要从群体中选择两个双亲染色体，称为父体和母体。选择机制可以采用随机选择和轮盘赌选择、随机选择就是根据产生的随机数 random，random 在 0 和群体规模 $m-1$ 之间，直接从群体中选择编号为 random 的染色体作为一个双亲染色体（染色体编号为 0，1，2，…，$m-1$），按上述方法产生另一个染色体，为了避免两次选到同一个染色体，需要记录第一次产生的随机数，产生第二个随机数时保证不与第一次产生的随机数相同，随机选择带有很强的随机性，不能按照适应度大就容易被选中的规则来选取双亲染色体，但有利于保持个体的多样性。

轮盘赌选择是根据染色体适应度大被选择繁殖下一代的概率也大的规则对双亲进行选择的，这种选择是以适应度大的染色体繁殖的后代适应度也大的假设为基础的，但在选择过程中也带有一定的随机性。它的基本过程是：

（1）计算群体中所有染色体的适应度和 $\mathrm{sum}f=\sum_{i=0}^{m} f_i$，$i=0,\ 1,\ 2,\ \cdots,\ m$，$f_i$ 为染色体 i 的适应度。

（2）产生一个在 0 到 1 的随机数 random，求出本次旋转轮盘所得到的值 value = random · sum$f$。

（3）观察本次旋转轮盘得到的值 value 落到哪个染色体适应度的区间里，计算 $\mathrm{section}=\sum_{i=0}^{t} f_i$，直至 section>value，表示本次旋转轮盘落到了 section 里，染色体 t 被选中。

重复以上步骤就可以得到另一条双亲染色体，但也要保证两条双亲染色体不能重复被选择。

选择算法框图如图 5.10 所示。

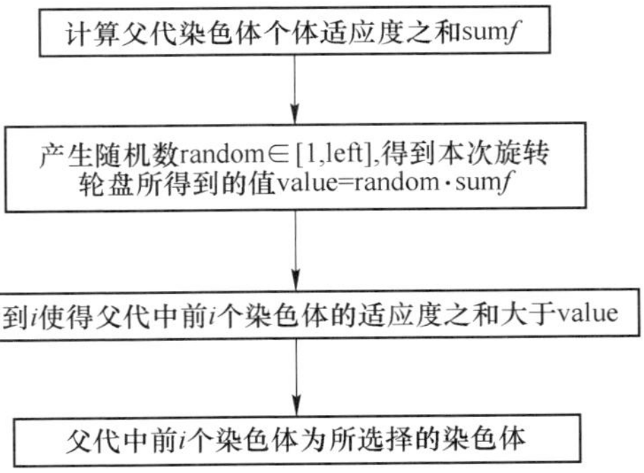

图 5.10　选择算法框图

由此可见，采用轮盘赌选择的方式能够保证适应度高的个体被选择进行下一步繁殖的可能性也高，但实际上适应度高的个体繁殖出的个体的适应度不一定高，需要采取其他的措施来保证群体不会被降级。

通过实际的运算比较发现采用轮盘赌选择的方式得到的路径长度要优于采用随机选择的方式，因此可采用轮盘赌选择的方式来选择参与繁殖的双亲染色体。

6　交叉算子

交叉算子是遗传算子中最重要的算子之一，可以产生新的染色体，从而检索解空间中的新点。交叉操作就是按照一定的算法对选择的双亲染色体编码串进行相互间的重新编码而产生新的子代染色体的过程。

（1）单点交叉。在单点交叉中，交叉点 k 的范围为 $[1, n]$，n 为个体变量数目，在该点为分界相互交换变量。

考虑如下两个 11 位变量的父个体：

父个体 1　01110011010

父个体 2　10101100101

交叉点的位置为 5，如图 5.11 所示，交叉后生成两个子个体：

子个体 1　01110100101

子个体 2　10101011010

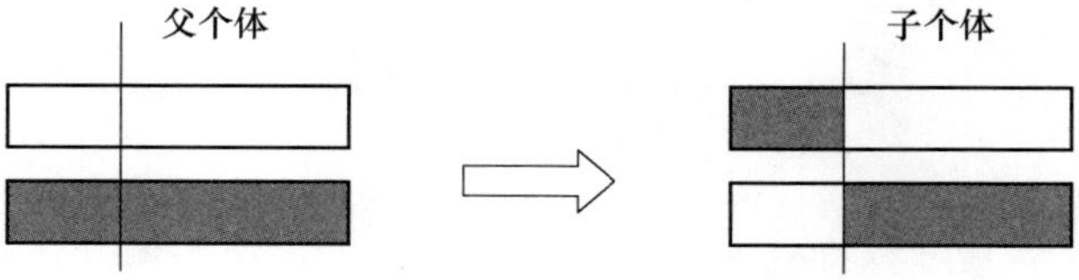

图 5.11　单点交叉法

（2）多点交叉。对于多点交叉，m 个交叉位置 k_i；可无重复随机地选择，在交叉点之间的变量间连续地相互交换，产生两个新的后代，但在第一位变量与第一个交叉点之间的一段不做交换。

考虑如下两个 11 位变量的个体：

父个体 1　01110011010

父个体 2　10101100101

交叉点位置为 2，6，10。如图 5.12 所示，交叉后两个新个体为：

子个体 1　01101111011

子个体 2　10110000100

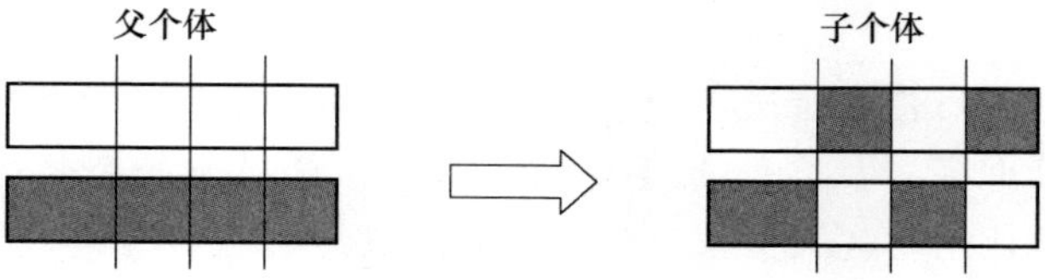

图 5.12　多点交叉法

多点交叉的思想源于控制个体特定行为的染色体表示信息的部分无须包含于邻近的子串中，多从交叉的破坏性可以促进解空间的搜索，而不是促进过早地收敛。因此搜索更加健壮。

（3）均匀交叉。单点和多点交叉的定义使得个体在交叉点处分成片段。均匀交叉更加广义化，将每个点都作为潜在的交叉点。随机地产生与个体等长的

0-1掩码，掩码中的片段表明了哪个父个体向子个体提供变量值。

考虑如下两个11位变量的个体：

父个体1 01110011010

父个体2 10101100101

掩码样本（1表示父个体1提供变量值，0表示父个体2提供变量值）：

样本1 01100011010

样本2 10011100101

交叉后两个新个体为：

子个体1 11101111111

子个体2 00110000000

均匀交叉类似于多点交叉，可以减少二进制编码长度与给定参数特殊编码之间的偏差。

另外交叉算子是受交叉概率 p_c 限制的，在进行交叉之前需要先产生一个在0到1之间的随机小数 p，只有 $p<p_c$ 才能对双亲染色体进行交叉操作，为了保证大多数双亲都能进行交叉操作，产生新个体以保证遗传操作的不断进行。p_c 一般取得较大。

7 变异算子

变异算子也是遗传算法中常用的算子之一，但较交叉算子要次要一些，引入交叉算子的目的是要保持群体的多样性，体现了自然选择中的基因突变。变异操作可以减少遗传算法快速收敛于局部最优解的概率。对于起点固定的路径选择问题由于起点0在染色体中的位置要保持不变，因此在设计变异算子时要考虑到此问题，防止变异后产生无效解的情况发生。设old为变异操作之前的染色体，new为变异之后的染色体，则变异操作的步骤可以描述为：

(1) 产生随机数 $1 < r_1 < n-2$，$1 < r_2 < n-2$ 且 $r_1 \neq r_2$；

(2) 交换old中位置为 r_1 和 r_2 所对应的节点编号；

(3) 将old赋给new得到新染色体new。

例如，某个体old编码为01546237，其变异过程如下：

变异前：01546237

变异后：01346257

变异后得到个体new编码为01346257。

变异算法操作框图如图5.13所示。

由于变异操作是为了引入群体的多样性而引入的操作，太多的变异操作必然使得优良个体遭到破坏的可能性增大，因此需要对变异操作进行控制，引入变异概率 p_m，在进行变异之前需要先产生一个在0到1之间的随机小数 p，只有 $p<p_m$ 才能对双亲染色体进行变异操作，p_m 一般很小。

8　群体更新规则

群体更新是决定如何将由一个群体经过选择、交叉、变异算子的作用后产生出的子群体保存下来作为新的群体为下一次繁衍做准备的问题。由父代产生出的子代虽然经过了轮盘赌选择策略，但不能保证产生的子代适应度就好于父代，如果产生的子代染色体中没有一个适应度能够大于父代中适应度最大的染色体将会使得子代染色体的适应度降级，这不利于遗传算法向最优解收敛，因此应该采取一定的措施来避免这一问题的产生。

本例采用最佳保存策略来进行群体更新以保证子群体的适应度不小于父群体的适应度，具体步骤如下：

(1) 对产生的子代染色体计算每个染色体的适应度，找到适应度最大和最小的染色体分别为 Max 和 Min。

(2) 用子代中最大适应度染色体 Max 与迄今为止最好的染色体 Best 进行比较，如果 Best>Max，则用 Best 替换子代中最差的染色体 Min，否则置迄今位置最好的染色体 Best 等于子代中适应度最大的染色体。这样就可以保证每代中都有适应度最大的染色体，避免适应度降级问题。

群体更新算法框图如图 5.14 所示。

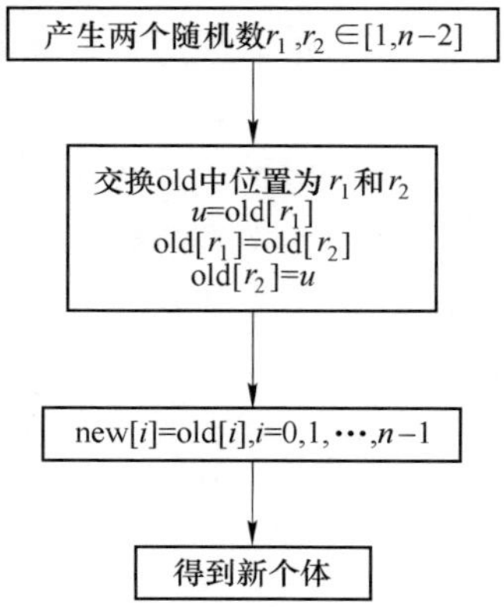

图 5.13　变异算法操作框图

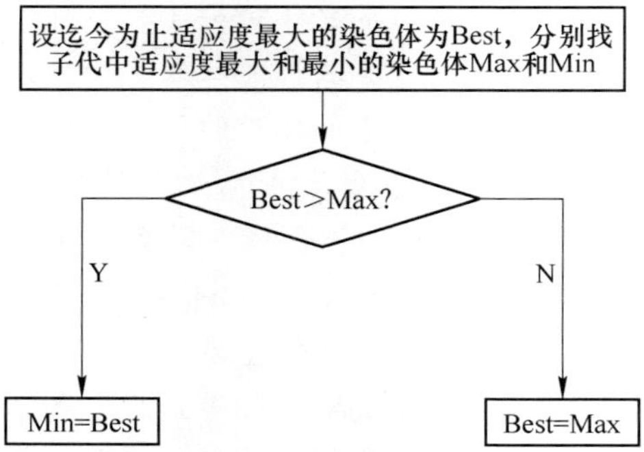

图 5.14　更新算法框图

9　遗传算法步骤

本例设计的求解配送路径选择问题的遗传算法执行步骤如下：

(1) 根据节点坐标计算路径长度矩阵；

(2) 根据群体规模构造初始群体；

(3) 通过适应度函数计算个体的适应度；

(4) 采用轮盘赌方法选择两个待交叉的双亲染色体；

(5) 采用交叉算子对选择的双亲染色体进行交叉操作产生两个子代染色体；

(6) 采用变异算子对两个子代染色体进行变异操作；

(7) 判断生成的子代染色体的数量是否达到群体规模，如果未达到群体规模，则转步骤 (4)，否则转步骤 (8)；

(8) 采用最优保存策略用生成的子群体更新父群体；

(9) 判断是否达到迭代次数，如果未达到，则转步骤 (3)，否则输出求得的最短路径，算法结束。

遗传算法步骤框图如图 5.15 所示。

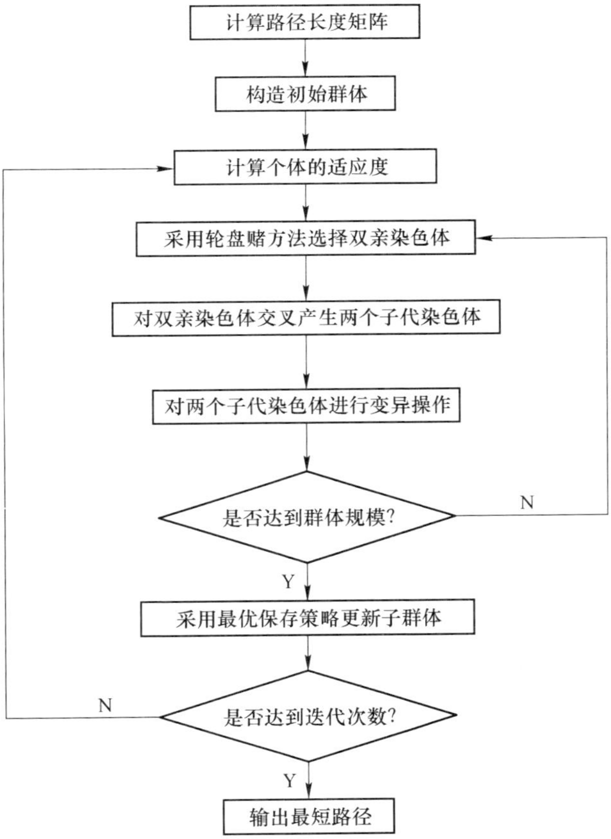

图 5.15 遗传算法步骤框图

【实例 4】 集装箱空箱铁路调运模型及求解算法

这里主要讨论对集装箱调运在有具体时间限制条件下，如何通过铁路合理调运空箱的运输问题，并给出有效的求解算法。

1 问题的描述

假定在某物流中心范围内，有 n 个车站急需第 k 类集装箱空箱，有 m 个车站

有多余的第 k 类集装箱空箱，各车站对集装箱的到发时间有一定的要求，已知各车站对服务时间偏好隶属函数的关系，如何在具有时间约束情况下得出以最少的运输成本获得最大满意度的合理调运方案。

2　模型的建立

2.1　变量的设置

（1）第 i 个车站需要第 k 类集装箱空箱，数目为 $a_i^k(i=1, 2, \cdots, n)$。

（2）第 j 个车站有多余的第 k 类集装箱空箱，数目为 $b_j^k(j=1, 2, \cdots, m)$。

（3）j 车站（供方）到 i 车站（需方）第 k 类集装箱空箱的车站运量的运输成本为 c_{ji}^k。

（4）i 车站可以从 j 车站所得到的第 k 类集装箱空箱的数目为 x_{ji}^k。

（5）集装箱空箱种类的集合 $K=\{1, 2, \cdots, l\}$。

（6）由 j 车站到 i 车站的第 k 类集装箱空箱的发、到时间分别为 t_{ji}^{kf}、t_{ji}^{kd}。

（7）j 车站到 i 车站的运输时间（运输时间与箱型 k 无关）为 t_{ji}^k。

（8）i 车站和 j 车站之间第 k 类集装箱空箱运输能力限制为 M_{ji}^k。

（9）第 k 类集装箱空箱到 i 车站所能承受的最晚时间、最早时间分别为 l_{i0}^{kd}、e_{i0}^{kd}。

（10）第 k 类集装箱空箱到 i 车站满意的较晚时间、较早时间分别为 l_i^{kd}、e_i^{kd}。

（11）空箱需求车站对服务时间满意度函数（即隶属度函数）$u_{ji}^k(t_{ji}^{kd})$，不妨假设隶属度函数如下：

$$u_{ji}^k(t_{ji}^{kd})=\begin{cases}0;\ t_{ji}^{kd}<e_{i0}^{kd} \text{ 或 } t_{ji}^{kd}>l_{i0}^{kd}\\ 1;\ e_i^{kd}\leqslant t_{ji}^{kd}\leqslant l_i^{kd}\\ \dfrac{t_{ji}^{kd}-e_{i0}^{kd}}{e_i^{kd}-e_{i0}^{kd}};\ e_{i0}^{kd}\leqslant t_{ji}^{kd}<e_i^{kd}\\ 1-\dfrac{t_{ji}^{kd}-l_i^{kd}}{l_{i0}^{kd}-l_i^{kd}};\ l_i^{kd}<t_{ji}^{kd}\leqslant l_{i0}^{kd}\end{cases} \tag{5.5}$$

若 t_{ji}^{kd} 落在 $[e_i^{kd}, l_i^{kd}]$ 上，则完全满足空箱需求车站的要求；若 t_{ji}^{kd} 落在 $[e_{i0}^{kd}, e_i^{kd}]$ 或 $[l_i^{kd}, l_{i0}^{kd}]$ 上，比较满足空箱需求车站的要求；若 t_{ji}^{kd} 落在 $[0, e_{i0}^{kd}]$ 或 $[l_{i0}^{kd}, +\infty]$ 上，空箱需求车站不能接受，如图 5.16 所示。

2.2　模型的建立

本模型是基于空箱需求车站偏好的模糊空箱调度模型。在集装箱运输中，空箱需求车站满意与否是与空箱能否在规定时间内到达密切相关的，以最小的运输成本获得空箱需求车站最大的满意度，使空箱需求车站获得最大实惠是集装箱运输管理机构空箱调运追求的首要目标，因此，提出下列运输模型：

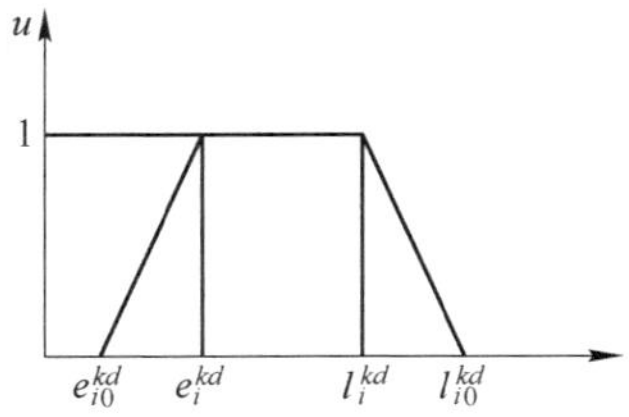

图 5.16 隶属函数图

$$\min Z_1 = \sum_{i=1}^{n}\sum_{j=1}^{m}\sum_{k=1}^{l} c_{ji}^{k} x_{ji}^{k} \tag{5.6}$$

$$\min Z_2 = \sum_{k=1}^{l}\sum_{j=1}^{m} u_{ji}^{k}(t_{ji}^{kd}) \tag{5.7}$$

s. t.

$$\sum_{j=1}^{m} x_{ji}^{k} \geqslant a_i^k \quad (i \in I,\ k \in K) \tag{5.8}$$

$$\sum_{i=1}^{n} x_{ji}^{k} \leqslant b_j^k \quad (j \in J,\ k \in K) \tag{5.9}$$

$$t_{ji}^{kf} + t_{ji}^{k} = t_{ji}^{kd} \quad (i \in I,\ j \in J,\ k \in K) \tag{5.10}$$

$$x_{ji}^{k} \leqslant M_{ji}^{k} \quad (i \in I,\ j \in J,\ k \in K) \tag{5.11}$$

目标函数由 2 部分组成：第 1 部分表示总的运输费用最少，第 2 部分表示使空箱需求车站满意度最高。式（5.8）表示要满足缺少空箱车站的需求；式（5.9）表示有多余空箱车站可提供的空箱数目；式（5.10）表示空箱发送车站的发送时间加上运行时间等于到达空箱需求车站的到达时间；式（5.11）表示要满足运输能力约束。

整个调运方案中空箱需求车站总的满意情况可用满意百分度指标来度量。

$$满意百分度 = \frac{实际总满意度值}{理想的总满意度值} \times 100\% \tag{5.12}$$

在此可将满意度分成 7 个等级（很差、差、较差、一般、较好、好、很好），并根据满意百分度数值，对照表 5.4 所列赋值标准给出具体的评定等级。

表 5.4 赋值标准表

评语	很差	差	较差	一般	较好	好	很好
评定值	≤0.05	≤0.2	≤0.35	≤0.5	≤0.65	≤0.8	≤1

3 模型的求解算法分析

求解带有复杂约束条件的运输问题，比较理想的求解算法是遗传算法（genetic algorithm，GA），它是一种借鉴生物界自然选择和自然遗传机制的随机化搜索算法。其主要特点是群体搜索策略和群体中个体之间的信息交换，搜索不依赖梯度信息，它尤其适用于处理传统算法难以解决的复杂优化问题和非线性问题。

遗传算法中最灵活和最具有创造性的工作是编码、交叉算子、变异算子和适应度的计算。

3.1　编码

采用十进制显式编码。矩阵是运输问题最适当的表达方式。运输问题分配矩阵可描述为：

$$\boldsymbol{X}_\rho = \begin{bmatrix} x_{11} & \cdots & x_{1n} \\ \vdots & & \vdots \\ x_{m1} & \cdots & x_{mn} \end{bmatrix}$$

式中，$\boldsymbol{X}_\rho$为第 ρ 个染色体；x_{ji} 为相应的决策变量，表示从 i 车站发往 j 车站的运量。

3.2　适应度的计算

用目标函数值评估染色体适应度大小，用 eval（$\boldsymbol{X}_\rho$）表示染色体 $\boldsymbol{X}_\rho$的适应度函数值。对于模型首先进行适当的变换，将其转化为一个标准的最小化问题来求解。

$$\min W = \sum_{i=1}^{n}\sum_{j=1}^{m}\sum_{k=1}^{l} c_{ji}^k x_{ji}^k - \varepsilon_j \sum_{j=1}^{m}\sum_{k=1}^{l} u_j^k(t_j^k)$$

$$\text{eval}(X_\rho) = \sum_{i=1}^{n}\sum_{j=1}^{m}\sum_{k=1}^{l} c_{ji}^k x_{ji}^k - \varepsilon_j \sum_{j=1}^{m}\sum_{k=1}^{l} u_j^k(t_j^k)$$

由于空箱需求车站的满意度落在（0~1）之间，其累加值比较少，特别当第 1 部分的值比较大，这样满意度变化对总目标函数的影响很小，有可能搜索不到最优解，为了增强其灵敏度，增强遗传算法的搜索能力，增加一个从空箱需求车站满意度到费用的转换因子 ε_j

$$\varepsilon_j = \lambda c_{ji}^k$$

λ 为常数，其取值宜在 0.5~0.8 之间，这样取值的优点：（1）增强遗传算法的搜索能力和灵敏性；（2）保证目标函数为正。

3.3　交叉算子的设计

假设矩阵 $\boldsymbol{X}=(x_{ji})_{m\times n}$ 选作交叉运算的双亲，交叉运算主要步骤为：

（1）建立 2 个临时矩阵 $\boldsymbol{D}=(d_{ji})_{m\times n}$ 和 $\boldsymbol{R}=(r_{ji})_{m\times n}$：

$$d_{ij} = \text{int}((x_{ji}^1 + x_{ji}^2)/2) \;;\quad r_{ij} = (x_{ji}^1 + x_{ji}^2) \bmod 2$$

$\boldsymbol{D}$ 矩阵存放 2 个双亲取整的均值，$\boldsymbol{R}$ 矩阵记录是否需要取整。2 个矩阵的关系由下式给出：

$$a_i - \sum_{j=1}^{n} d_{ij} = \frac{1}{2}\sum_{j=1}^{n} r_{ij} \quad i = 1,\ 2,\ \cdots,\ m$$

$$b_i - \sum_{i=1}^{m} d_{ij} = \frac{1}{2}\sum_{i=1}^{m} r_{ij} \quad i = 1,\ 2,\ \cdots,\ n$$

（2）将矩阵 $\boldsymbol{R}$ 分解成 2 个子矩阵 $\boldsymbol{R}^1=(r_{ij}^1)$ 和 $\boldsymbol{R}^2=(r_{ij}^2)$，满足

$$\boldsymbol{R} = \boldsymbol{R}^1 + \boldsymbol{R}^2$$

$$\sum_{j=1}^{n} r_{ij}^{1} = \sum_{j=1}^{n} r_{ij}^{2} = \frac{1}{2}\sum_{j=1}^{n} r_{ij} \quad i = 1, 2, \cdots, m$$

$$\sum_{i=1}^{m} r_{ij}^{1} = \sum_{i=1}^{m} r_{ij}^{2} = \frac{1}{2}\sum_{i=1}^{m} r_{ij} \quad i = 1, 2, \cdots, n$$

容易看出，在满足上述条件下，将 $\boldsymbol{R}$ 分解成 $\boldsymbol{R}^1$ 和 $\boldsymbol{R}^2$ 有多种可能的情况。

（3）可产生 2 个后代 $\boldsymbol{X}_1'$ 和 $\boldsymbol{X}_2'$：$\boldsymbol{X}_1' = \boldsymbol{D} + \boldsymbol{R}^1$，$\boldsymbol{X}_2' = \boldsymbol{D} + \boldsymbol{R}^2$

3.4 变异算子的设计

变异由以下 3 步骤完成。

（1）从双亲矩阵中随机选取一个个体 $\boldsymbol{V}_{m\times n}$，在该染色体中随机选取一个子矩阵 $\boldsymbol{Y}_{p\times q}$，其中 p，q 满足 $2 \leqslant p \leqslant m$，$2 \leqslant q \leqslant n$，设双亲矩阵 $V_{m\times n}$ 中的元素表示为 v_{ij}，子矩阵 $\boldsymbol{Y}_{p\times q}$ 中的元素表示为 y_{ij}，且有：

$$\{r_1, r_2, \cdots, r_p\} \in \{1, 2, \cdots, m\}$$

$$\{s_1, s_2, \cdots, s_p\} \in \{1, 2, \cdots, n\}$$

则有：

$$y_{ij} = v_{ij} \qquad 1 \leqslant i \leqslant p, \ 1 \leqslant j \leqslant q$$

（2）重新分配子矩阵的集装箱的运量。子矩阵中的发送量和需求量，可用下式确定：

$$a_i^y = \sum_{j \in \{j_1, j_2, \cdots, j_q\}} y_{ij} \quad i = i_1, i_2, \cdots, i_p$$

$$b_j^y = \sum_{i \in \{i_1, i_2, \cdots, i_p\}} y_{ij} \quad j = j_1, j_2, \cdots, j_q$$

可以用初始化过程对子矩阵赋新值以满足 a_i^y 和 b_j^y 的所有约束。

（3）用重新分配的子矩阵 $\boldsymbol{Y}$ 中的新元素替换双亲矩阵中的适当元素，得到后代 Z。

4 实例仿真

假定在某物流中心范围内由 8 个仓库负责为 8 个不同的下级仓库提供物资保障工作。在实际集装箱调运工作中，由于物流不平衡和集装箱管理方面缺乏经验，致使 8 个下级仓库车站都有一定数量的空箱滞留，从而造成上级各仓库空箱使用紧张，需要进行空箱调运。为实现集装箱空箱的快速调运，上下级各仓库车站间可同时实施调运，但由于运输条件限制一个运次的集装箱运输能力均不能超过 30TEU（将其他各种箱型折算成标准箱）。上下级各仓库车站间运输时间和运输费用见表 5.5，有多余空箱的下级仓库车站发送空箱的情况见表 5.6，急需空箱的上级仓库车站的空箱需求情况见表 5.7，应用上述算法对模型求其最优调度方案。

表 5.5　上下级各仓库车站间的运输时间和运输费用表

车站	D1	D2	D3	D4	D5	D6	D7	D8
F1	2/80	4/160	6/240	7/280	8/320	10/400	12/480	13/520
F2	1/40	3/120	5/200	6/240	7/280	9/360	11/440	12/480
F3	1/40	1/40	3/120	4/160	5/200	8/320	9/360	10/400
F4	3/120	1/40	1/40	2/80	3/120	3/120	7/280	8/320
F5	7/280	5/200	3/120	2/80	1/40	2/80	3/120	4/160
F6	8/320	6/240	4/160	3/120	2/80	1/40	2/80	3/120
F7	12/480	10/400	8/320	7/280	6/240	3/120	2/80	1/40
F8	13/520	11/440	9/360	8/320	7/280	4/160	3/120	2/80

注：分子为运输时间，h，按 50km/h 计算；分母为运输费用，元；运输费用以 1C 型集装箱为标准，其他箱型按其折算（3 个 JY7 型箱，折算为一个 1C 型箱）。

表 5.6　下级仓库车站可发送空箱的情况表

发箱车站	F1	F2	F3	F4	F5	F6	F7	F8
可发送箱数	30	20	40	30	10	60	30	40
箱　型	JY7	JY7	JY7	JY7	JY7	JY7	1C	1C
发送时间	假设发送时间均为 2006-06-25　08：30							

表 5.7　上级仓库车站需要空箱的情况表

需箱车站	D1	D2	D3	D4	D5	D6	D7	D8
需求箱数	20	35	30	40	15	30	30	25
箱　型	JY7	JY7	JY7	JY7	JY7	JY7	1C	1C
时间	理想到达较早时间均为：2006-06-25　10：30							
	理想到达较晚时间均为：2006-06-25　12：30							
	车站能承受的最早到达时间均为：2006-06-25　09：30							
	车站能承受的最晚到达时间均为：2006-06-26　13：30							

注：理想达到的较晚时间相当于模型中的 l_i^{kd}，车站能承受的最晚到达时间相当于模型中的 l_{i0}^{kd}。

依据上述的遗传算法原理，对于该空箱调度问题，经过仿真得知，遗传参数：交叉概率 $p_c=0.6$，变异概率 $p_m=0.1$，总群 pop_ size = 30，进化代数 gen = 500，搜索效果较好。经计算机仿真得到模型的最优调度方案见表 5.8。

表 5.8 遗传算法搜索的最优调度方案

单位	D1	D2	D3	D4	D5	D6	D7	D8
F1	1	9						
F2	19	1						
F3		26	10	4				
F4			19	11				
F5				10	10			
F6				15	5	30		
F7							27	3
F8							3	22

5 仿真结果及其分析

由计算结果可知，下级仓库车站总共可发送空箱量为260TEU，实际发送和接收空箱量为225TEU。本调运方案计算其运输总费用为8266.33元，实际满意度总和为17.0315，理想满意度总和为18，满意百分度为94.6%，根据表5.4赋值标准，该调运方案较好。

从模型的目标函数可知，最优方案应该使空箱尽可能在规定的时间段内到达。另一方面，从隶属函数图（见图5.16）中也可以看出，当空箱到达时间落在 $[0, l_{i0}^{kd}]$ 上时，对仓库车站不是很满意，体现为到达过早，提前占用大量的堆场；当空箱到达时间落在 $[l_{i0}^{kd}, +\infty]$ 上时，对仓库车站也不很满意，这时体现为时间延误。模型中要求各上级仓库车站的满意度总和最大。

6 结论

(1) 从考虑空箱需求用户满意的角度所建立的带时间约束的铁路运输模型经实例验证是有效的，能得到最优的调运方案。

(2) 保证空箱调运的准时率是提高空箱调运服务质量的关键。

(3) 本节所提出的满足实际需求的模糊空箱调度模型是可靠的，而且应用遗传算法较好解决了这类带有复杂约束条件的运输问题，该模型也可应用于物流配送等相关问题的优化。

5.5 蚁群优化算法

蚁群优化算法（ant colony optimization algorithms）是一种分布式智能模拟算法，其基本思想是模仿蚂蚁依赖信息素进行通信而显示出的社会行为。它是一种随机的通用试探法，可用于求解各种不同的组合优化问题，具有通用性和鲁棒性，是基于总体优化的方法。1992年，Dorigo在他的博士论文中首先提出了一种全新的蚁群系统（ant system）启发式算法，在此基础上一种很好的优化算法逐渐发展起来。

5.5.1　蚁群算法的基本原理

人们经过大量的研究发现，自然界的蚂蚁在运动路径上释放出的特殊激素——信息素，在蚂蚁个体之间的信息交流和相互协作起着重要作用，其浓度与蚂蚁走过的路径长短有关，路径越短其浓度越高。当别的蚂蚁走到前面蚂蚁走过的路径时可以感知环境中这种信息素的存在及强度，并倾向于朝着信息素浓度高的方向移动，即选择信息素浓度高的路径的概率会相对较大。于是，由大量蚂蚁完成的高度自组织行为便形成一个信息正反馈机制：某一路径上走过的蚂蚁越多，该路径上的信息素浓度越大，则后来者选择该路径的概率越大；蚂蚁少的路径信息素浓度越低，选择概率就小，并且随着时间的推移逐渐挥发直至消失，这样的路径最后被淘汰，最终蚂蚁集体获得最优路径。

蚁群算法是人们受到自然界中蚂蚁集体行为的启发而提出的一种全新模拟进化算法，属于随机搜索算法。蚁群算法采用人工蚂蚁模拟自然界蚂蚁的寻找方式，每个人工蚂蚁的行为要符合下列规律：

（1）根据路径上的信息素浓度，以相应的概率来选取下一步路径；

（2）不再选取自己本次循环已经走过的路径为下一步路径，用一个数据结构（tabu list）来控制这一点；

（3）当完成了一次循环后，根据整个路径长度来释放相应浓度的信息素，并更新走过的路径上的信息素浓度。

5.5.2　蚁群算法的应用

蚁群算法最初用于解决旅行商问题。自从在著名的TSP和工件排序问题上取得成效以来，已经陆续渗透到其他领域中，其中最成功的是在组合优化问题中的应用，如图着色问题、大规模集成电路设计、通信网络中的路由问题以及负载平衡问题、车辆调度问题等等。可以将这些应用分为两类：一类应用于静态组合优化问题，其典型代表有TSP、二次分配问题（quadratic assignment problem，QAP）、车辆调度问题、车辆路由问题等；另一类应用于动态组合优化问题，蚁群算法在动态组合优化问题研究中的应用主要集中在通信网络方面。这主要是因为网络优化问题有一些特征，如内部信息和分布计算，随机动态，以及异步的网络状态更新等，与蚁群优化算法的特征匹配得很好。蚁群算法的一些经典应用见表5.9。

表 5.9 蚁群算法应用列表

问题名称	作　　者	算法名称	年份
旅行商问题（TSP）	Dorigo, Maniezzo and Colotni	AS	1991 年
	Gambardel la and Dorigo	Ant-Q	1995 年
	Oorigo and Gambardella	ACS and ACS3-opt	1996 年
	Bullnheimer, HartlandStrauss	ASrank	1997 年
	Stutzle and Hoos	MMAS	2007 年
二次分配问题（QAP）	Maniezzo, Colomi and Dorigo	AS-QAP	1994 年
	Gambardella, Tailland and Dorigo	HAS-QAP	1997 年
	Stutzle and Hoos	MMAS-QAP	1997 年
	Maniezzo	ANTS-QAP	2000 年
	Maniezzo and Colorni	AS-QAP	2001 年
调度问题（JSP）	Colorni, Dorigo and Maniezzo	AS-JSP	1994 年
	Stulzle	AS-FSP	1999 年
	Bauer et al.	ACS-SMTTP	2001 年
	DenBesten, Stutzle and Dorigo	ACS-SMTWTP	2005 年
车辆路径问题（VRP）	Bullnheimer, Hartle and Strauss	AS-VRP	1997 年
	Gambardel la, Tai llard and Agtazzi	HAS-VRP	2003 年
带时间窗的 VRP	Leguizamon	HAS	2006 年
有限连接网络路由	Schoonderwoerd et al.	ABC	1996 年
	White, Pagurek and Oppacher	ASGA	1998 年
	Di Caro andDorigo	AntNet-FS	2002 年
	Bonabeau et al.	ABC-smart ants	2005 年
无向连接网络路由	Di Caro and Dorigo	AntNet and AntNet-TA	1997 年
	Subrmmartian Druschel and Chen	Regular ants	2002 年
	Heusse et al.	CAF	2005 年
	Van der Put and Rothkrantz	ABC-backward	2006 年
有序排列问题（SOP）	Gambardel la and Dorigo	HAS-SOP	1997 年
图着色问题（GCP）	Costa and Hertz	ANTCOL	2004 年
多重背包问题（MKP）	Leguizamon and Michalewica	AS-MKP	1999 年
网络路由	NavarroVarela and Sinclair	ACO-VWP	2006 年

5.5.3 蚁群算法的特点

蚁群算法的优点如下：

(1) 蚁群算法是一种结合了分布式计算、正反馈机制和贪婪式搜索的算法，具有很强的搜索较优解的能力。正反馈能够快速地发现较优解，分布式计算避免了早熟收敛，而贪婪式搜索有助于在搜索过程的早期找出可接受的解决方案，缩短了搜索时间。

(2) 蚁群算法具有很强的并行性。

(3) 蚁群算法可以不通过个体之间直接通信而是通过信息素进行合作，这样的系统具有更好的可扩充性。由于随着系统中个体增加而增加的系统通信开销在这里将非常小。

蚁群算法的缺点：

(1) 蚁群算法一般需要较长的搜索时间。蚁群中个体的运动是随机的，虽然通过信息交换能够向着最优路径进化。但是当问题规模较大时，蚁群算法这种大空间的多点全局搜索，不可避免地增加了搜索所需的时间。

(2) 蚁群算法容易出现停滞现象，即搜索进行到一定程度后，所有个体所发现的解完全一致，不能对解空间进行进一步搜索，不利于发现更好的解。

(3) 蚁群算法是一种概率算法，从数学上对它的正确性与可靠性的证明还是比较困难的，所做的工作也比较少。而且蚁群优化算法在解决问题的时候，算法系统的高层次的行为是需要通过低层次的蚂蚁之间的简单行为交互涌现产生的。单个蚂蚁控制的简单并不意味着整个系统设计的简单，设计者必须能够将高层次的复杂行为（也就是系统所要执行的功能，例如旅行商问题、车辆路径问题、图着色问题）映射到低层次的蚂蚁的简单行为（例如信息素的释放）上面，而这两者之间是存在较大差别的。并且在系统设计时也要保证多个个体简单行为的交互能够涌现出我们所希望看到的高层次的复杂行为。这可以说是蚁群算法乃至群集智能中一个极为困难的问题。

5.5.4 蚁群算法模型

为了说明蚁群算法模型，首先引入旅行商问题。

旅行商问题是指给定 n 个城市和两两城市之间的距离，要求确定一条经过各城市当且仅当一次的最短路线。其图论描述为：给定图 $\boldsymbol{G}=(V,\ A)$，其中 V 为顶点集，A 为各顶点相互连接组成的边集，已知各顶点间的连接距离，要求确定一条长度最短的 Hamilton 回路，即遍历所有顶点当且仅当一次的最短回路。

为模拟实际蚂蚁的行为，首先引入如下记号：

m——蚁群中蚂蚁数量；

$b_i(t)$——t 时刻位于城市 i 的蚂蚁的个数, $m=\sum_{i=1}^{n} b_i(t)$;

d_{ij} ——城市 i 和 j 之间的距离;

η_{ij}—— 边$(i,\ j)$ 的能见度, 反映由城市 i 转移到城市 j 的启发程度, 这个量在蚂蚁系统的运行中不改变;

Δt_{ij} ——蚂蚁 k 在边$(i,\ j)$ 上留下的单位长度轨迹信息素量;

p_{ij}^{k} ——蚂蚁 k 的转移概率, j 是下一步要访问的城市。

每只蚂蚁都是具有如下特征的简单主体:

(1) 在从城市 i 到城市 j 的运动过程中或是在完成一次循环后, 蚂蚁在边 $(i,\ j)$ 上释放一种物质, 称为信息素轨迹;

(2) 蚂蚁概率地选择下一个将要访问的城市, 这个概率是两城市间距离和连接两城市的路径上存有轨迹量的函数;

(3) 为了满足问题的约束条件, 在完成一次循环以前, 不允许蚂蚁选择已经访问过的城市。以 TSP 为例, 基本蚁群算法求解框架如下所示:

```
  Procedure 蚁群算法
  初始化
  for t=1 to 循环次数  do
  Begin
     for k=1 to m do
     Begin
        Repeat
          根据概率 p_ij^k(t) 选择下次要访问的节点 j
  Until
    蚂蚁 k 完成一条路径
  计算蚂蚁 k 生成的路径长度 L_k
  保存目前为止找到的最好路径
  End
  修改所有路径的轨迹强度 τ_ij
End
```

基本蚁群算法的流程如图 5.17 所示。

初始时刻, 各条路径上的信息素量相等, 设 $t_{ij}(0)=C$ (C 为常数)。蚂蚁 k ($k=1,\ 2,\ \cdots,\ m$) 在运动过程中根据各条路径上的信息素量决定转移方向。蚂蚁系统所使用的状态转移规则被称为随机比例规则, 它给出了位于城市 i 的蚂蚁 k 转移到城市 j 的概率。在 t 时刻, 蚂蚁 k 在城市 i 选择城市 j 的转移概率为:

$$p_{ij}^{k}(t)=\begin{cases}\dfrac{\tau_{ij}^{\alpha}(t)\eta_{ij}^{\beta}(t)}{\sum\limits_{\mu\in allowed_k}\tau_{i\mu}^{\alpha}(t)\eta_{i\mu}^{\beta}(t)}, & j\in allowed_k\\ 0, & otherwise\end{cases}\tag{5.13}$$

式中，$allowed_k$为蚂蚁 k 下一步允许选择的城市；α 和 β 为两个参数，分别反映了蚂蚁在运动过程中所积累的信息和启发信息在蚂蚁选择路径中的相对重要性。

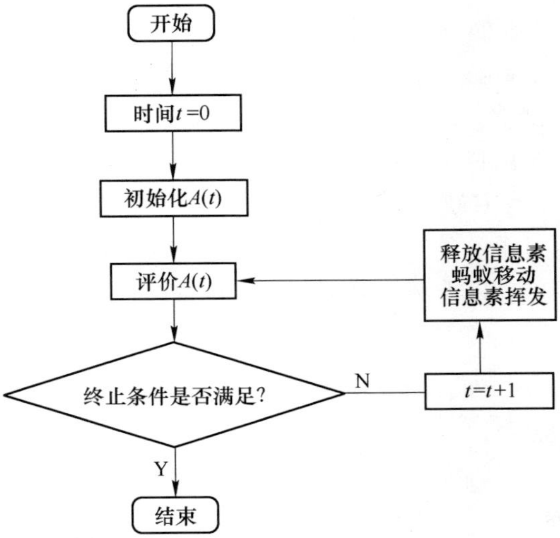

图 5.17 基本蚁群算法流程图

由式（5.13）可知，转移概率 $p_{ij}^{k}(t)$ 与 $\tau_{ij}^{\alpha}(t)\eta_{ij}^{\beta}(t)$ 成正比。与真实蚁群不同，人工蚁群系统具有记忆功能。为了满足蚂蚁必须经过所有 n 个不同城市这个约束条件，为每只蚂蚁都设计了一个数据结构，称为禁忌表（tabu list）。禁忌表中记录了在 t 时刻蚂蚁已经走过的城市，不允许该蚂蚁在本次循环中再次经过这些城市。当本次循环结束后，禁忌表被用来记录该蚂蚁当前所建立的解决方案（即蚂蚁所经过的路径长度）。之后，禁忌表被清空，该蚂蚁又可以自由地进行选择。

经过 n 个时刻，蚂蚁完成一次循环，各路径上信息素量根据式（5.14）调整

$$\tau_{ij}(t+n)=\rho\cdot\tau_{ij}(t)+\Delta\tau_{ij}(t,\ t+n)\tag{5.14}$$

式（5.14）中的 $\Delta\tau_{ij}(t,\ t+1)$ 由式（5.15）求解

$$\Delta\tau_{ij}(t,\ t+1)=\sum_{k=1}^{m}\Delta\tau_{ij}^{k}(t,\ t+n)\tag{5.15}$$

式中，$\Delta\tau_{ij}^{k}(t,\ t+n)$ 表示第 k 只蚂蚁在时刻（t，$t+n$）留在路径（i，j）上的信息素量，其值视蚂蚁表现的优劣程度而定，路径越短，信息素释放的就越多；$\Delta\tau_{ij}(t,\ t+n)$ 为本次循环中路径（i，j）的信息素量的增量；$1-\rho$ 为信息素轨迹

的衰减系数，通常设置系数 $\rho<1$ 来避免路径上轨迹量的无限增加。

根据 τ_{ij} 和 $\Delta\tau_{ij}^{k}$ 表达形式的不同，M. Dorigo 曾给出 3 种不同模型，分别称为蚁周系统（ant-cycle system）、蚁量系统（ant-quantity system）、蚁密系统（ant-density system）。在蚁周系统模型中，$\Delta\tau_{ij}^{k}(t,\ t+n)$ 表示更新蚂蚁 k 所走过的路径，$(t,\ t+n)$ 表示蚂蚁经过 n 步完成一次循环，找到一条路径，具体更新值由式（5.16）给出

$$\Delta\tau_{ij}^{k}(t,\ t+n)=\begin{cases}\dfrac{Q}{L_k}, & \text{如果蚂蚁 } k \text{ 在本次循环中经过}(i,\ j)\\ 0, & \text{否则}\end{cases} \tag{5.16}$$

式中，L_k 为第 k 只蚂蚁在本次循环中所走的路径长度。

在一系列标准测试问题上运行的实验表明，ant-cycle 算法的性能优于其他两种算法。因此，对蚁群算法的研究正朝着更好地了解蚁周系统模型的方向发展。现在蚁周系统模型通常被称为蚁群算法，而另外两种算法模型被放弃了。

5.5.5 蚁群算法与其他人工智能算法的比较

目前提出的人工智能算法已有很多，比较有代表性的有模拟退火算法、遗传算法、蚁群算法等。TSP 与 VRP 本质上具有相似性，但 TSP 形式简单、易于描述，属于典型的 NP 问题；更为重要的一点是由于对 TSP 问题的研究已经非常深入，形成了标准的测试数据（TSPLIB），并且在 TSPLIB 中有最优结果可供参考。

模拟退火算法需要一个相当长的优化过程，这是该算法最大的缺点。遗传算法容易早熟并且收敛慢。蚁群算法作为一种模拟进化算法，具有正反馈、分布式计算以及贪婪启发式搜索等主要特点。正反馈能够快速地发现较好解；分布式计算使得算法具有很强的并行性，避免了早熟收敛；而贪婪启发式搜索有助于搜索过程的早期就找出可接受的解，缩短了搜索时间。蚁群算法存在搜索速度较慢、容易陷入局部优化等问题。

【实例 5】 基于蚁群算法的交通最优路径选择

在交通过程中，采用蚁群算法进行实时的交通最优路径选择，以期指导实际的交通出行过程。

1 蚁群算法进行交通最优路径选择方法的提出与步骤

交通过程中的路径选择需要根据当前交通网络的实际情况来进行，属于一种实时路径选择过程。实时路径选择的计算处理方式可以分为两类：即基于源结点的路径选择（source routing，SR）和分布式路径选择（distributed routing，DR）。基于源结点的路径选择是指每个路径结点都具有全局路网信息，源结点利用这些信息进行计算，并找出可行的路径，全局路网状态信息将通过路段监测器周期性地刷新；分布式路径选择是指每个路网结点只了解它的局部信息，并通过在结点

之间周期性地交换控制信息来找到可行的路径。SR 方案存在以下问题：

(1) 全局路网状态的信息必须频繁地刷新，否则不能正确地反映路网的变化，例如，路网状态经常会随着时间而变化，因此，对于大规模路网来说，需要大量的通信开销（各路段交通信息中心信息通信）。

(2) 由于大量的通信开销和控制信息的通信时间问题，SR 方案只能提供近似的全局信息，全局信息的不准确会造成路径选择的不信任。

(3) 考虑到路径选择涉及多个限制时，会造成源结点的计算开销过大。

根据以上的讨论，我们把局部和全局路径诱导方式相结合，把路径选择的计算机开销分配给源结点到目的结点之间的所有中间结点，这种路径选择计算的方案可以缩短路径选择的响应时间。这里将路段车辆流速限制和行车通行时间限制合并到一个限制公式中。利用蚁群算法中蚂蚁的“痕迹铺设原理”，基于“信息素表来完成局部信息的刷新计算”。通过周期性计算包含的全局信息，以分布的形式做少量的计算来刷新全局路径选择信息，达到实时选择最优路径的目的。

针对将要解决的实际交通路径问题，给出蚁群算法进行路径选择的算法步骤和算法流程图。算法流程图如图 5.18 所示。

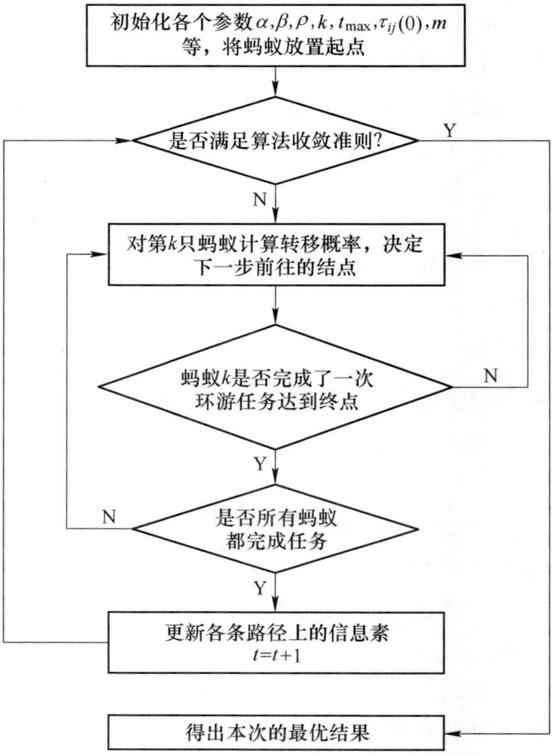

图 5.18　蚁群算法流程图

蚁群算法步骤如下：

（1）初始化：将蚂蚁逐个放置于起点；初始化 α，β，ρ，k，t_{max}，$\tau_{ij}(0)$，m 等系数。其中 t_{max} 最大转移次数。

（2）构造环游：对每只蚂蚁用转移概率在禁忌表中没有的汇点中选择要移动的下一个汇点，将所选汇点放入禁忌表；每只蚂蚁环游一圈后，计算这只蚂蚁该次环游的路径的综合系数值。

（3）全局更新信息素：所有蚂蚁环游一圈后，用信息素更新规则更新各个边上的信息素。比较所有环游得出的系数值，找出最好的环游路径。

（4）将禁忌表清空，回到步骤（2）。

（5）不断迭代直到满足停止的条件。

2 蚁群算法的参数设置

仿生进化算法也是一种启发式算法，该类算法的一个主要特征就是牺牲求解结果的精确性换取求解的效率，因而通常不可能在每次执行算法时都得到问题的精确最优解，往往只是不断地逼近问题的最优解。这个特点决定了仿生进化算法在求解实际问题的过程中有很大的调整余地，而对算法的调整主要体现在参数的具体选择上。

同时蚁群算法是一种新颖的仿生进化算法，还仍处在发展阶段，对于参数的设置目前还没有理论上严格的推导和定论。这一性质决定了蚁群算法的参数选择主要依靠大量的实验分析和总结来确定。从而最终分析获得满足实际需求的参数组合。

在基于蚁群算法的最优路径选择问题中，主要涉及的参数有如下几个：

α——信息激素启发因子，信息素浓度的相对重要性参数（信息素重要程度），$\alpha \geqslant 0$；

β——自启发量因子，表示路径费用权值相对重要性参数（可视度的重要程度），$\beta \geqslant 0$；

ρ——信息素浓度的随时间变化而剩余的比例，$0 \leqslant \rho \leqslant 1$（$1-\rho$ 即为信息素挥发的比例）；

τ_0——初始信息素；

Q——每只蚂蚁在每次搜索循环中所留下的信息素；

m——蚂蚁数目；

cycle_max——最大周期循环次数。

（1）信息素重要程度 α 和可视度的重要程度 β 的设置。信息素重要程度 α 的大小反映了蚁群在路径搜索中随机性因素作用的强度，其值越大，蚂蚁选择以前走过的路径的可能性越大，搜索的随机性减弱。但是，α 值过大也会使蚁群的搜索过早陷于局部最优。蚁群算法的全局寻优性能，首先要求蚁群的搜索过程必须有很强的随机性；而蚁群算法的快速收敛性能，又要求蚁群的搜索过程必须要有较高的确定性。

可视度的重要程度β的大小反映了蚁群在路径搜索中先验性、确定性因素作用的强度，其值越大，蚂蚁在某个局部点上选择局部可视度最多的路径可能性越大，虽然搜索的收敛速度得以加快，但蚁群在最优路径的搜索过程中随机性减弱，易于陷入局部最优。因此，α和β两者对蚁群算法性能的影响和作用是相互配合、密切相关的。

大量实验结果表明，α和β的取值范围在1~5之间搜索效果比较好，具体确定过程见后面的实验分析。

(2) 信息素的残留程度ρ的设置。信息素的残留程度ρ的大小直接关系到蚁群算法的全局搜索能力及其收敛速度；当要处理的问题规模比较大而ρ又比较小时，会使那些从来未被搜索到的路径（可行解）上的信息量减小到接近于0，因而降低了算法的全局搜索能力，而且ρ过小，会令之前搜索过的路径被再次选择的可能性过大，也会影响到算法的随机性能和全局搜索能力；反之，通过增大ρ虽然可以提高算法的随机性能和全局搜索能力，但又会使算法的收敛速度降低。

在其他参数相同的情况下，信息素的残留程度ρ的大小对蚁群算法的收敛性能影响极大，特别是当ρ很大时，由于路径上的残留信息占主导地位，信息正反馈的作用相对较弱，搜索的随机性增强，因而蚁群算法收敛速度很慢；而在ρ比较小时，由于信息素正反馈的作用占主导地位，搜索的随机性减弱，虽然算法收敛速度加快，但易于陷入局部最优状态。因而，对于信息素的残留程度ρ的选择，必须综合考虑算法的全局搜索能力和收敛速度两项性能指标，针对具体问题的应用条件和实际要求，在全局搜索能力和收敛速度两方面做出合理或折中的选择。通常，ρ在0.75~0.95范围内时，算法的性能比较稳定和一致，搜索的全局性和收敛速度都比较好。

(3) 人工蚂蚁数目m的设置。对于基于蚁群算法的最优路径选择问题，每个蚂蚁在一个周期循环中所经过的路径表现为问题解集中的一个解，m个蚂蚁在每一周期循环中所经过的路径，则表现为问题解集中的一个子集。显然，子集越大（即蚁群数量多），可以提高蚁群算法的全局搜索能力以及算法的稳定性；但蚂蚁数目增大后，会使大量的曾被搜索过的解（路径）上的信息素的变化较为平均，信息素正反馈的作用反而不明显，搜索的随机性虽然得到了加强，但收敛速度减慢；反之，子集较小（即蚁群数量少），特别是当要处理的问题规模比较小时，会使那些从来未被搜索到的解（路径）上的信息量减小到接近于0，搜索的随机性减弱，虽然收敛速度加快，但会使算法的全局性能降低，算法的稳定性差，容易出现过早停滞现象。

蚂蚁数量m的大小对蚁群算法运行时间（收敛性能）的影响基本呈线性规律变化，当蚂蚁数量过大（如接近问题的规模的2.5倍）时，虽然搜索的稳定性和全局性得到提高，但算法的收敛速度减慢。对于 m 的选择，也应该综合考虑算法的全局搜索能力和收敛速度两项指标，针对具体问题的应用条件和实际要求，在全局搜索能力和收敛速度两方面做出合理或折中的选择。在求解交通最优路径选择问题时，一般取其规模的0.8~1.5倍左右为宜。

(4) 初始信息素 τ_0 的设置。初始信息素 τ_0 的作用是在开始搜索的第一个周期里为人工蚂蚁计算转移概率时提供一个初始的信息素，由于蚁群算法自身具有鲁棒性，因而对初始的信息素的要求不严格（这是由于经过若干周期循环后，初始信息素基本挥发完，主要起作用的是人工蚂蚁分泌在其所经过路径上的信息素和路径本身的可视度）。一般各条路径都同时取一个较小的正数（例如1，5或10）即可。

(5) 每只蚂蚁在每次搜索循环中所留下的信息素 Q 的设置。Q为蚂蚁循环每周期释放在所经过的路径上的信息素总量，其值越大，则在蚂蚁已经走过的路径上信息素的累积加快，可以加强蚁群搜索时的正反馈性能有助于算法的快速收敛，但是过大则会导致算法不能收敛到较好的值。其值越小，信息素累积越慢，收敛速度越慢。由于在蚁群算法中各个算法参数的作用实际上是紧密耦合的，因而要和对算法性能起着主要作用的 α、β 和 ρ 等3个参数一起综合考虑，可以在一定范围内（如 $Q=1$，10，100）通过实验来确定。

(6) 最大周期循环次数 cycle_max 的设置。cycle_max 是最大周期循环迭代次数，其大小有可能影响到算法寻优的结果。cycle_max 的值越大，越有可能搜索到更好的解，但是运行时间也越长；cycle_max 值越小，就有可能过早停止迭代，错失获得更好解的机会，收敛于局部最优解。为了解决以上矛盾，可以将最大周期循环次数 cycle_max 设定为问题规模的2倍左右，以保证有足够的迭代次数搜索最好解。同时，设定算法迭代循环的结束条件为：当连续出现进化不明显、目标函数值连续单调下降并稳定在一个固定的数值上，或者搜索到小于等于已知最好解的时候，停止迭代，节省运行时间。

5.6 免疫算法

免疫算法是基于生物免疫学原理提出来的新型智能化启发式仿生算法。生物免疫系统是一种具有多样性识别机制、免疫自我调节特性、免疫记忆特性、动态适应特性和多时间尺度进化机制的分布式系统。根据这些优良特性，学者们从中抽象出一类具有类似特点的现代启发式算法——免疫算法，用于解决生产实践中具有高算法复杂度的工程实际问题。

5.6.1 免疫算法的生物学基础

免疫系统作为哺乳动物用来抵御外来病菌入侵的防御系统，以其高度进化的、复杂的系统功能，维持着生物体正常的生命活动。免疫系统是一个并行的分布式自适应系统，具有学习、记忆和自适应调节能力以及强大的多样性识别能力，它能以有限的资源自适应的识别数量庞大得几近无限的入侵的抗原，以维护机体内的平衡。生物研究表明，对任意一种抗原，免疫系统至少有一种抗原可以识别它，这就是免疫系统强大的多样性识别能力。免疫细胞对抗原的识别，是一种不完全匹配，即只要抗原与抗体匹配所导致的亲和力大于某一阈值即可。基于这种不完全匹配性，一种免疫细胞可以识别多种不同的抗原。Perelson、Oster 的形态空间理论（Shape-Space）对此识别多样性作了合理的解释，其示意图如图 5.19 所示。

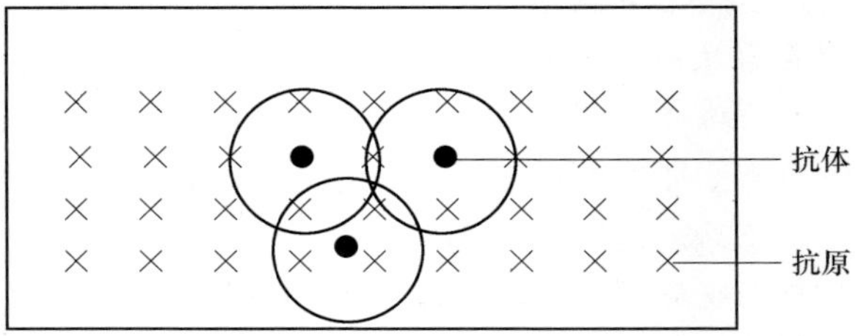

图 5.19　形态空间理论示意图

在图 5.19 中，方框表示抗原空间，圆表示某一抗体所能识别的抗原范围。从图中可以看出用少量的抗体可以识别数量比它大得多的抗原。抗体最优的分布情况应该是以最少的抗体数量覆盖几乎整个抗原空间，这也是免疫系统进化的目标。

此外，免疫反应中的“细胞超变异”（somatic hypermutation）现象也是导致识别多样性的重要因素。细胞超变异可以应付入侵抗原的变种，从而进一步提高了免疫反应的识别多样性能力。

在多学科交叉应用的今天，生物免疫系统的优良特性，为许多应用领域（如数学、化学、物理学、计算机科学、人工智能等）中难以解决的问题提供了丰富的灵感和启发，使研究人员设计出了新的具有突破性的应用方法。免疫算法正是这一思路的产物。

免疫算法是一种模仿生物免疫系统的智能化启发式仿生算法，具有对多峰值函数进行多峰值搜索及全局寻优能力。该算法模仿免疫细胞对抗原的不完全匹配，利用免疫系统的多样性产生和识别机制，保持了解群体的多样性，提高了算法的全局和局部搜索能力，克服了其他一般算法在多峰值函数寻优过程中出现的难以解决的“早熟”缺陷，并提高了收敛速度，最终找到最优解。

基于免疫学原理的免疫算法应用于不同的工程问题后，人们设计出了各种形式的免疫算法。主要形式有：模仿免疫系统抗体和抗原识别，结合抗体产生过程而抽象出来的一般免疫算法，这种基于免疫系统的基本免疫机制的算法目前应用得较为广泛，比如实际应用中的基于信息熵（information entropy）的免疫算法；

基于免疫系统中某些特殊机制抽象出来的算法，比如基于克隆选择原理的克隆选择算法，和基于人体免疫系统的自适应性和人工免疫的免疫规划（immune programming）算法；遗传算法与免疫学原理融合产生的免疫遗传算法（immune genetic algorithm）；主要用于计算机网络安全保障的否定选择算法（negative selection algorithm）。

如今，免疫算法已经用于多种学科领域，比如机器学习、异常和故障诊断、机器人行为仿真、机器人控制、网络入侵检测、神经网络设计、谱分析、参数优化（电机参数）、工业设计（产品形状优化、电容布置）、工业生产等。

5.6.2 免疫算法原理

5.6.2.1 算法描述

免疫算法是受生物免疫系统的启发而设计出来的一种具有对多峰值函数进行多峰值搜索及全局寻优能力的新型算法。它能够像生物免疫系统一样产生所需的多种抗体以及调节克隆扩增，因而该算法具有很多显著而优良的特性：

（1）解决候选个体的多样性。基于上述理论产生多样的候选个体解，对于实际优化问题有希望得到一个全局最优解；

（2）学习记忆。学习记忆能以较高速度得到一个全局解，这是因为处理与以前出现过的抗原相匹配的抗体更快；

（3）高效率并行搜索；

（4）通过计算解的浓度和抗体的期望繁殖率，进行解的评价和选择。这样，既促进高亲和力的解，又抑制高浓度的解，从而确保了搜索过程的多样性，防止了算法的“早熟”，体现了抗体之间的相互促进和抑制作用；

（5）免疫算法中产生新的解群体时采用了选择、交叉、变异等标准遗传算子，引入了遗传算法的精华策略，从而促进搜索过程快速稳定收敛。

免疫算法与生物免疫系统之间的比较见表 5.10。

表 5.10 免疫算法与生物免疫系统的比较

生物免疫系统	免疫算法
抗原	目标函数
抗体	优化解
基因	解的编码中的元素
抗原识别	问题识别
从记忆细胞产生抗体	联想过去的成功解
抗体增殖	利用遗传算子产生新抗体

免疫算法分为 9 个步骤，如图 5.20 所示。

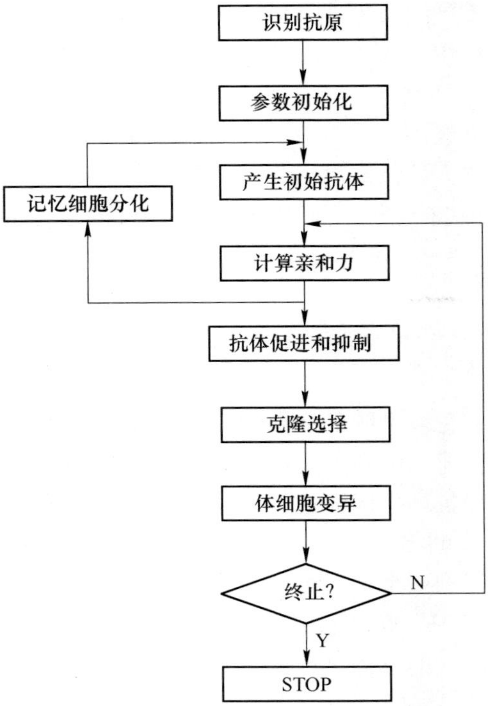

图 5.20　免疫算法流程图

(1) 抗原识别。免疫系统确认入侵的抗原，即对问题及其解的特性进行分析和了解，设计合适的解的编码形式；同时将抗原与问题的目标函数及约束条件对应起来，将抗体和问题的可行解对应起来。

(2) 参数初始化。免疫算法参数的初始化，如抗体群规模、记忆细胞数量、抗体群浓度阈值、变异率等。

(3) 产生初始解群体。设抗体群中包含的抗体数量为 n，记忆细胞数量为 m。随机产生 n 个抗体，并从记忆库中提取 m 个抗体构成初始群体。

(4) 计算亲和力。包括抗体间的亲和力和抗体与抗原间的亲和力，分别表明两个抗体之间的相似程度和抗体对抗原的识别程度。目前，免疫算法广泛采用的是基于信息熵的亲和力计算方法。

(5) 记忆细胞分化。将抗体与抗原之间最高亲和力的抗体复制到记忆细胞，保存当前的最优信息。同时由于记忆细胞数量的限制，将原来保存的具有相对较低亲和力的抗体淘汰出记忆库。

(6) 抗体的促进和抑制。在亲和力基础上，计算抗体的浓度和期望繁殖率。

较高的期望繁殖率表明抗体具有较高的生存能力，在“优胜劣汰”的选择过程中，能够将自我保存下来，并产生子代个体；而高浓度、低亲和力对应着较低的期望繁殖率，这种抗体在竞争中将受到抑制，甚至被淘汰。

（7）克隆选择。根据抗体群的期望繁殖率，应用轮盘选择算法优选出 n 个抗体组成新的抗体群，从而新群体的期望繁殖率将高于原抗体群。

（8）体细胞变异。对上述抗体群采用交叉及变异操作，提高解的多样性，防止免疫算法陷入局部极值。

（9）终止条件判断。根据进化代数与终止代数的关系，判断算法是否满足结束条件，是，则结束；否则，转而执行第（4）步。

5.6.2.2 编码的多样性

目前，一般免疫算法中抗体（解）的编码方式主要有二进制编码、实数编码和字符编码，少数有灰度编码（格雷码，Gray Code）。其中最常用的是二进制编码，它具有两个非常显著的特点：简单易行，符合最小字符集编码原则，因而得到了广泛的应用。但是，二进制编码具有一定的映射误差，不能直接反映出所求问题的本身结构特征。实数编码和字符编码在旅行商问题（TSP）中得到了充分的利用，而且也是针对 TSP 问题的最自然的编码方式。

编码后亲和力的计算一般是比较抗体抗原字符串之间的异同。常采用的评价群体中解的相似度的指标有如下几个：

（1）海明空间的海明（hamming）距离：

$$D = \sum_{i=1}^{l} \delta, \quad \begin{cases} \delta = 1, & ab_i = ag_i \\ \delta = 0, & \text{其他} \end{cases}$$

（2）Euclidean 形态空间的 Euclidean 距离：

$$D = \sqrt{\sum_{i=1}^{l} (x_i - y_i)^2}$$

（3）Manhattan 形态空间的 Manhattan 距离：

$$D = \sqrt{\sum_{i=1}^{l} | x_i - y_i |}$$

（4）信息熵（information entropy），算法中用来表明全体中抗体的多样性。设有 N 个抗体，抗体长度为 M，等位基因的种类为 S，抗体的编码如图 5.21 所示。则 N 个抗体基因座 j 的信息熵定义为：

$$H(N) = \frac{1}{M} \sum_{j=1}^{M} H_j(N)$$

式中，$H_j(N) = \sum_{i=1}^{s} - p_{ij} \lg p_{ij}$，$H_j(N)$ 为 N 个抗体第 j 位的信息熵；p_{ij} 为基因 k_i 在第

j 个基因座上出现的概率。若 n_{ij} 表示第 i 个基因出现在基因座 j 上的总数，则 $p_{ij} = n_{ij}/N$ 。

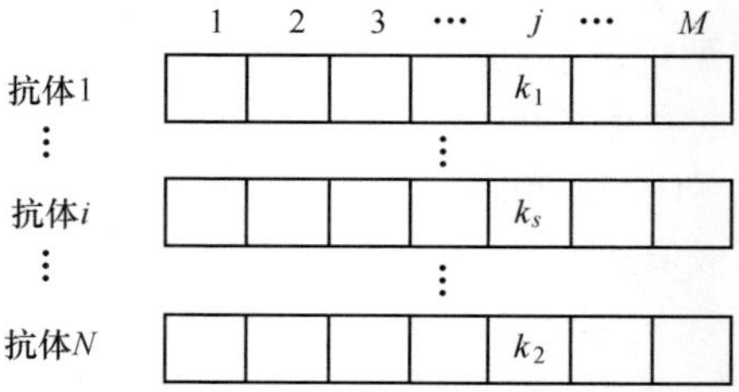

图 5.21　信息熵的定义

5.6.2.3　抗体的评价

（1）定义抗体间的亲和力：用于表明两抗体之间的相似程度或差别。

$$ay_{v,w} = \frac{1}{1 + H_{v,w}}$$

式中，$H_{v,w}$ 为抗体 v 和抗体 w 的结合强度，$H_{v,w} = 0$ 表示抗体 v 和抗体 w 的基因完全匹配或相同，此时 $ay_{v,w} = 1$。

（2）抗体 v 和抗原之间的亲和力：表明抗体对抗原的识别程度或匹配程度。

$$ax_v = opt_v \quad (0 \leqslant opt_v \leqslant 1)$$

式中，opt_v 为抗体 v 和抗原之间的结合度，这样定义与优化值是一致的；ax_v 表明当优化值更大时，抗体抗原能够协调结合。

（3）计算解的浓度：即抗体的密度，表明相似抗体在群体中所占的比例。

$$c_v = \frac{1}{N}\sum_{j=1}^{N} ac_{ij}$$

式中，$ac_{ij} = \begin{cases} 1, & av_{v,w} \geqslant T_{\mathrm{ac}} \\ 0, & 其他 \end{cases}$ ；T_{ac} 为预先确定的抗体亲和力阈值。

（4）计算抗体的期望繁殖率：表明抗体性能的指标，以此实现对抗体的促进和抑制，即进行解的选择。

$$e_v = \frac{ax_v}{c_v}$$

5.6.2.4　参数的选择

免疫算法是一种启发式随机算法，其流程清晰明确，一些控制参数的选择对整个算法的性能起着至关重要的作用。

（1）变异率。免疫算法要实现多峰值搜索，变异操作在该算法中显得尤为重要。算法通过变异操作来维持解群体的多样性，使算法最终收敛于多个峰值或收敛于全局最优解，而变异率的选择则是问题的关键。

研究表明，变异率的取值既不能太大也不能太小。太小则变异操作的效果不明显，群体的多样性不能保证，因而不能收敛于全部峰值；太大则群体的稳定性很差，搜索过程易陷入振荡状态，难以稳定收敛。适当的变异率既可保证搜索到全部峰值，又可保持稳定收敛的状态。

(2) 交叉操作。交叉操作在遗传算法中是一个主要的操作算子，承担着主要的搜索任务。而免疫算法与遗传算法的实现形式具有相似之处，所以免疫算法中是否需要交叉操作需要优先进行考虑。

交叉操作的主要功能是保持群体的连续性，交叉算子本身具有保留个体的优良特性的能力，虽然免疫算法强调群体的多样性，但若将交叉算子去掉，只有变异算子的作用，则有损于群体的连续性，不利于群体的收敛。当然，由于免疫算法主要用于多峰值函数寻优问题，保持群体的多样性十分重要，因此，在免疫算法中交叉操作不应被完全抛弃，而是应该适当减小交叉的概率，同时加大变异的概率。

(3) 亲和力阈值。亲和力阈值是免疫算法基于比率选择操作的一个重要参数，它与变异率相配合，有效地保证了群体的多样性，防止搜索过程陷入个别极值，对免疫算法的多峰值搜索能力影响很大。

目前阈值的选择还缺乏理论上的依据。一方面阈值越小，抗体的浓度越大，期望繁殖率越小，对抗体的抑制作用越大，可确保全局解空间的多样性，改善未成熟收敛。但是，阈值太小将会影响收敛速度，可能导致搜索过程难以找到几个较大的峰值。另一方面阈值太大，则其限制作用失效，搜索过程容易陷入几个期望繁殖率较大的峰值，降低群体的多样性，因而难以找到所有的峰值。

(4) 解群体规模和记忆库规模。解群体的规模即群体中抗体的数量，是随机搜索算法的一个重要参数，是影响算法并行性的决定性因素之一。规模太小，则并行搜索的范围太小，难以找到所有峰值；规模太大，又会不必要的延长搜索过程所需要的时间。因此针对具体问题的特点，选择适当的群体规模无疑将会提高算法的效率和性能。

记忆库是由每一代群体中期望繁殖率最高的 m 个个体所组成的，记忆库规模即进入记忆库中的抗体的数量，在免疫算法中作为搜索结果不仅给下一次同类问题搜索提供初始结果，而且在本次搜索过程中，作为每一代的精华解参与下一代群体的竞争。

记忆库规模对免疫算法实现多峰值搜索的性能有一定影响。在运行代数相同的情况下，规模太小，有些极值点可能由于浓度过高，导致期望繁殖率降低，被排除在记忆库之外，不能在搜索过程中保留下来。规模太大，会增加算法的计算复杂度，也可能使记忆库中的解对新一代群体的影响过大，从而影响群体的多样性。

5.6.3 免疫算法与其他优化算法的区别

5.6.3.1 免疫算法与遗传算法

（1）免疫算法在多峰值函数的寻优中，比遗传算法更为有效，它包含了遗传算法，同时又具有遗传算法所不具有的多样性维持和学习机制。

（2）免疫算法起源于宿主和宿原（寄生虫等）之间的内部竞争，其相互作用的环境既包括外部也包括内部环境；而遗传算法起源于个体和自私基因之间的外部竞争。

（3）免疫算法假设免疫元素互相作用，即每一个免疫细胞等个体可以相互作用，而遗传算法不考虑个体之间相互作用。

（4）免疫算法中，基因可以由个体自己选择，而遗传算法的基因由环境选择。

（5）免疫算法中，为维持群体的多样性进而实现多峰值收敛，遗传操作以变异为主，交叉为辅，即免疫算法要求的变异率比遗传算法高；遗传算法中，交叉操作是一种保留优秀基因同时又给群体带来变化的操作，而变异操作由于其变化较为激烈，只能作为算法的辅助操作，从而保证遗传算法的稳定全局收敛。

（6）遗传算法以搜索全局最优解为目标，而免疫算法是以搜索多峰值函数的多个极值为目标。

5.6.3.2 免疫算法与神经网络

（1）神经网络是使用实际线路硬件连接的网络，作为基本要素的神经元是固定的，而免疫算法利用移动的免疫个体组成场所形成通信网络。

（2）神经系统的功能由大脑控制，而免疫系统没有这种中央控制器官。

（3）神经网络形成等级系统，而免疫算法形成没有中心的网络。

5.6.3.3 免疫算法与蚁群算法

（1）免疫系统通过记忆细胞能够永久记忆出现过的与抗原匹配最佳的抗体，而蚁群系统通过路径上信息素的累积，也具备一定的记忆能力，但随着时间的推移，信息素不断挥发，且不同路径上信息素浓度相差较大。

（2）免疫算法具有快速随机的全局搜索能力，但对系统中的反馈信息利用不足，可能导致冗余迭代的产生，而蚁群算法具有分布式并行全局搜索能力，通过信息素的积累收敛到最优路径，但是算法初期信息素匮乏，求解速度较慢。

参 考 文 献

[1] J. Csirik, A. van Vliet. An on-line algorithm for multidimensional bin packing [J]. Operations Research Letters, 1993 (13): 149~158.

[2] 邹鹏. 组合优化问题的启发式算法分析与设计 [D]. 合肥：中国科学技术大学，2005.

[3] 黄友锐. 智能优化算法及其应用 [M]. 北京：国防工业出版社，2008.

[4] 邢文训，谢金星. 现代优化计算方法 [M]. 2版. 北京：清华大学出版社，2005.

[5] 屈援，王雪莲. 基于禁忌算法的多约束集装箱装载问题研究 [J]. 中国航海，2007 (4): 73~76.

[6] 蒋卓强. 基于遗传模拟退火算法的静态路径规划研究 [D]. 重庆：重庆大学，2007.

[7] 张波，叶家玮，胡郁葱. 模拟退火算法在路径优化问题中的应用 [J]. 中国公路学报，2004，17 (1): 79~81.

[8] 陶庆云. 模拟退火算法和分布评估算法研究及其应用 [D]. 长沙：湖南师范大学，2006.

[9] 周宏敏. 基于遗传算法的铁路车辆路径问题研究 [D]. 成都：西南交通大学，2008.

[10] 夏立民. 交通系统中最优路径选择算法的研究 [D]. 北京：首都师范大学，2007.

[11] 黄俊. 港口集装箱空箱调运的免疫算法优化模型 [D]. 大连：大连理工大学，2008.

[12] 周加强. 遗传算法在军事物流配送中的应用 [D]. 合肥：合肥工业大学，2006.

[13] 刘宝波，李勤真. 军用集装箱空箱铁路调运模型及求解算法 [J]. 交通与计算机，2007，25 (5): 42-45.

6 铁路运输组织中典型问题算法设计

6.1 铁路平车装载问题算法设计

6.1.1 铁路平车装载问题的模拟退火算法设计

6.1.1.1 问题描述

假定现在有 n 件装备（A_1，A_2，…，A_n），长度分别为 L_1，L_2，…，L_n，使用同一型号的平车装载，确定一种装载方案，使装载所需平车数最少。

6.1.1.2 算法设计

在实际应用当中，常常有足够多的条件可以从多个极小值中选出一个最小的，这个最小值即使不是绝对最小，也相当接近绝对最小了。SA 算法的目的就是要获得这个最小值，同时又要将计算量限制在 N 的低阶次的数量级上。SA 算法解决铁路平车装载 NP 问题的具体算法如下：

（1）构形。将 N 件装备分别标记为数组 $A[1, \cdots, N]$ 中的元素，一个构形就是数组 $A[1, \cdots, N]$ 中元素的一个排列，可以解释为铁路装载计中装的顺序。

（2）调整。Kirkpatric 曾经提出过一种所谓“转移有效集”，这里的“转移”包括 2 种类型：

1）变换法。任选数组 $A[1, \cdots, N]$ 的序号 u 和 v，交换 u 和 v 之间的访问顺序，此时新路径为（不妨设 $u<v$）：$A[1]\cdots A[u-1]\ A[v]\cdots A[u+1]\ A[u]\ A[v+1]\cdots A[N]$。

2）交换法。任选数组 $A[1, \cdots, N]$ 的序号 u、v 和 w，将 u 和 v 之间的元素插到 w 之后访问，此时新路径为（不妨设 $u<v<w$）：$A[1]\cdots A[u-1]\ A[v+1]\cdots A[w]\ A[u]\cdots A[w+1]\cdots A[N]$。

（3）目标函数。在铁路装载 NP 问题中，目标函数 E 被定义为所有装备按照技术规定装载后的总长度（包括装备之间的安全距离以及平车上的剩余空间）。

$$E = \sum_{i=1}^{N} lengthA[i] + jg[i]$$

式中，$lengthA[i]$ 为第 i 件装备的长度；$jg[i]$ 为第 i 件装备的技术间隔距离。

（4）退火进程。这一步需要借助试验来确定。首先要进行一些随机调整，然后利用它们来确定从转移到转移过程中将会遇到的 ΔE 值的范围。对参数 T 取一初始值（这个初始值要远远大于通常所能遇到的 ΔE 的最大值），并以倍增的步长递减，每次使 T 总共减少 10%（即 trace = 0.9）。我们用每个新的常数 T 去试各种重构形，当实在不能再进一步减小 E 时，则停止。

以 N 件（$v[1],\cdots,v[n]$ 代表 N 件装备的编号）装备 SA 算法的部分程序如下（为篇幅起见省略部分函数和过程）：

```
t: =800; trace: =0.9; //退火参数
 for I: =1 to N do  begin
  zz (A [i] ); //将编号为 i 的装备装上平车
  e: =lengthA [i] +jg [i];
 end;
Elist. add (intostr (E) );
Repeat
Switch; //交换任意的两件装备
 for I: =1 to N do  begin
  zz (A [v [i] ] ); //将编号为 i 的装备装上平车
  e: =lengthA [v [i] ] +jg [v [i] ];
  Elist. add (intostr (E) );
  E: =strtoint (Elist [Elist. count-1] ) - strtoint (Elist [Elist. count-2] );
  T: =T * trace;
 end;
until ΔE<0 or random (1) < exp (-ΔE/t);
```

6.1.1.3 对 SA 算法的特殊处理

A 初始点的处理

SA 算法是一种无约束优化方法，而铁路装载问题是一个非线性约束优化问题，如何处理优化过程中的约束条件呢？这是 SA 算法能否有效地解决铁路装载组合全局优化的至关重要的问题。将 SA 算法限制在可行域内进行较好，非可行点不进入搜索过程。这样既保证约束条件的满足又避免了对非可行点的无效计算。

由于 SA 算法对初始点没有特殊要求，但铁路装载问题是一个非线性约束优化问题，由我们对优化过程中约束条件的处理来看，如初始点不是可行点，因 SA 算法是一种随机搜索算法，它不能依据优化过程中的启发式信息寻找可行域，只能是盲目的搜索，尤其当初始点高于可行域很多时，程序会因为找不到可行解而陷入无休止的循环。为避免这种情况的发生，最好的办法就是使初始点在可行域内，初始点取在可行域内。

B　新组合方案生成（generate）过程

对于铁路装载问题，可采用一种“随机交换”技术来生成下一相邻方案，因为装备名称极有可能重名，这就给新组合方案的生成带来不必要的重复，为了减少这种重复，本过程特地设置了一个条件生成的新方案都不会有同名的装备互相交换。

```
Procedure  generate (s: Tstrings); //////交换选定的范围内的元素
  var templa, n1, n2: integer;
        templ: string;
  Begin
    Randomize;
    n1: =Random (5);
    Randomize;
    n2: =Random (5);
    if n1>n2 then
     begin
       templa: =n2;
       n2: =n1;
       n1: =templa;
     end;
 repeat
   templ: =s [n1];
   s [n1]: =s [n2];
   s [n2]: =templ;
   n1: =n1+1;
   n2: =n2-1;
 until n1>=n2 ;
End;
```

C　达到热平衡（inner loop criterion）判据

令 $N_t=5$，$N_s=2$，采用变量轮换法，在一次降温内步长按式（6.3）改变 N_t 次，对应于每个步长搜索 N_s 次。也即这是一个循环过程：

```
for  i: =0  to  N_t do begin
    for j: =0  to Ns  do begin
        for k: =0 to  3  do begin
            搜索过程;
        end;
    end;
    步长改变;
end;
```

循环结束，则认为已达到热平衡。

D 局部搜索过程与算法终止（stopping criterion）准则

SA算法需较长的降温过程，而每一次降温又有一个反复模拟状态转移以达到热平衡的过程，因此SA的迭代次数是很多的，而每次迭代中新组合方案的生成的运算量也是比较大的。可以说SA算法是以时间为代价的全局优化方法，它的搜索效率是比较低的。对SA算法，设置一个最优解更新序列，用于记录优化过程中所找到的若干个最优解。这样做的好处是算法最终总能输出一个搜索中所遇到过的最好的解，从而避免了一般最优化方法中可能导致迭代不收敛的缺陷；同时，每隔3次降温检查一次最优解的更新序列，如连续4次检查最优解的更新序列没有变化，则转入局部搜索（用温度很低的SA算法实现）。因为在优化过程中发现，未改进前的SA算法，常常经数十次降温而最优解的更新序列没有改变，一直要到温度降到很低时最优解的更新序列才会重新变化，所以为提高算法的效率可作如上改进。

相继3个温度下，最优解序列没有改进，则算法终止。

E 初始温度 T_0 的设定

基于“T_0值只要选得充分大，就会立即达到准平衡”的论证，为使算法进程一开始就达到准平衡，应让初始接受率

$$X = \frac{\text{接受变换数}}{\text{提出变换数}} \approx 1 \tag{6.1}$$

由Metropolis准则 $\exp\left(-\frac{\Delta f}{T_0}\right) \approx 1$ 可推知 T_0 值很大。例如，当取 $X=0.9$ 时，则在 $\Delta f=100$ 时，$T_0>949$，经验法则要求算法进程在合理时间里搜索尽可能大的解空间范围，只有足够大的 T_0 值才能满足这个要求。Johnson等人建议通过计算若干次随机交换目标函数平均增量的方法来确定 T_0 值，提出由

$$T_0 = \frac{\overline{\Delta f}}{\ln(x_0^{-1})} \tag{6.2}$$

式中，$\overline{\Delta f}$ 为上述平均增量。

文献［1］对式（6.2）进行了试验，并在每次试验后计算出 T_0 值。试验表明，T_0 较快地收敛于某个有限值，试验结果见表 6.1。

表 6.1 试验结果

X_0	0.95	0.90	0.80	0.70	0.60	0.50	0.40	0.30	0.20	0.10
T_0	19904	9908	4940	3362	2459	1933	1538	1292	1037	801

由表 6.1 可知，X_0 趋近于 1 时，T_0 很大，但只有 T_0 在足够大的时候，算法才会返回高质量的最终解，必须选取“足够大”的 T_0 值，而过大的 T_0 值，将导致过长的 CPU 计算时间。本书的初始温度取为 800，该数值是作者参照上述试验结果和自己做了几十种情况的试验后决定的。

F 终止温度 T_f 的选取

控制参数的终值 T_f 通常由停止准则确定。合理的停止准则既要确保算法收敛于某一近似解，又要使最终解具有一定的质量，还要兼顾到 CPU 的运行时间。T_f 在充分小的情况下，才能得到高质最终解，本节规定当 T_f 小于一个充分小值时，令算法停止，因为计算时使用的计算机的 CPU 更足以满足计算，对计算机的运算速度考虑较少，但还是考虑到计算时间的问题。本书中终止温度取为 1，因为试验过更小量级的终止温度，结果发现比之更小的量级，如 0.1、0.01 等终止温度下优化计算的结果没什么变化，可计算时间却增加了不少。

G 控制衰减函数参数 trace 的选取

一个常用的控制参数衰减函数是：

$$t_{k+1} = trace \times t_k \quad (k = 1, 2, \cdots) \tag{6.3}$$

式中，*trace* 是一个接近 1 的常数，一般取 0.5~0.99，而且这个衰减函数是随算法进程速递减的，本节中取 *trace* 为 0.9。

H SA 算法时间与空间复杂度分析

时间复杂度分析：SA 算法的时间复杂度为 $E(n) = O(N^2)$，其中 N 为装备的件数。

空间复杂度分析：SA 算法的空间复杂度为 $S(n) = O(N^2)$，其中 N 为装备的件数。

I 实验验证 SA 算法在解决 MTEBLP_NP 问题的有效性

以表 6.2 所示的 11 件装备为例，采用配置如表 6.3 所示的计算机进行试验。用时 56s 得到的结果见表 6.4。

表 6.2 实验用装备

装备名	装备编号	装备长	可否跨装
炊事车	1	10740	0
炊事车	2	10740	0
北京吉普车	3	4220	1
斯太尔运输车	4	7200	1
斯太尔运输车	5	7200	1
125W 单边带通信车	6	4847	0
15/100 通信车	7	4735	0
长江 750 型摩托车	8	2380	0
北京吉普车	9	4220	1
斯太尔运输车	10	7200	1
斯太尔运输车	11	7200	1

表 6.3 试验所用计算机配置表

CPU	主板	内存	硬盘	显卡
P_{IV}2.4GSR	FSB（800MHz）	DDR400（1G）	ATA133（120G）	GeForce600（128M）

表 6.4 实验结果

装备名	装备编号	装备长	可否跨装
炊事车	1	10740	0
北京吉普车	3	10740	1
炊事车	2	4220	0
斯太尔运输车	4	7200	1
125W 单边带通信车	6	4847	0
斯太尔运输车	5	7200	1
15/100 通信车	7	4735	0
斯太尔运输车	10	7200	1
北京吉普车	9	4220	1
斯太尔运输车	11	7200	1
长江 750 型摩托车	8	2380	1

得出使用平车数为 6 辆，多次重复本实验，可得出使用平车数为 7 辆的意外结果，使用本算法对表 6.3 所列的 11 件装备的测试结果见表 6.5。

表 6.5　实验结果

实验	用时	平车数
1	56	6
2	58	7
3	90	7
4	75	6
5	69	7

由实验结果可以得出结论：SA 算法在求解铁路平车装载组合优化问题时，求解问题的时间与不同的装备组合所用的时间差别比较大，解出的结论随着实验次数的增加，结果也发生变化（使用的平车数变化），可以得出 SA 算法用来求解铁路平车装载组合优化问题有局限性，不适合用来求解此问题。

6.1.2　铁路平车装载问题的遗传算法设计

生物的进化是一个奇妙的优化过程，它通过选择淘汰，突然变异，基因遗传等规律产生适应环境变化的优良物种。遗传算法（genetic algorithm，GA）是根据生物进化思想而启发得出的一种全局优化算法。

6.1.2.1　算法设计

遗传算法求解铁路平车装载组合优化问题的步骤如下：

（1）初始化。在铁路平车装载组合优化问题中，所有的装备形成群体 A，可将群体 A 表示为：

$$A = \{A_1, A_2, A_3, \cdots, A_n\} \tag{6.4}$$

式中，A_1，A_2，A_3，…，A_n 表示所有的装备的编号。A_1，A_2，A_3，…，A_n 中的一个组合代表一种铁路装载计划，这个初始的群体也就是问题假设解的集合。

（2）选择。根据适者生存原则选择下一代的解。在选择时，以适应度为选择原则。适应度准则体现了适者生存，不适应者淘汰的自然法则。

给出目标函数 f，在 MTEBLP_NP 问题中，目标函数是使用的平车最少。适应度是根据装备的具体装载方法而定，例如，牵引装备和被牵引装备分离（两者之间有其他的装备）则定义其适应度为 0 。只要不违反装载规定其适应度都给一个合适的值。这样，就是选择出和最优解较接近的解。

（3）交叉。随机产生一个（0，n）之间的数 m、k，对于群体 A、选中的第 m 个元素和 k 个元素，只要两者不是同一种装备，m、k 相当于随机地选择两个个体在群体中位置，交换两个元素。这个过程反映了随机信息交换；目的在于产生新的组合，也即产生新的群体。

6.1.2.2 遗传算法解决铁路平车装载组合优化问题的结论

遗传算法的交叉实际上等同于模拟退火算法中的步骤（2）调整，因此，判断遗传算法在解决铁路平车装载组合优化问题中和模拟退火算法的核心思想是一样的。因此可以推断，遗传算法和模拟退火算法一样，不适合解决铁路平车装载组合优化问题。

6.1.3 铁路平车装载问题的启发式算法设计

以前的算法普遍存在的一个问题是：所有待装入的装备都是被孤立地一个个处理，这会导致装备之间出现可以避免的空隙，同时会降低算法效率。另外，对于装载后空隙的处理，前面的算法要么没有触及，要么还存在问题。本节的算法将重点从这两方面着手进行设计。

6.1.3.1 几个概念

（1）装备列表：用来存放当前所有待装装备的列表。

（2）平车剩余空间：指平车装载装备以后的剩余空间。在算法的初始阶段，增加一辆平车，剩余空间是整个铁路平车。以后，随着装备的装入，剩余空间将发生变化，一般来说，剩余空间等于铁路平车长度减去所装载的装备长度和技术间隔的长度。如何搜索剩余空间，将在以后详细阐述。

（3）剩余空间列表：采用列表来存放当前所有铁路平车的剩余空间 。

（4）间隙：这里指剩余空间的一种特例。即不能装入任何装备的剩余空间和按《装载标准》所规定的技术间隔（同一平车上的装备间隔距离不得少于100mm；装备在跨装时，距离前一件装备的距离不少于350mm，与后一件装备的距离不少于100mm）。

（5）成组装备：装备数量大于装载最小循环数目的装备时，可以循环装载的装备。

（6）零散装备：不能成组进行装载的装备。

（7）装载计划：所谓装载计划，即是算法所求出的解。装载计划实际是一个二维数据库表。表中的每一条记录即是最终装入铁路平车的一件装备。其中，第一条记录是最先装入的装备。这里，装备是以个体的身份出现。装载计划中每一条记录主要包含装备全名、装备简称、装备类型、使用车种、跨装与否、所在平车的序号、装备长度、装备在平车上的起始位置、装备所属单位等。

（8）装载优先级：指用于确定不同种类的装备装载的先后次序的依据。为保证解的合理性，装载的优先级可以尝试不同的标准或尺度。

（9）整体装载策略：指针对所有的装备，两件以上装备可以一次装载的称为一个“装备组”，对于“装备组”，并按成组的装备所需铁路平车的数量，一次将这些“装备组”装入当前的铁路平车中。

6.1.3.2 算法设计

这里设计的启发式算法的主要过程是一个不断搜索装备列表、铁路平车剩余空间的过程，其本质是一个递归搜索过程。算法的主要步骤是：

（1）在当前总换长小于 52 的情况下，依次读取当前的装备到装备列表，并对装备列表按照装备的长度进行排序。

（2）采用整体装载策略对当前的装备列表中优先级的所有长装备和“装备组”进行装载，并且将各平车的剩余空间写入剩余空间。

（3）对装载过程中产生的剩余空间进行排序，对装备列表中剩余的零散装备也进行排序，拿装备列表中剩余的零散装备长度最长的装备与剩余空间列表中最大的剩余长度比较，如果零散装备长度最长的装备小于剩余空间列表中最大的剩余长度，则将此件装备填入此剩余空间，并重新计算此剩余空间；否则拿装备列表中剩余的零散装备长度第二的装备与剩余空间列表中最大的剩余长度比较，直至以剩余空间列表中的剩余空间都比装备列表中剩余的零散装备长度小时为止，由此可以达到最大限度地利用铁路平车的所有空间的目的。

（4）申请平车装载装备列表中不能插入剩余空间的零散装备，并记录新加入平车的剩余空间，重复步骤（1）~（3），直至装备列表中所有的装备都装载完为止。

本算法的最终的目的是在合理的情况下，将装备的前端部放入铁路平车坐标系中的某一点 p，我们称在点 p 放置一个装备，即把装备的前端部放置于点 p，令平车上的某一点的坐标为 X，显然，如果

$$X_p + len_j > d$$

则第 j 个装备不能放置在点 p。其中 X_p 为 p 点的坐标；len_j为第 j 个装备的长度；d 为平车的长度。

可以得出：任何一个装备的可放置位置，都可以最终转化为放置在一个点处的坐标。

6.1.3.3 装载策略及优先级准则

装载策略及优先级准则如下：

（1）算法的优先级准则。装载优先级的确定，直接影响到算法的效率和解的优化程度。关于优先级准则，本算法有如下考虑：

既然目标函数是求在装备数量一定、铁路平车的长度、牵引换长、牵引重量装备的长度以及装备装载的特殊要求（如：跨装、超限等等）的情况下，所用

的铁路平车最少（或者说换长最小），优先级应以装备的长度为依据来制定。这样做可以保证铁路平车的空间利用率。但多数算法考虑的是单个装备的长度。由于本算法引入了整体装载策略，所以应以长度最大者优先装入并且结合“装备组”一起考虑。对于需用平车数量大于两辆的“长装备”或“长装备”的“成组装备”优先级最高，“短装备”中的“成组装备”次之，优先级最低的是“成组”装载后剩余的“短装备”。

（2）整体装载策略。本启发式算法的核心思想是，由于各装备不是被孤立地分别处理，而是按类别“成组”整体处理。即所谓的整体装载策略。这一机制的解释如下：针对当前装备列表中的装备数多于一件的“长装备”和“成组装备”按确定的优先级准则，将该类装备作为当前待装载对象进行装载。按计算出来平车的数量，对当前这一类装备进行一次性装载。把这样一组类型相同的装备称为“成组装备”。这样的一个“装备组”实际上相当于一件“大装备”，这类装备中本次剩余的装备（指不成组的短装备）留作以后处理。

显然，这种装载策略，能够最大限度地保证相同的装备尽可能多地排放在一起，从而降低了铁路平车空间的浪费。同时，采用整体装载策略，可以使平车的剩余空间变得不可以再插入其他的短装备，不会出现每一辆平车都有对应的还可以被利用的剩余空间，从而使剩余空间变得异常琐碎而等同于装备之间必要的技术间隔；另外，由于是一次性放入多件装备（成组装备），避免了每放入一件装备就要对当前装备列表和剩余空间列表全面分析一次的低效率做法，大大加快了算法的速度。

（3）剩余空间搜索策略。本算法中的剩余空间指平车装载装备以后所剩余空间的集合，这些剩余空间用列表的形式组织在一起。每一辆平车的剩余空间表示仍然可以在此处插入一件长度不大于剩余空间长度的装备。

剩余空间的确定采用如下原则：

1）初始阶段，增加一辆平车，剩余空间是整个铁路平车。因为增加平车是为装载做准备，所以当装载装备以后，实际写入剩余空间列表的剩余长度是所增加平车长度减去所装载装备的长度。

2）伴随着装备的装入进程，平车会越来越多，同时也会出现许多新的剩余空间。每增加一辆平车，都会在平车的前端部和后端部产生两个剩余空间。

3）剩余空间用列表的形式组织在一起。由于列表封装了排序以及其他的一些方法，因此搜索剩余空间时，应先对列表中的剩余空间按长度由大到小的顺序进行排序。

（4）平车剩余空间调整策略。在《装载标准》规定“装备突出平车端部不超过300mm”。此“平车端部”既包括平车的前端部又包括平车的后端部。所谓空隙是指不能装入装备的剩余空间。空隙是影响装载效率的最主要问题。在保证合理的技术间隔的前提下，合理地减小平车装备之间的空隙，会大大改善算法的寻优性能。

6.1.3.4　启发式算法的时空复杂度分析

启发式算法的时间复杂度为：$E(n) = O(N)$，其中 N 为装备的件数。
启发式算法的空间复杂度为：$S(n) = O(N^2)$，其中 N 为装备的件数。

6.1.3.5　启发式算法的有效性验证

对实例进行反复实验，每一次试验都得出较优的平车装载计划，并且用时间超过 5s。

6.1.3.6　结论

由实验结果可以得出结论：启发式算法在求解铁路平车装载问题时，求解时间比较短（一般不超过 5s），解出的结果至少是一个较优解，综合以上两种情况，启发式算法在求解用来铁路平车装载组合优化问题有其他算法无可比拟的优势，启发式算法可以用来求解此问题。

6.2　铁路最短路径算法

我国现有铁路车站 7000 多个，线路 400 多条，路网里程长达 5 万多千米，路网的物理结构相当复杂，因此最短路径的搜索涉及大范围的网络查询，数据处理量太大，如果把海量路网节点信息映射到内存中，并进行计算是不大现实的。对于这样的大范围交通网的计算问题，必须给出更好的解决方案。

事实上很多中间站的车流都是由相应的前方技术站进行集结、编组、解体，则它们的径路选择完全可由前方技术站径路选择来代表，因此可简化为基点方式。由于货运接算站的特殊性使得路网的逻辑结构发生了变异，求解铁路网络上任意发到站间的里程问题不再是求解普通网络上两点间最短距离的问题，因此需根据铁路网络的特殊性，对其物理结构进行简化重构。

6.2.1　铁路网络的特点

将铁路上的车站作为顶点，线路作为网络边，便组成铁路网络。与其他网络相比，其有以下特点：

（1）路网属于非完备图，若以相邻两站的线路作为边 e，车站的数目为 n，则 $e \approx n$。

（2）多数车站出于非枢纽的地位，即非支点站，其入度和出度皆为 1。

（3）路网的拓扑结构变化频繁，是一动态网络图。

以下给出铁路货运相关的一些业务上的定义：

（1）线：由起始站开始至终止站结束的一条完整的铁路线路。如从连云港至兰州西的陇海线。

（2）接算站：货物运输路径从一条线转入另一条线时的必经站。如从天水至银川，货物运输路径由陇海线必经兰州西转入包兰线，因此，兰州西为一接算站。

（3）支点站：开度不小于3且不是接算站的车站。如兰州东站。

（4）一般站：开度不大于2的站。如天水站。

（5）段：同一线上两个支点站（或接算站）间的部分。如宝鸡至兰州东为一个段。

由于任意非接算站相对于某一接算站位置是固定的，因而任一非接算站至少可以用其附近的一个接算站表示，若两车站之间所经历的接算站确定，那么两车站之间的经由里程也相对确定。因此把接算站作为站间里程计算的依据，接算站是构造路网的关键所在。

以接算站为基点，重新构造路网，两个基点之间的线段称为基线。如果某铁路线仅含有一个接算站，则把此铁路线也看作为一条基线。

6.2.2 路网的重构

6.2.2.1 路网的逻辑重构

按经典的Dijkstra算法考虑，其时间复杂性为$O(n^2)$；若能有效降低直接搜索的顶点数，时间上的节省非常显著。通过对铁路网特性进行分析，采用两级最短径路的搜索模型，如图6.1所示。

第一级网络物理模型：为客观现实的物理网络，包括全国铁路的所有车站、营运线名及其里程。与实际铁路网络是一一对应的关系，因此称物理模型。用$G_1=(V_1, E_1)$表示。

第二级抽象网络模型：以第一级网络模型抽象而得，简单讲，仅取一级网络的拓扑结构及支点站名。除去第一级网络中的中间站和尽头式分支线，用$G_2=(V_2, E_2)$表示。

全国铁路目前7000多个车站，其二阶子图网络顶点为770多个，即搜索顶点数下降到了$n_2/n_1=770/7000=11\%$，按Dijkstra算法考虑，其时间复杂度为$O(n^2)$。则搜索时间下降到$T_2/T_1=n_2^2/n_1^2=(770/7000)^2=1.21\%$。

6.2.2.2 二级模型的最短路径计算

进行二级抽象后，基线构造的路网可求任意两个接算站之间的经由里程。对

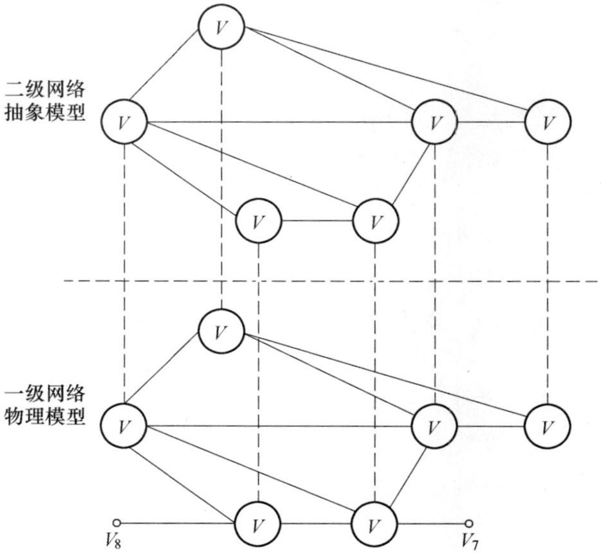

图 6.1　两级搜索模型的对应关系

于任意给定顶点 v 其属性有两种：其一属于第二级模型中的点，当然也是第一级模型中的点，即 $v \in V_1$ 且 $v \in V_2$，例如“丰台”“成都东”；其二仅属于第一级模型中的点，即 $v \in V_1$ 且 $v \notin V_2$，例如“安达”。那么，又如何解决端点为非接算站的经由呢?

端点动态基点化正是解决这个问题的办法。端点动态化就是把结点接算站当作接算站处理，在原来构造的路网中加入该非接算站，处理结束后，再删除该非接算站，恢复原路网。即 v_i 为一端点，$v_i \in V_1$ 且 $v_i \notin V_2$，端点动态基点化可表示为：$V_2 = V_2 \cup \{v_i\}$，然后再对 V_2 进行恢复。由于最短路径最终在第二级模型 G_2 中直接进行计算，据有不同属性的顶点其计算过程完全不同。

经由计算可能出现 4 种情况：（1）上车站，终到站均为接算站，路网无须变化；（2）上车站为非接算站，终到站为接算站，在路网中加入上车站，即对上车站进行动态基点化处理；（3）终到站为非接算站，上车站为接算站，在路网中加入终到站，即对终到站进行动态基点化处理；（4）上车站，终到站均为非接算站，在路网中加入上车站、终到站，即对上车站、终到站进行动态基点化处理。分类如下：

（1）当 a，$d \in V_2$ 时，$\text{dist}(a,d)=\min(a,d)$，如图 6.2 所示。此时求解过程完全依赖于抽象网络模型。

（2）当 $a \notin V_2$ 且 $d \in V_2$ 时，$\text{dist}(a,d)=\min\{<a,d>+\min(b,d),<a,f>+\min(f,d)\}$，如图 6.3 所示，此时需先依据实际物理路网图得出发站 a 距其所在

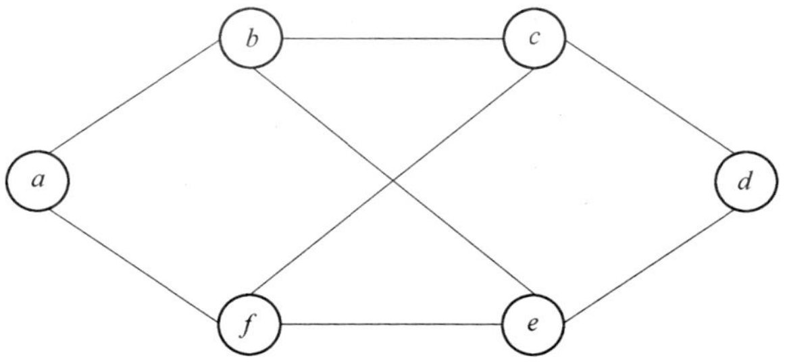

图 6.2 发到站均为接算站时的基点化处理

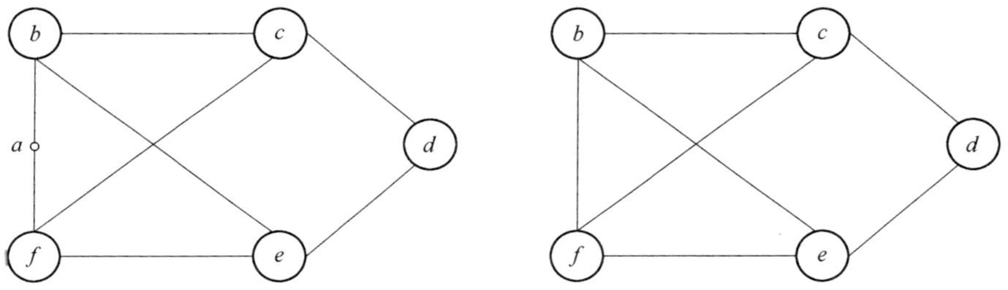

图 6.3 发站或到站之一为非接算站时的基点化处理

基线上两基点站 b、f 的里程，再分别求解两基点站 b、f 至到站 d 的最短路径，取其最小值，并加上站 a 距离那一基点的里程。

（3）当 $a \in V_2$ 且 $d \notin V_2$ 时，求解过程同（2）：

$$\text{dist}(a, d) = \min\{<c, d> + \min(a, c), \quad <e, d> + \min(a, e)\}$$

（4）当 $a \notin V_2$ 且 $d \notin V_2$ 时，如图 6.4 所示。

$$\text{dist}(a,d) = \min\{<a,b>+\min(b,c)+<c,d>, <a,f>+\min(f,c)+<c,d>, <a,b>+\min(b,e)+<c,d>, <a,f>+\min(f,e)+<e,d>\}$$

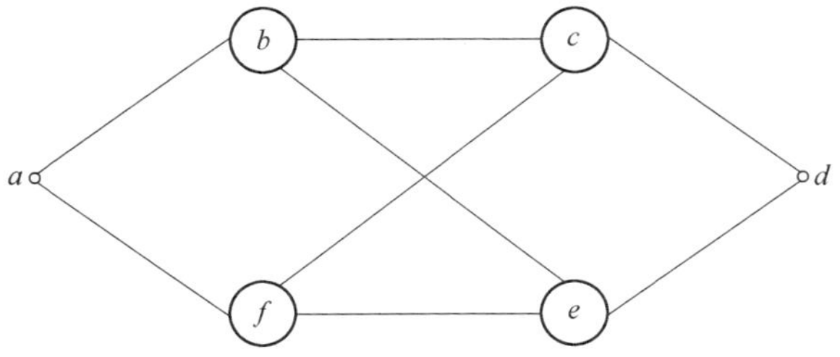

图 6.4 发到站均为非接算站时的基点化处理

通过上述分析可以得知，利用二级模型求解最短路时，最不利的情况是发站 a 和到站 d 均不是集合 V_2 中的点，此时要在二阶子图上进行四次最短径路的计算。虽然时间增加，但由于是线性增加，因此采用二级最短路径算法仍然有时间上的优越性，可估算在最不利的情况下，最短路径时间减少到了：

$$T_2 \times 4/T_1 = n_2^2 \times \frac{4}{n_1^2} = 770^2 \times \frac{4}{7000^2} = 4.84\%$$

6.2.3　路网的区域划分

由于用接算站、基线表征的路网显然为稀疏图，可对其进行线性分解。如果以京哈线、京承线、京广线为界，可以把全国划分为 3 个区域，即东北区、京广区以西区、京广以东区，分别简称为 A 区、B 区、C 区。并分别用 G_A、G_B、G_C 表示，$G=G_A \cup G_B \cup G_C$，$E=E_A \cup E_B \cup E_C$，$V=V_A \cup V_B \cup V_C$。如此分区，若上车站与终到站在同一区，则经由站也不会涉及第三区。这样，如果所求上车站在 A 区，终到站在 C 区时，只需用 A、C 区的基线和接算站构造路网，因为合理的经由不应该经过 B 区的车站与基线。同样，如果上车站、终到站都在同一区，只需将该区的接算站、基线构造成路网，而不用管其他两区的接算站和基线，因为合理的经由应在本区产生。

通过区域划分，将路网 G 线性地划分为 3 个子网 G_A、G_B、G_C。由此可见，区域划分法也在相当程度上简化了路网，提高了运算速度和效率。由于在实际计算中，经过区域划分，平均每次求两站之间的经由所用到的基点大约是全部基点的 2/3，按 Dijkstra 算法考虑，算法的时间耗费为 $(2n/3)^2$，运算时间是原来的 4/9。

根据基点加基线补充构成路网的设计思想使得算法检索时所构造的网络拓扑图仅仅局限在基点路网，而不必构造包含全部节点和弧段的网络拓扑全图，这样既减少了系统消耗，也提高了算法的效率。根据此思想设计数据库表，对于一级物理网络的结点，通过站点信息表单独存储，并对站点所属的基线，以及其相对于其所属基线两（或一个）基点的里程信息进行记录。在二级抽象路网需调用非基点信息时，根据一级网络表中非基点结点与其对应端基点的关系，实现此非基点在二级抽象路网图的恢复。

另外为了实现路网的区域划分，应该在基点信息表和站点信息表中标注站点所属的路网区域，实现区域化处理，见表 6.6 和表 6.7。

表 6.6　站点信息表

数据字段	含 义 描 述
站点 ID	唯一标识——站点
站名	该节点的站名名称
该站所属线路 ID	该所属铁路线 ID 号

续表 6.6

数据字段	含 义 描 述
所属分局 ID	标识该站点所属分局的 ID 号
距基点里程	以基线为分段，若该站点为基点，则此项为 0；若该站点是非基点，当其所属基线是单基点基线时，则此项为该站点距离此基点的里程，当所属基线是双基点时，则选取其一，以其为标准，此项为相对于选取基点的里程距离
该站所属基线 ID	若该站点是非基点，则此项为 0；若该站点是基点站，则对应其所属铁路线 ID 号
所属线路里程	以该站点所属线路的起点为基准，此项为其距离线路起点的里程长度
所属路网区域	标识该结点所属路网区域（1 表示位于子网 G_A，2 表示位于子网 G_B，3 表示位于子网 G_C）

表 6.7 基线信息表

数据字段	含 义 描 述
基线 ID	唯一标识一基线
起点站	该基线的起始基点站
终点站	该基线的终止基点站
所属线路 ID	该基线所属线路 ID
里程	该段基线的里程长度
所属路网区域	标识该结点所属路网区域（1 表示位于子网 G_A，2 表示位于子网 G_B，3 表示位于子网 G_C）
基线是否为限制	该段基线是否有经由要求限制，若无则以 0 标识，若有，则以经由要求的编号标识

6.2.4 路网网络模型的求解

6.2.4.1 任意发到站间最短路径的求解

（1）如果 $s\in V$ 且 $t\in V$，则可以在重构后的网络直接使用 Dijkstra 算法求解最短路径。

（2）如果 $s\in V$ 且 $t\notin V$，在线性表 B 中找到 t 相邻的支点站（或接算站）点号 v_1、v_2，使用 Dijkstra 算法分别计算出 s 与 v_1、v_2的最短路径 k_1、k_2。如果 $k_1+l_1<k_2+l_2$，则取 $s—v_1—t$ 为最短路径，其中 $s—v_1$利用 Dijkstra 算法计算得到的最短路径，里程长度为 k_1+l_1；如果 $k_1+l_1>k_2+l_2$，则取 $s—v_2—t$ 为最短路径，其中 $s—v_2$利用 Dijkstra 算法计算得到的最短路径，里程长度为 k_2+l_2。

（3）如果 $s\notin V$ 且 $t\in V$，在线性表 B 中找到 s 相邻的支点站（或接算站）点

号 v_1、v_2，使用 Dijkstra 算法分别计算出 t 与 v_1、v_2 的最短路径 k_1、k_2。如果 $k_1+l_1< k_2+l_2$，则取 s—v_1—t 为最短路径，其中 v_1—t 利用 Dijkstra 算法计算得到的最短路径，里程长度为 k_1+l_1；如果 $k_1+l_1> k_2+l_2$，则取 s—v_2—t 为最短路径，其中 v_2—t 利用 Dijkstra 算法计算得到的最短路径，里程长度为 k_2+l_2。

（4）如果 $s\notin V$ 且 $t\notin V$，在线性表 B 中找到 s 相邻的支点站（或接算站）点号 v_1、v_2，距离为 l_1、l_2；在线性表 B 中找到 t 相邻的支点站（或接算站）点号 v_3、v_4，距离为 l_3、l_4。利用 Dijkstra 算法分别计算出 v_3 与 v_1、v_2 的最短路径 k_{31}、k_{32}，利用 Dijkstra 算法分别计算出 v_4 与 v_1、v_2 的最短路径 k_{41}、k_{42}。求解 $\min\{l_1+k_{31}+l_3,\ l_2+k_{32}+l_3,\ l_1+k_{41}+l_4,\ l_2+k_{42}+l_4\}$，若 $l_1+k_{31}+l_3$ 最小，则取 s—v_1—v_3—t 为最短路径，其中 v_1—v_3 为利用 Dijkstra 算法计算得到的最短路径，里程长度为 $l_1+k_{31}+l_3$；若 $l_2+k_{32}+l_3$ 最小，则取 s—v_2—v_3—t 为最短路径，其中 v_2—v_3 为利用 Dijkstra 算法计算得到的最短路径，里程长度为 $l_2+k_{32}+l_3$；若 $l_1+k_{41}+l_4$ 最小，则取 s—v_1—v_4—t 为最短路径，其中 v_1—v_4 为利用 Dijkstra 算法计算得到的最短路径，里程长度为 $l_1+k_{41}+l_4$；若 $l_2+k_{42}+l_4$ 最小，则取 s—v_2—v_4—t 为最短路径，其中 v_2—v_4 为利用 Dijkstra 算法计算得到的最短路径，里程长度为 $l_2+k_{42}+l_4$。

6.2.4.2　支点站间最短路径的求解

在重构后的路网网络模型中，接算站（或支点站）间的最短路径算法使用的是 Dijkstra 算法，设 $\boldsymbol{G}=(V,\ E)$ 是一个赋权有向图，即对于图中的每一条边 $E=(v_i,\ v_j)$ 都赋予了一个权值 w_{ij}，在图 $\boldsymbol{G}$ 中指定一个顶点，确定为起点，设 v_1 为起点，$D(v_j)$ 表示点 v_1 和 v_j 之间的最短距离，$P(v_j)$ 表示 v_j 的最短路径途经的前驱结点，$final(v_j)$ 表示点 v_j 是否已经访问过。算法现描述如下：

（1）首先令 $final(v_1)=1$、$D(v_1)=0$ 且 $P(v_1)=-1$，其余各点如果跟 v_1 邻接则 $D(v_j)$ 为它们之间的距离且令 $P(v_j)=v_1$，否则初始化为无穷大且令 $P(v_j)=-2$。$final(v_1)=1$ 表示不可改变 D 值的点。它所具有的 D 值即为该点至起始点的最短距离。采用邻接表作为图的存储结构在这一步初始化数组是非常方便的，只要在表结点结构体中设置一个变量记录该结点在头结点数组中的位置。

（2）求得 $D(v_i)$ 中最小的顶点 v_i，令 $final(v_i)=1$，同时对于所有的 $\{v_j \mid (v_i,\ v_j)\in E\}$ 并且 $final(v_j)!=1$，将 $D(v_j)$ 修改为 $\min\{D(v_j),\ D(v_i)+w_{ij}\}$，若 $D(v_j)>D(v_i)+w_{ij}$，则令 $P(v_j)=v_i$。因为表结点结构体中设置一个变量记录该结点在头结点数组中的位置，因此采用邻接表作为存储结构在更新最短路径时也是很方便的。

（3）如果需要求解 v_1 到其他 n 个顶点的最短路径，那么重复步骤（2），$n-1$ 次就可以求得 v_1 到其他 n 个顶点的最短路径距离于 $D(v_j)$ 中，途经的前驱结点于数组 P 中。

6.3 铁路网站点间最短路径的求解算法设计

在铁路货运过程中，优化行车路线，可以大幅度减少物流成本，提高工作效率，因而路线的优化历来是运筹学、图论与计算机应用等学科研究的热点。

6.3.1 最短路径问题的提出

如图 6.5 所示，在一个带权无向图中，从起点 S 到终点 T，存在很多个中间节点，如何选择所经过节点，使得路径最短就是一个典型的最短路径问题。

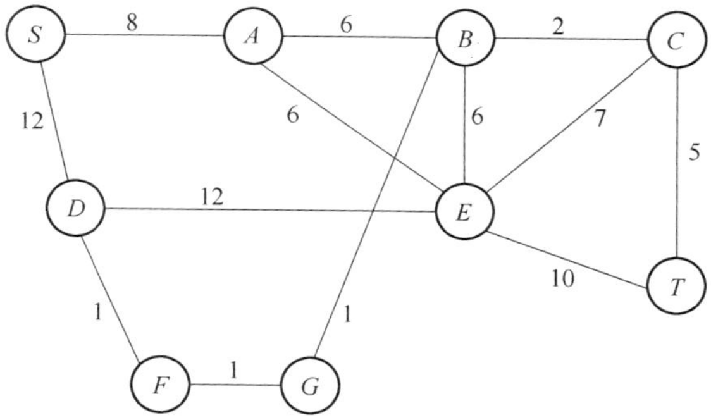

图 6.5 最短路径问题的提出

所谓特定径路最短路径，在这里指的是满足用户约束条件的最短路径。用户的约束条件是：给定起始节点（Start）与目标节点（Goal）以及该路径的必经节点序列 $l=(l_1, l_2, \cdots, l_n)$ 和避开节点序列 $O=(O_1, O_2, \cdots, O_m)$。这里假设必经节点序列是顺序给出的，表示该路径的第 i 个必经节点是 $l_i(1 \leqslant i \leqslant n)$；而避开节点序列中的节点没有顺序规定。产生的最短路径是由若干个节点组成的序列，即：$p=(p_1, p_2, \cdots, p_k)$。其中：$p_1=\text{Start}$，$p_k=\text{Goal}$，$l_i=p_{ki}(1 \leqslant i \leqslant n)$，$O \notin p(1 \leqslant i \leqslant n)$ 那么，p 是一条满足上述条件的最短路径。

最短路径问题是交通网络分析中的一个重要问题。它是资源分配、路线设计及分析等优化问题的基础。交通网络分析中的其他问题，如最可靠路径问题、最大容量路径问题、各种各样的路径导航问题都可以归并到最短路径问题类型中。按照问题特征中的起终点特性，最短路径问题可分为两种：单源最短路径问题和所有节点间最短路径问题。其中单源最短路径问题更具有普遍意义，且可为所有节点间最短路径问题提供良好的借鉴方案。

最短路径问题是图论应用中的基本问题之一，因此最短路径算法比其他算法研究得更为透彻。按照不同的分类体系，单源最短路径问题的算法有很多种，如基于限制条件的深度优先搜索算法、Costed 算法、分枝界定算法、爬山算法、

Dijkstra 算法、A* 算法、基于超图数据结构的深度优先椭圆搜索算法、基于有向无环图的动态规划算法等。针对不同的网络特征、应用需求及具体的软硬件环境，各种算法在空间复杂度、时间复杂度、易实现性等方面各具特色。

铁路两站间的距离绝对大于零，货运径路计算在具体应用中一般都是单源点问题，因此采用 Dijkstra 算法计算铁路站间最短路径是优选的方案。

6.3.2 单源点 Dijkstra 最短路径算法

荷兰数学家 E. W. Dijkstra 在 1959 年提出的标号设定法（label setting algorithms）是理论上最完善、迄今为止应用最广的非负权值网络最短路径算法。标号设定法是一种基于贪心及启发策略的最短路径算法，它按路径长度递增的次序产生最短路径，要求在路径选择中的每一步所选择的路径都是到目前为止最好的，在“局部最优而导致总体最优”的假设下，寻求最佳路径。为了保证起点至当前节点的路径最优性，Dijkstra 算法要求对所有子节点进行搜索。与分枝界定法和爬山法搜索策略不同，Dijkstra 算法以起点至当前节点路径权和作为贪心选择策略。

Dijkstra 算法的基本思想是：把节点分成两类，第一类由那些从源点出发到它的最短路径已经确定了的节点组成；第二类是剩下的待考察的节点。除此而外，每个节点都有一个值，对第一类的节点，其值等于源点沿着最短路径到该节点的距离；对于第二类的节点来说，其值为迄今为止找出的从源点至它的最短距离。在算法处理过程中，如果又找出了一个最短路径，那么第二类节点的值将要减少。每个第二类节点的值被修正之后，具有最小值者，将被重新分到第一类中去。这种最近被分到第一类中去的节点，称其为主元节点，并将用它的值来调整第二类中其他的节点值。当 n 个节点都被分到第一类中时，算法结束。此时每个节点的值就是源点到它的最短路径长度。

主要讨论单源问题，即在一个赋权的简单连通无向图 $G=(V, E, W)$（V：节点集；E：边集；W：权重）中，求解从源点 s 出发到其他节点 x 的最短路径的长度。

该算法思想为：

（1）把 V 分成两个子集 S 和 T，初始时，$S=\{s\}$，$T=V-S$；

（2）对于每个 t_i（$t_i \in T$），计算 $D(t_i)$（$D(t_i)$ 表示从 s 至 t_i 的不包含 T 中其他节点的最短路径的长度），根据 $D(t_i)$ 值找出 T 中距离最短的节点 x，写出 s 到 x 的最短路径的长度 $D(x)$；

（3）置 S 为 $S \cup \{x\}$，置 T 为 $T-\{x\}$，若 $T=\Phi$，则停止，否则再重复（2）。

分析这个算法的运行时间。第一步的时间复杂度 $O(n)$，第二步总共执行 $n-1$ 次，每次执行的时间是 $O(n)$。所以总的时间复杂度是 $O(n^2)$。

根据 Dijkstra 算法的基本思想，可以求得从某个源点到其余各节点的最短路径，但是有时候并不需要知道某源点到其余所有节点的最短路径，只需要从一点到另外一点的最短路径就可以了，并不一定非要遍历所有的点，因此，需要在 Dijkstra 算法基本思想的基础上对其进行改进。

在众多的 Dijkstra 改进算法中经典的改进 Dijkstra 算法将网络节点分成 3 部分：未标记节点、临时标记节点和永久标记节点。网络中所有节点首先初始化为未标记节点，在搜索过程中和最短路径中的节点相连通的节点为临时标记节点，每次循环都是从临时标记节点中搜索距源点路径长度最短的节点作为永久标记节点，直至找到目标节点或者所有的节点都成为永久标记节点来结束算法。同样是单源问题，其算法可以描述为：在一个赋权的简单连通无向图 $\boldsymbol{G}=(V, E, W)$（V：节点集；E：边集；W：权重）中，求一源节点 s 到目的节点 t 的最短路径的长度。

改进的算法思想为：

（1）把 V 分成三个子集：永久标记节点集 *InTree*、临时标记节点集 *Fringe* 和未标记节点集 *Others*，初始时，$InTree=\{s\}$，$Fringe=\Phi$，$Others=V-\{s\}$；

（2）找出所有与 s 有边直接相连的节点，将其放入集合 *Fringe* 中，并从集合 *Others* 去掉，同时设置该点到源点 s 点的距离为该点到 s 点的权重；

（3）从 *Fringe* 集合中，找出到源点 s 距离最短的节点 f（从 s 到 f 的权重之和最小），将 f 放入集合 *InTree* 中，同时将其从集合 *Fringe* 中去掉；

（4）依次找出与 f 有边直接相连且不在集合 *InTree* 中的节点 l_i，如果 l_i 在集合 *Others* 中，则将其放入集合 *Fringe* 中，同时将其从集合 *Others* 中去掉；如果 l_i 在集合 *Fringe* 中，则修改 *Fringe* 的距离，即权重之和；

（5）判断目的节点 t 是否在集合 *InTree* 中，如果在，则停止，否则重复（3）（4）。

分析这个算法的运行时间。第一步的时间复杂度是 $O(n)$，第二步的时间复杂度也是 $O(n)$，第三、四步总共执行 $n-1$ 次，每次执行的时间是 $O(n)$。所以总的时间复杂度是 $O(n^2)$。

在改进的 Dijkstra 算法中，虽然其算法描述和执行过程较基本的 Dijkstra 算法更加清晰明了，但是其时间复杂度还是不变的。因此，需要分析有没有可能采取合理的方式来减少这个时间复杂度。

6.3.3 路网站点间最短路径求解的优化

产生于计算机科学及运筹学的最短路径算法，因只考虑网络的拓扑特征或阶段特征，而忽略了网络的空间分布特征，使得其搜索过程缺乏方向性，得到的是一棵以起点为根的最短路径树。即使构造此路径树的过程在到达终止节点后即结束，使终止节点位于最短路径树的叶节点上，也依然有大量的计算是冗余的。这主要归因于算法的全向搜索。

Dijkstra 最短路径算法是从起始点开始，经过每一次迭代计算找到一个距起始点最近的未标号的顶点予以标号，直到终到点得到标号。如果终到点 t 的标号值（起始点至终到点的最短长度）为 L_t，那么必须在所有的标号值小于 L_t 的顶点都搜索过后才能找到起始点到终到点的最短路径，而这条最短路径只经过了搜索过的顶点中的很少一部分顶点，因而对很大一部分顶点的搜索是不必要的，比如计算从北京到上海的最短路径，就无须搜索至兰州站。将此算法应用于网节点数较大的铁路网络上，这样的大范围搜索将会极大的降低计算效率。

由于在最短路径的求解过程中，从起始点开始的搜索是一个以起始点为根的树的生成过程，可以通过停止某些顶点继续生枝的办法令搜索大体上沿着从起始点至终到点最短路径的方向进行，从而消除了不必要的搜索过程，来节省搜索的时间，提高求解最短路径算法的效率。

设有网络 $\boldsymbol{G}=(V, E, W)$，V 为顶点集，E 为边集，W 为对应于各边的权（距离）集。首先将网络 $\boldsymbol{G}=(V, E, W)$ 分为 $n(n>2)$ 个连通子图：G_1，G_2，…，G_n，$E=E_1\cup E_2\cup\cdots\cup E_n$，且 $V_i\cap V_j=V_{ij}(i, j=1, 2, \cdots, n)$，$V_{ij}$为相邻子图 $\boldsymbol{G}_i$和 $\boldsymbol{G}_j$共有的顶点集合，其中的顶点称之为联结点，不相邻子图间 $V_{ij}=\phi_0$。如果图 $\boldsymbol{G}$ 是连通的，那么，每个子图（局部网络）都将通过联结点与其他子图相联系。

记 $\boldsymbol{G}_i$的所有联结点集合为 V_i'，则 $V_i'=\sum V_{ij}(j\neq i)$；记对于某一指定的 $u\in V_i'$，求 $v(v\in V_i)$，使 u 至 v 的最短路径长度 $d(u, v)$ 最大，即 u 的最大路径，把它记为：

$$d'(u)=\max\{d(u, v)\}, \quad v\in V_i$$

子网示意图如图 6.6 所示。

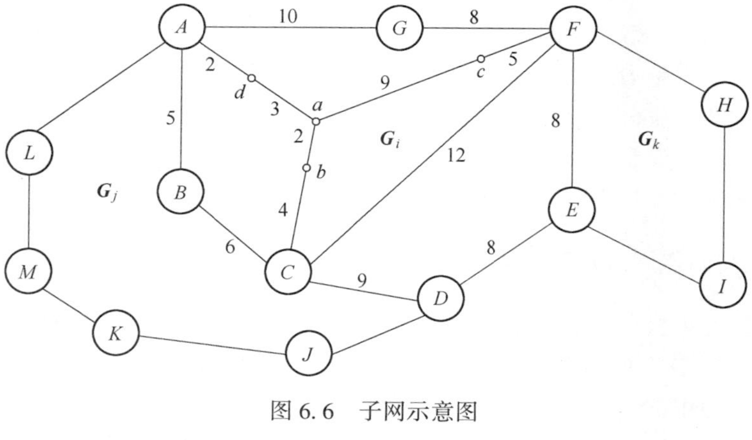

图 6.6　子网示意图

图 6.6 中 $V_{ij}=\{A, B, C, D\}$，$V_{ik}=\{E, F\}$，从而可以得到

$$V_i'=V_{ij}+V_{ik}=\{A, B, C, D, E, F\}$$

同时，对于 $\boldsymbol{G}_i$ 有：

$$V_i=\{A, B, C, D, E, F, G, a, b, c, d)$$

对于 $u=E$ 可以求得：

$$\max\{d(u, v)\}=d(d, E)=26, \ v\in V_i$$

即

$$d'(u)=d'(E)=d(a, E)$$

对于子图 $\boldsymbol{G}_i$ 中任何顶点至子图 $\boldsymbol{G}_j$ 中任何顶点的最短路径长度的下界，记为 $D(i, j)$，并称 u，v 为子图 $\boldsymbol{G}_i$ 与 $\boldsymbol{G}_j$ 之间的最短联结点：

$$D(i, j)=\min\{d(u, v)\}, \quad u\in V_i', \quad v\in V_j'$$

显然，当两子图为相邻子图时，最短路径长度为 0，对于相邻子图的公共顶点，也就是联节点，对于其所属子图的划分，在具体的铁路网中可以依据其所属路局或是分局确定其归属。在图 6.7 中，对于子图 $\boldsymbol{G}_k$ 与 $\boldsymbol{G}_j$ 有：

$$V_j'=V_{ij}=\{A, B, C, D\}$$

$$V_k'=V_{ik}=\{E, F\}$$

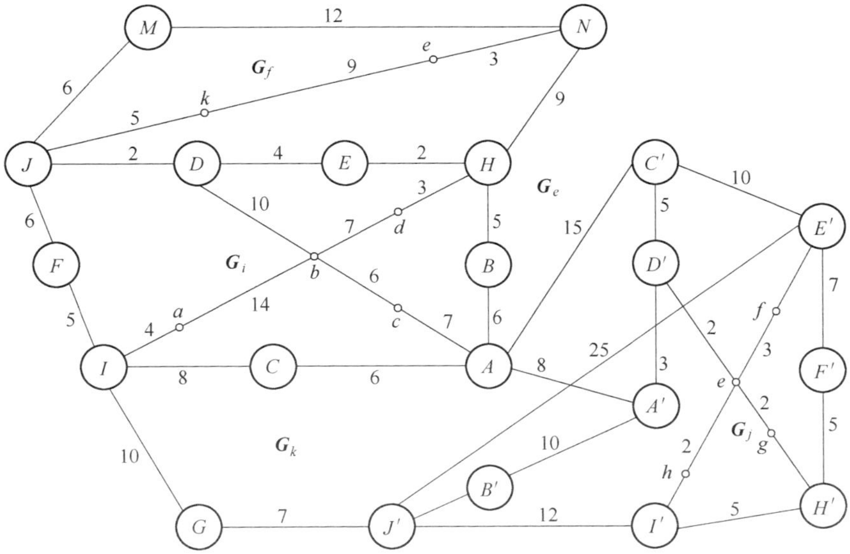

图 6.7　路网搜索实例

由图 6.7 中各边的权重可以得到：

$$\min\{d(u, v)\}=d(D, E)=8, \ u\in V_j', \ v\in V_k'$$

即

$$D(j, k)=d(D, E)$$

子图 $\boldsymbol{G}_k$ 与 $\boldsymbol{G}_j$ 之间的最短联结点为 D 与 E。

由此可以确定子图 $\boldsymbol{G}_i$ 中任何顶点至子图 $\boldsymbol{G}_j$ 中任何顶点的最短路径长度的上界可取为 $d'(x)+D(i,j)+d'(y)$，记为 $U(i,j)$，即：

$$U(i,j)=d'(x)+D(i,j)+d'(y)$$

式中，x，y 为子图 $\boldsymbol{G}_i$ 与子图 $\boldsymbol{G}_j$ 的最短联结点。

显然，一个子图中的顶点，必须经过该子图的某联结点才可与另一个子图相联系，在实际路网中，如果按铁路局（或铁路分局）将它划分为若干子图，确定各子图的联结点，确定各划分子网间的最短联结点，记录子图 $\boldsymbol{G}_i$ 与子图 $\boldsymbol{G}_j$ 最短路径下界 $D(i,j)$，并通过这些最短联结点 u，对于每一子图 $\boldsymbol{G}_i$ 求解 $d'(u)$ 以及和任意子图 $\boldsymbol{G}_i$ 至任意子图 $\boldsymbol{G}_j$ 最短路径长度的上界 $U(i,j)$。同时对子图的每一个顶点 i 赋予一个子图归属标记 $N(i)$，表示顶点 i 的所属子图编号。

有了以上准备，当采用 Dijkstra 方法计算顶点 s 至顶点 t 的最短路径时，可首先根据 s 和 t 所属子图编号，求出 s 至顶点 t 的最短路径长度上界

$$L_{\max}=U(N(s),N(t))$$

在其后的迭代计算中，每找到一个永久标号点 k，即利用 k 的标号值 $L(k)$（从顶点 s 至顶点 k 的最短路径长度），按下式计算经过顶点 k 的 s 至顶点 t 的最短路径长度下界

$$D''(k)=L(k)+D(N(k),N(t))$$

按下式计算经过顶点 k 的 s 至顶点 t 的最短路径长度上界

$$U''(k)=L(k)+U(N(k),N(t))$$

若 $D''(k)\geqslant L_{\max}$，则停止从顶点 k 向后搜索，即不再用永久标号 $L(k)$ 修改关联点的临时标号。

若 $U''(k)<L_{\max}$，则修改 $L_{\max}$，即令

$$L_{\max}=U''(k)$$

如图 6.7 所示，当 $s=J$，$t=H'$ 时

在图 6.7 中，子图的划分如下：

$\boldsymbol{G}_i=[V_i,E,W]$，其中 $V_i=\{J,D,E,H,B,A,C,I,F,a,b,c,d\}$

$\boldsymbol{G}_e=[V_e,E,W]$，其中 $V_e=\{A,H,B,D',C',A')$

$\boldsymbol{G}_k=[V_k,E,W]$，其中 $V_k=\{A,C,I,A',B',J',G\}$

$\boldsymbol{G}_j=[V_j,E,W]$，其中 $V_j=\{A',B',C',D',E',F',H',I',J',e,f,g,h\}$

$\boldsymbol{G}_f=[V_f,E,W]$，其中 $V_f=\{M,N,J,D,E,H,k,e\}$

其中，各相邻子图间公共边上的结点，即联结点为各相邻子图所共有。

由图 6.7 得：

$$V_i=\{J,D,E,H,B,A,C,I,F,a,b,c,d\}$$

$$V_j=\{A',B',C',D',E',H',I',J',e,f,g,h\}$$

$$V_i' = V_{ie} + V_{ik} + V_{if} = \{A, B, C, D, E, F, H, I, J\}$$
$$V_j' = V_{je} + V_{jk} = \{A', B', C', D', E', F', H', I', J'\}$$

根据图中各边的权重，可知对于子图 $\boldsymbol{G}_i$ 和 $\boldsymbol{G}_j$ 有：

$$D(i, j) = \min\{d(u, v)\} = d(A, A'), \ u \in V_i', \ v \in V_j'$$

那么对子图 $\boldsymbol{G}_i$ 有：

$$\min\{d(u, v)\} = d(a, A), \ v \in V_i, \ u \in V_i'$$

即 $$d'(u) = d'(A) = d(a, A)$$

同理对子图 $\boldsymbol{G}_j$ 有：

$$\min\{d(u, v)\} = d(a, A'), \ v \in V_j, \ u \in V_j'$$

即 $$d'(u) = d'(A') = d(f, A')$$

于是可以求得：

$$\begin{aligned} L_{\max} &= U(N(s), N(t)) = U(i, j) = d'(A) + D(i, j) + d'(A') \\ &= d(a, A) + d(A, A') + d(f, A') \\ &= 7 + 8 + 8 \end{aligned}$$

若当前所找到的永久标号点为 k，在前提如下时：

$$V_f = \{k, e, D, E, F, J, M, N\}$$
$$V_j = \{A', B', C', D', E', F', H', I', J', e, f, g, h\}$$
$$V_f' = V_{fi} = \{D, E, F, J\}$$
$$V_j' = V_{je} + V_{jk} = \{A', B', C', D', E', F', H', I', J'\}$$

则经过顶点 k 的 s 至顶点 t 的最短路径长度下界为：

$$\begin{aligned} D''(k) &= L(k) + D(N(k), N(t)) = L(k) + D(f, j) \\ &= L(k) + D(H, A') = 5 + 23 \end{aligned}$$

经过顶点 k 的 s 至顶点 t 的最短路径长度上界为：

$$\begin{aligned} U''(k) &= L(k) + U(N(k), N(t)) = L(k) + U(f, j) \\ &= L(k) + d'(H) + D(H, A') + d'(A') \\ &= L(k) + d(k, H) + D(H, A') + d(f, A') \end{aligned}$$

显然有 $D''(k) \geqslant L_{\max}$，于是停止从顶点 k 向后搜索，即不再用永久标号 $L(k)$ 修改关联点的临时标号。

根据上述判断，将有效地使搜索的顶点不会太多地偏离最短路径，从而使计算的时间得以减少。提高的效率决定子图的划分。如果能较均匀地划分更多的子图（例如，铁路网按铁路分局而不是按铁路局划分）则将减少搜索的偏离程度，但准备工作量和要存贮的子图间的距离下界和上界也随之而增加。所以子图的划分也要适当。极言之，如果每个顶点都视为一个子图，那么显然算法是无法实现的，因而毫无意义。

下面给出算法步骤：

在网络 $G=[V, E, W, N, D, U]$ 上（N, D, U 含义见前）计算顶点 s 至顶点 t 的最短路径。

（1）令 $L(j)=\infty$，$j\in V$，$P=\phi$，$L(s)=0$，$L_{max}=U(N(s), N(t))$，永久标号点 $v^*=s$，将置入 P，$P=P\cup\{v^*\}$。

（2）计算临时标号

$$L(j)=\min\{L(j), L(v^*)+W(v^*, j)\},\quad j\in \overline{P}(\overline{P}\text{为}P\text{的补集})$$

（3）计算永久标号点，若 $\overline{P}$ 中的顶点 x 有 $L(x)=\min\{L(j)\}(j\in\overline{P})$，则令 x 得到永久标号：$v^*=x$，如果 $v^*=t$，则计算终止，$L(v^*)$ 即为最短路径长度，否则令 $P=P\cup\{v^*\}$。

（4）若有 $L(x)+D(N(x), N(t))\geqslant L_{max}$，则转入步骤（3），否则，若 $L(x)+D(N(x), N(t))<L_{max}$，则令 $L_{max}=L(x)+U(N(x), N(t))$。

（5）转入步骤（2）。

这一算法与原 Dijkstra 算法相比较，只是多了第（4）步的判断，这不会使计算时间有实质性的增加。但这将有效地阻止过远地偏离最短路径的搜索。例如在铁路网络上，在寻找上海至广州的最短路径时，那么从上海开始，就不会搜索到偏北的如山海关站，也不会搜索到偏西的如西安站，因此计算效率可以大大提高。

Dijkstra 算法计算一个点到其他各点最短路径时，其算法复杂度是 $O(n^2)$，n 为网络顶点数。在求一个点到另一个点的最短路径时，计算时间取决于最短路径所经过的点数。当计算相距很远的两个点（例如，铁路网络上相距 1500km 以上的两个顶点）之间的最短路径时，这个算法所需上机时间仅有一般算法时间的 1/5～1/4，节省了计算时间。

6.3.4　基点以及普通点间最短路径的计算

基点里程表是两点间里程计算的核心，它是一个二维数组 $A(N, N)$。程序通过站名库确定两个车站的基本信息：是否为基点、普通点（非基点）所属于的基线号、距首基点里程。通过基线库确定所属基线的两个基点以及基线里程是多少。任意两点间里程计算有 3 种情况（见图 6.8，$ABCD$ 为基点，ab 为普通点）：

（1）基点至基点：如 A 到 D；

（2）基点至普通点或是普通点至基点：如 C 到 a 或 a 到 C；

（3）普通点至普通点以及一条基线上两个点的特例：如 a 到 b 或 b 到 a。

以下对这几种情况分别分析：

（1）基点 A 至基点 D 的距离。这种计算非常简单，因为任意两基点的距离

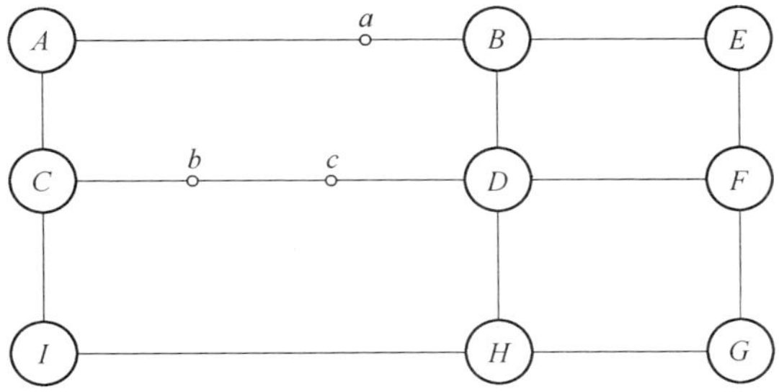

图 6.8 任意两站点间距离算法示意图

都已包含在数组 $A(N, N)$ 当中，因此算法公式为：

$$l_{AD} = A(A, D)$$

在此讨论的任意点 A 至点 D 的最短路径用 l_{AD} 表示，且无方向性。

（2）基点 C 至普通点 a 或普通点 a 至基点 C 的距离，此算法公式为：

$$l_{aC} = \min(l_{aA} + l_{AC},\ l_{aB} + l_{BC})$$

式中，$l_{AC} = A(A, C)$；$l_{BC} = A(B, C)$；l_{aA} 为普通点 a 到所属基线中的首基点 A 的里程，已在站名库中给出；l_{aB} 为普通点 a 到所属基线中的尾基点 B 的里程。

$$l_{aB} = l_{AB} - l_{aA}$$

式中，l_{AB} 为基线 AB 的里程，已在基线库中给出。

此公式的含意是：普通点 a 欲与基点 C 连接，一定要经过基点 A 或 B。而 A、C 间的最短路径为 $A(A, C)$，那么 a 经过 A 到 C 的距离 $l_{aAC} = l_{aA} + l_{AC}$。同理，$a$ 经过 B 到 C 的距离 $l_{aBC} = l_{aB} + l_{BC}$。而 aC 两点之间的最短路径就是从这两个距离中取最小值。

（3）普通点 a 至普通点 b 的距离，算法公式为：

$$l_{ab} = \min(l_{aA} + l_{AC} + l_{Cb},\ l_{aA} + l_{AD} + l_{Db},\ l_{aB} + l_{BC} + l_{Cb},\ l_{aB} + l_{BD} + l_{Db})$$

式中，$l_{AC} = A(A, C)$，$l_{BC} = A(B, C)$，$l_{AD} = A(A, D)$，$l_{BD} = A(B, D)$，l_{aA}，l_{aB}，l_{Cb}，l_{Db} 的原理和算法同（2）。

通过这几个算法公式得出结论，普通点与基点相比，计算公式虽然复杂一点，但原理却是一样的。

（4）对于同一条基线上的两点，只要根据站名库中该站点所属的基线编号，将两站点相对于基点里程相减后，取绝对值即可。

参 考 文 献

[1] 唐立山，谢方，等．非数值并行算法——模拟退火算法［M］．北京：科学出版社，1994.

[2] 邢文训，谢金星．现代优化计算方法［M］. 2 版．北京：清华大学出版社，2005.
[3] 成惠．铁路运输特定经由算法的研究与实现［D］. 长沙：中南大学，2007.
[4] 王涛，李伟生．低代价最短路径树的快速算法［J］. 软件学院，2004，15（5）：660~665.
[5] 李引珍，顾守淮．铁路网络两顶点间最短路径定向搜索算法［J］. 铁道学报，1997，19(2)：25~27.
[6] 井祥鹤．陆路物流物资配载及输送径路优化问题的模型与算法［D］. 南京：南京理工大学，2007.

7 水路运输组织中典型问题算法设计

7.1 选船问题的算法设计

要从 A 地运输一批人员和装备到 B 地，拟订从可用的船集 S 中选择一个子集 S'输送这批人员、物资和装备。该集 S'既要满足装备面积、人员以及船舶性能等多项技术要求，又要使船舶运力最省（包括船舶运输装备的能力和运输人员的能力），是一个求目标函数最小值的最优化问题。

7.1.1 模型的建立

选船问题的目标是使船舶子集 S'的总运力最小（船舶利用率最高），而每艘船的运力包括运输装备的能力和运输人员的能力，因此，是一个多目标规划问题。求解多目标问题的方法是把多目标变成单目标。根据运力 = 客位数×单人所需配载面积+有效面积；单个装备所需配载面积 = 该装备限制面积×该装备配载系数（1+走道系数）；单个人员所需配载面积 = 单人所需的面积标准×（1+走道系数）。将船舶运输装备的能力和运输人员的能力统一用面积表示，即目标为船舶子集 S'的总面积最小。在可用船集 S 中，船舶只有被选中和不被选中两种可能。定义 n（$n=|S|$，$|S|$ 是集合 S 中元素的个数）个变量 x_1，x_2，…，x_n，每个变量仅取值 0 或 1，$x_i=1$ 表示第 i 条船被选中，$x_i=0$ 表示第 i 条船不被选中。得到如下典型的 0-1 规划的数学模型：

$$
\begin{aligned}
&\min f(X) = C^{\mathrm{T}}X \\
&\text{s. t. } A^{\mathrm{T}}X \geqslant a \\
&\qquad H^{\mathrm{T}}X \geqslant h \\
&\qquad P^{\mathrm{T}}X \geqslant p
\end{aligned}
$$

式中，$X=(x_1, x_2, \cdots, x_n)^{\mathrm{T}}$，为决策变量向量，$x_i \subseteq \{0, 1\}(i=1, 2, 3, \cdots, n)$，$n$ 为可用船舶数；C_i为集合 S 中第 i 艘船的运力；A_i为第 i 艘船舶总的可用面积；H_i为第 i 艘船舶可用来装载重装备总的可用面积；P_i为第 i 艘船舶总的可载人数；a 为所有装备的总面积；h 为所有重装备的总面积；p 为人员总数。以上几种面积都应考虑配载系数。

这是一个 NP 难问题。对每一艘船都有两种可能，即选和不选，假设有 n 艘船，那么它的算法时间复杂度为 $O(2^n)$，当 n 比较大时利用全枚举法计算机无法在有限的时间里得出最优解。

7.1.2　选船问题的遗传算法设计

（1）染色体的产生。考虑到这是一个 0-1 规划问题，采用二进制编码，串长为可选船舶的数量，用 0、1 分别表示船舶的选中情况。如：1—0—1—0—0，表示 5 艘可选船舶，第 1、3 艘船舶被选用，其他船舶未选用。

（2）适应度函数。要把适应度函数和优化目标紧密联系起来，目前比较普遍的做法是把约束条件当作一个惩罚项加入优化目标函数中，再把优化目标函数的倒数定为适应度函数。公式表达为：

$$f_i = bz'/z_i$$

式中，f_i为染色体的适应度；z_i为 i 染色体加入惩罚项后的目标函数值；z'表示当前种群中的最好染色体的目标函数值；b 为一常数。

（3）初始种群的产生。引入随机数据库，随机的产生一组染色体，根据约束条件选取，使它表示不同的选船方法。具体方法可以描述如下：

1）随机的产生 n 维二进制向量。

2）检验是否满足约束条件。如果满足，则记录该向量并作为一个染色体，然后转向步骤 3）。否则，转回步骤 1）。

3）检验染色体个数是否达到种群的数量要求。如果达到，则构成了初始种群；如果未达到，重复步骤 1）和 2）。

（4）选择过程。一般采用轮盘赌、随机遍历抽样、局部选择法等进行选择。对于船舶选优问题，针对其特点，采用随机遍历抽样方法进行选择。

（5）交叉与变异。

1）交叉操作采用多点交叉。为了加强算法的搜索空间，避免过早收敛，陷于局部最优解，采用多点交叉，其原理的示例如下：

两个父体为

0—1—0—1—1—0—1—0—0—1—1—0

0—1—1—0—1—0—1—0—1—1—1—0

经过多点交叉，并把交叉的基因段排到最前端，得到的两个子体为

0—1—1—1—1—0—1—0—0—1—1—0

0—1—0—0—1—0—1—0—1—1—1—0

2）变异操作采用多次 2 交换变异。一旦随机数小于变异概率，则进行变异操作。随机选取两个船舶交换位置，加入判断，与前代染色体的适应度相比，改良了则接受，否则放弃，如此循环下去，直到产生 2 交换所能达到的最好染色体为止。上述的变异操作，每接受一次 2 交换，都要根据约束条件重新安排待选船舶的位置。经过验证，这种变异操作能在较短的进化代数内找到优良基因。

（6）加入内部（局部）扰动操作。经过上述交叉、变异后，加入内部扰动过程，每进化一代，以某一概率给每次新生代增加数量不等的全新染色体（与进化中的染色体完全无关的染色体），使进化过程不完全受制于初始群体，以达到跳出局部收敛点的目的。此过程给初始群体增加了新鲜血液，能够得到比一般GA 更好的整体最优点。

（7）增加外部（整体）扰动操作。在上述 GA 的基础上加入整体扰动过程，即如果一初始群体进化所产生的最优船舶优选方案 10 代没有进化（最优值不变），整体扰动初始群体，跳出局部收敛点。虽然加入此过程会在一定的程度上牺牲优化效率，所要求的进化代数比求解的 GA 要多，但是这个过程能够在各个局部最优点的基础上向整体最优点进化，使优化效果大大提高。

（8）停止准则。停止准则采用个体数目边界法。当算法计算的个体数目达到或超过某一边界值后停止算法。这里采用进化代数作为停止准则的边界数。

（9）改进遗传算法的计算流程图如图 7.1 所示。

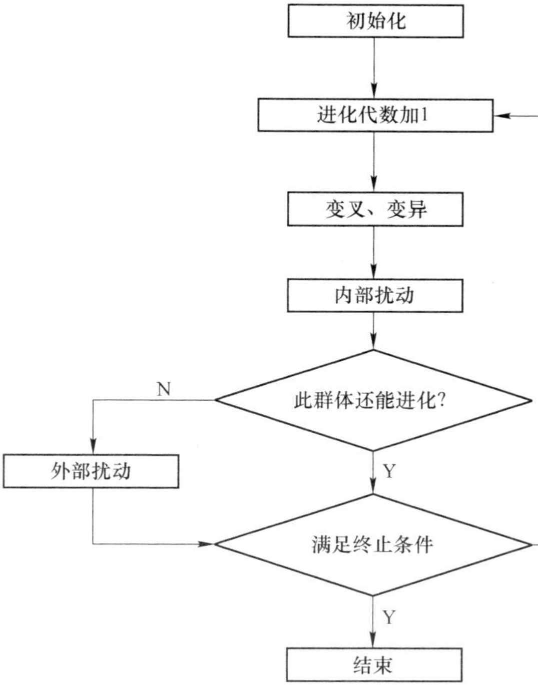

图 7.1　流程图

7.1.3　应用示例

用上面设计的遗传算法对某单位在某海港的装载计划选船进行了优化计算。

可选择的船舶为 1500 艘，用改进的遗传算法进行选择，在 400 代内得到了收敛，共选船 276 艘，经过实际的船舶配载计算，舱容和载重量的利用率均超过 97%。用隐枚举法进行计算，在 2h 内没有得到满意解。

为了比较改进遗传算法的计算效果，检验它的计算效率，我们选择了 400 艘船。用隐枚举法、一般的遗传算法、改进的遗传算法分别进行了优化计算，得到了的结果见表 7.1（两种遗传算法均以初始种群为 10，进化代数 200 代作为计算停止的边界数）。

表 7.1　船舶优选方法的实验结果比较

方法	可选船数（艘）	实际选船数（艘）	最优值（总运力）$/\times 10^3$t	计算时间	船舶利用率 /%
隐枚举法	400	77	564	1.5h	95.2
一般 GA	400	79	579	6s	93.5
改进的 GA	400	75	551	6s	98.1

船舶选择是水路运输中制定船舶保障计划的重要步骤。但求解优化模型时，用传统的枚举法计算效果不理想，其计算的时间复杂度为 $O(2^m)$（m 为可选船舶数），对于较大规模的问题，求解很困难。遗传算法运用了多点交叉、最优 2 交换变异、内部和外部扰动等操作，对寻找和保留优良基因效果明显，同时保证不易陷于局部最优解。经过实验分析，证明这种算法在解决水路输送选船优化问题时，是一种高效的可行算法。

7.2　船舶配载问题算法设计

船舶配载（stow age planning）是水上运输的一个重要环节，对于保证航行安全、货物安全和船期都有重要的作用，配载图是港口装船、卸船的依据，也是发生货损货差时进行索赔、划分责任的重要依据。因此，如何利用计算机辅助配载，制定科学的配载方案引起了广泛的关注。船舶配载问题按船舶的类型可以分为集装箱船舶配载和散装船配载两类，而从船方、港方这两个不同的角度来看待这个问题，又可以分为两类：从船方的角度来说，为了保证航行安全和在各个港口装卸货物的顺畅，考虑船舶稳性、纵强度和吃水差等性能指标，根据货物和船舶的具体情况确定各舱货物的到港和允许质量；从港方的角度来说，根据船方确定的各舱货物的到港和允许质量，确定货物在各舱中的分布和具体摆放方法，以保证货物运输质量，提高装船效率，这也是本节要解决的问题。与这类问题相似的是集装箱的装载问题。

7.2.1　问题的描述

这里考虑某大型钢铁企业的出口产品的船舶配载问题。该企业生产的产品包括卷、板、钢管、线材和坯等多个种类，每个种类按材质和工艺又可分为多个品种，如卷可以分为热轧卷、冷轧卷、镀锡卷等，而同一品种的产品又可分为不同的规格，如热轧卷按宽度分为 1500mm、1300mm 等。为保证运输质量，对产品的堆装方法有着严格的要求，如不同种类的货物应分开堆放；同种类不同品种的货物堆放在一起时，必须满足一定的次序，如冷轧卷可以放在热轧卷上面，镀锡卷可以放在冷轧卷上面，反之则不允许；同一品种的货物堆放时也要满足一定的规则，如大不压小、重不压轻等。将上述这些要求统称为货物堆装规则。

在船舶靠港之前，可以得到两方面的信息：一是船方信息，包括船舶吨位、各舱货物的到港和允许质量；二是货物信息，货物信息以关单形式进行组织，包括各关单的货物种类、件数和质量等，也可以详细到每间货物的品种、尺寸和质量。港方要解决的问题就是根据船方信息，确定各关单货物在各舱中的分布和具体摆放方法，以保证货物运输质量，提高装船效率。

7.2.2　算法的设计

7.2.2.1　启发式算法设计

在一个容器中确定物体的具体摆放方法，使空间（或平面）利用率最大，这类问题称为装载问题（loading problem）。由于问题的复杂性，属于 NP-complete 问题，目前还没有有效的精确算法，一般需要根据问题的实际情况构造启发式算法来求满意解。

在本问题中，"容器"即为船舱、舱底面为梯形或矩形，船舱的横断面可以简化为多个梯形拼接成的上大下小的多边形。"物体"为各个种类的货物，不同种类的货物外形是不一样的，如钢卷为圆柱体，钢板包装成立方体，钢管捆扎成近似圆柱体；同种类的货物按材质和工艺分为不同的品种，它们之间在堆放时存在一定的规则；同品种的货物按质量、尺寸又可以分为不同的规格，它们之间在堆放时也存在一定的规则。我们把船行方向设为纵轴，垂直于船行方向为横轴，则货物只能沿横轴成排摆放，并且一排只能摆放相同种类的货物。这样我们可以排为单位考虑货物的具体摆放。由于不同种类货物的堆装规则是不相同的，因此对应的算法也不尽相同。下面我们以卷为例，说明如何用启发式算法实现堆装规则，提高仓容利用率。

钢卷在船舱中一般以品字形堆放成一排，如第一层为 10 件，第二、三层为 9 件、8 件等。可以把不同品种的卷划分为不同的层次，如 1、2、3、4 四个层次，层次号大的卷可以放在层次号小的卷上，如层次号为 3 的卷可以放在 1、2 号上，反之则不允许；同属一个层次的卷有相同的最大层高，由用户根据堆装的质量要求、舱底承重设定。层次号越小的卷越耐压，因此允许的最大层高也越大。用 i

表示层次号，L_i表示 i 号卷的最大层高，N_i表示 i 号卷的件数。以上是关于品种的堆装规则，还有关于质量、外形尺寸的规则，如重不压轻、大不压小等。不同层次的卷放在同一个舱时，应当考虑在一排中使不同层次的卷配合堆放。因为如果让 4 号卷单独堆放，设它的允许最大层高为 2，则这一排只放了两个层高，而如果把最大层高为 4 的 1 号卷放在下面两层，在上面再放两层 4 号卷，则这一排可以放 4 个层高，提高了仓容利用率。基于这些规则和思想，可构造了一种启发式算法 。

（1）将钢卷按所属的层次号、质量、宽度分类排序，得到货物的列表；

（2）如果 $N_i=0$，则置 $L_i:=0$。令 $L=\max\{L_i\}$，表示本排的最大层高；

（3）按照 i 从大到小的顺序，如果 $N_i>0$，则根据重不压轻、大不压小的原则，从列表的 i 号卷中按顺序选择满足要求的卷从上到下填充本排到 i 号卷允许的最大层高 L_i，直到达到本排的最大层高 L 或找不到满足要求的卷，计算本排的填充率；

（4）计算各层次卷的剩余件数 N_i，如果存在 $N_i>0$，则返回步骤（2）；否则计算配载指标 $=\sum(1-$每排填充率$)$，停止。

例如，设有层次号为 4，2，1 的卷，$L_4=2$，$L_2=3$，$L_1=4$，则 $L=4$，先从 4 号卷中按列表的顺序选择满足要求的卷填充第 1，2 层，再用满足要求的 2 号卷填充第 3 层，最后用满足要求的 2 号卷填充第 4 层。设底层即第 4 层件数为 10，如果四层都填满的话，本排的最大件数为 $10+9+8+7=34$，如果由于没有找到满足要求的卷，本排只填了 30 个，则本排的填充率 $=30/34=0.88$。这种启发式算法的基本思想与求解装箱问题（bin-packing problem）的一些启发式算法，如 FFD 算法是一致的，求得的解虽然不是最优解，但一般都是满意解，并且求解速度快。对其他各个种类的货物按照其不同的特性和堆放规则，可以构造出相应的算法。

7.2.2.2 混合遗传算法设计

由上面可以看出，放在同一个船舱的货物之间的品种、件数、质量、大小，如果配比较好的话，在满足堆装原则的同时还能获得较高的仓容利用率（配载指标较小）。因此，将货物分配到多个舱堆放时，就存在这样一个问题：怎样确定货物在各舱中的分布，使各舱中的货物配比良好，配载指标较小？这也是一个典型的组合优化问题，本节设计一种混合遗传算法来求解：先随机确定货物的一种分布方案，用启发式算法确定各舱货物的具体摆放方法，计算配载指标，再用遗传算法逐步迭代去寻找一个较优的方案。

A 编码

由于货物以关单形式组织，给定每个关单一个唯一的编号后，可以以此作为解的编码。例如有10个关单，编号依次为1，2，…，10，则问题的某一个解可以表示为｛2，1，4，5，7，8，10，3，6，9｝。因此解的编码形式，即染色体为$P=\{P_1, P_2, \cdots, P_n\}$，$n$为关单数，基因$P_i$为1至$n$的正整数，互不相等，表示关单编号，以上面的解为例，则$P_1=2$，$P_2=1$，…，$P_{10}=9$。交叉和变异算子对其进行的操作实际上就是改变关单的排列顺序，从而产生不同的分布方案。

B 解码

船方信息中给出了船舱的数量和每个船舱允许装载的质量及误差，在解码时按照编码中基因，即关单编号的排列顺序和各舱允许质量，分组计算关单的质量之和，就可以从解的编码得到对应的货物在各舱中的分布方案。例如，设有3个船舱，允许质量分别为2000t、3000t、2000t，误差为100t。对于步骤（1）中的那组编码，如果编号为｛2，1，4｝的3个关单的质量之和在第1舱的允许范围（[1900，2100]）内，这3个关单可以放在1舱；同样，如果｛5，7，8｝，｛10，3，6，9｝这两组关单的质量分别在2、3舱的允许范围内，这时就得到了一个可行的货物分布方案。对各舱的货物分别调用启发式算法，就能得到各舱货物的具体摆放和配载指标，将各舱的配载指标相加，则得到该分布方案的配载指标。也有可能某个解是不可行的，例如，假设｛2，1，4｝的质量小于1900，而｛2，1，4，5｝的质量大于2100，则说明这个编码对应的分布方案是不可行的，它的配载指标可以设为一个极大的值。

C 适应度

遗传算法用适应度来评价一个解的优劣。本节中我们以分布方案的配载指标作为解的适应度，配载指标越小，则在满足堆放规则的条件下仓容利用率越大，该分布方案也就越优。实际上，原问题也就转换成了一个TSP问题：一个解的编码就相当于n个城市之间的一条遍历路径，配载指标相当于路径长度，通过改变编码的顺序来求一个最短路径，即配载指标最小的分布方案。

D 遗传算子

（1）选择算子。采用轮盘赌选择算子和稳定态遗传算法，既能保证较优的个体遗传到下一代，又能保证有较高的全局收敛性。

轮盘赌选择算子（roulette wheel selector）的基本思想是给较优的个体赋予较大的选择概率，再计算累积概率。按均匀分布产生一个0~1之间的随机数，根据它落入的累积概率区间来确定要选择的个体。稳定态遗传算法（steady-state genetic algorithm）是从原有的群体中用选择算子选择个体进行交配、变异得到一个临时群体，将它与原有的群体合并，从中淘汰差的个体后恢复到原有群体的规模，作为下一代群体。临时群体的大小由参数pRepl（0<pRepl<1）决定，设原有群体的规模为M，则临时群体的规模为pRepl×M。这种算法相邻的两代群体之

间会有一定的重叠，这是遗传算法收敛到全局最优解的重要条件。

（2）交叉算子。对于类似 TSP 问题的以符号编码的染色体 P，交叉方式有部分映射交叉、顺序交叉、循环交叉和边重组等。这里采用边重组方式。

（3）变异算子。采用的变异算子是以较小的概率 p_m 交换染色体 P 中基因的顺序。

E　终止准则

进化 T 代后停止计算，输出最好的解作为求得的最优解。

F　计算过程

（1）初始化。置进化代数 $t=0$，最大进化代数为 T，随机生成 M 个个体作为初始种群 POP(0)。

（2）进化。对 POP(t) 运用选择算子、交叉算子和变异算子生成 pRepl×M 个个体，组成临时种群 tmpPOP(t)；将 POP(t) 与 tmpPOP(t) 合并，从中淘汰掉差的个体，使种群规模恢复到 M，得到下一代种群；t：$=t+1$。

（3）终止准则判断。如果 $t<T$，则转到步骤（2）；否则输出 POP(t) 中最优的解，结束。

7.2.3　算例验证

下面以实际数据来验证算法的有效性，见表 7.2~表 7.5。

表 7.2　货物信息

序号	关单号	品号	件数	毛重	序号	关单号	品号	件数	毛重	序号	关单号	品名	件数	毛重
1	G001	冷轧卷	2	18.33	12	G0012	热锌卷	33	437.38	23	G0023	立式卷	22	188.35
2	G002	冷轧卷	5	56.38	13	G0013	电锌卷	15	184.2	24	G0024	镀锡板	275	419.925
3	G003	冷轧卷	46	550.04	14	G0014	电锌卷	8	91.4	25	G0025	立式卷	27	256.26
4	G004	冷轧卷	7	72.88	15	G0015	电锌卷	24	221.205	26	G0026	酸洗卷	30	498.68
5	G005	冷轧卷	57	609.99	16	G0016	电锌卷	16	172.91	27	G0027	酸洗卷	57	598.38
6	G006	冷轧卷	18	156.715	17	G0017	电工卷	39	284.908	28	G0028	酸洗卷	12	105.13
7	G007	冷轧卷	20	244.78	18	G0018	电工卷	46	326.92	29	G0029	酸洗卷	98	1008.83
8	G008	冷轧卷	16	173.46	19	G0019	电工卷	15	106.828	30	G0030	酸洗卷	41	436.53
9	G009	冷轧卷	60	705.69	20	G0020	电工卷	28	216.516	31	G0031	酸洗卷	14	259.9
10	G0010	冷轧卷	5	55.8	21	G0021	立式卷	18	1153.61	32	G0032	酸洗卷	47	440.2
11	G0011	热锌卷	41	516.63	22	G0022	立式卷	57	504.72	33	G0033	酸洗卷	8	72.35

表 7.3 船方信息

区域号	舱号	开始位置	结束位置	允许质量
1	2	0.00	15.00	3800.00
2	3	9.00	18.00	2500.00
3	4	0.00	18.00	4000.00

表 7.4 计算结果：关单分布

区域号	实际载重	实际长度	所摆放货物的序号
1	3759	12.44	1，4，6，7，8，13，17，24，25，26，29，32
2	2449	9.2	3，9，12，16，19，20，31
3	3937	14.66	2，5，10，11，14，15，18，21，22，23，27，28，30，33

表 7.5 计算结果：货物具体摆放（部分）

区域号：1 排号：3 总层数：3 总件数：51 底层件数：19 排宽：24 实际排宽：23.1 填充率：0.944

层号	关单号	品名	单件质量	宽度	件数	层号	关单号	品名	单件质量	宽度	件数
1	G008	冷轧卷	10304.00	1500	1	2	G007	冷轧卷	9387.50	1300	2
1	G029	酸洗卷	10630.00	1500	1	2	G008	冷轧卷	10304.00	1500	3
1	G029	酸洗卷	10920.00	1250	3	2	G017	电工卷	7889.33	1250	2
1	G032	酸洗卷	10230.00	1408	1	2	G008	冷轧卷	10325.00	1270	1
1	G032	酸洗卷	10645.00	1408	2	2	G008	冷轧卷	10390.00	1270	2
1	G029	酸洗卷	10569.00	1500	10	2	G008	冷轧卷	9705.00	1270	1
1	G029	酸洗卷	10870.00	1500	1	3	G017	电工卷	7889.33	1250	2
2	G006	冷轧卷	9123.33	1250	3	3	G017	电工卷	7054.56	1250	11
2	G008	冷轧卷	10100.00	1500	1	3	G017	电工卷	7898.00	1250	1
2	G008	冷轧卷	10161.67	1500	3						

表 7.2 给出了货物信息，共 33 个关单，有卷、立式卷和板 3 个种类，卷又包括多个品种。表中给出了每个关单的件数和质量，每件货物的具体质量和尺寸。表 7.3 是船方信息，船方为这批货物提供了 3 个区域，分别在 2、3、4 舱，开始位置和结束位置指沿纵轴各个区域在船舱中的起止位置。表 7.4 和表 7.5 为计算结果。表 7.4 给出了关单分布情况和各区域装载质量、占用仓容长度；表 7.5 给出其中一排货物的具体摆放方法，这排货物位于区域 1 的第 3 排，沿横轴船舱宽度为 24m，货物实际摆放的宽度为 23.1m，可摆放 19+18+17=54 件，实际摆放 51 件。可以看出，摆放方式是满足堆装规则的，如层次要求、上重下轻、上大下小等。

7.3　带时间窗的泊位配置问题算法设计

7.3.1　问题描述

泊位配置问题实际上就是确定到港船舶的停靠位置和开始作业时间，简而言之，泊位配置问题就是对来港停靠的船舶分配合理的停靠泊位，在一定时间内使得所有的来港船舶总的在港时间最短，尤其是在码头长度无法变化时，缩短船舶的等待时间，及时安排船舶挂靠，及时被服务、及时离港，以提高港口营运效率，从而吸引更多的船舶挂靠，给船舶和港口双方都带来益处。

如图 7.2 所示，用长方形代替船舶，长方形的长表示船舶在港时间，长方形的宽表示船长，长方形的前沿表示处理的开始时间，长方形的后沿表示处理的终止时间，也是离港时间。码头用一个大的几何矩形表示，矩形长表示时间，矩形高表示码头长。在模型中涉及的几个时间参数是：船舶的到港时间，船舶开始被服务时间和船舶离港时间。

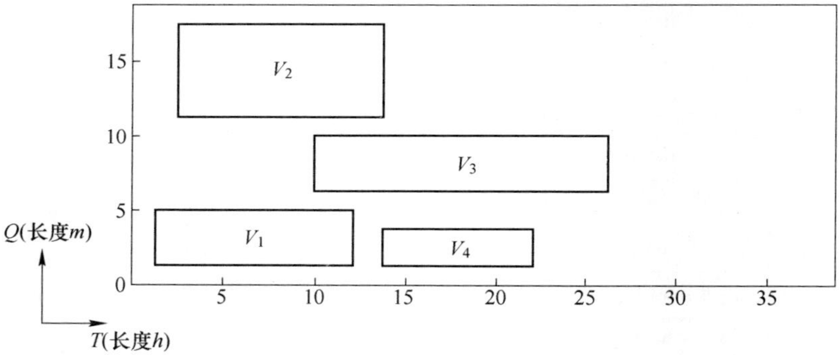

图 7.2　泊位配置示意图

研究泊位配置问题的时候，主要研究集装箱船舶到达后在锚地候泊，如果在船舶到达时，恰好有满足停泊条件的空闲泊位，则进入泊位，靠岸后开始集装箱的装卸作业；如果，船舶到达港口没有合适的泊位时，则等待直到有泊位停泊，其作业流程图如图 7.3 所示。

7.3.2　变量描述

为了便于建立数学模型引入以下记号：

V—— 船集，$i = 1，2，\cdots，V$。

A_i——船 i 的规定到港时刻。

LE_i——船 i 的规定离港时刻。

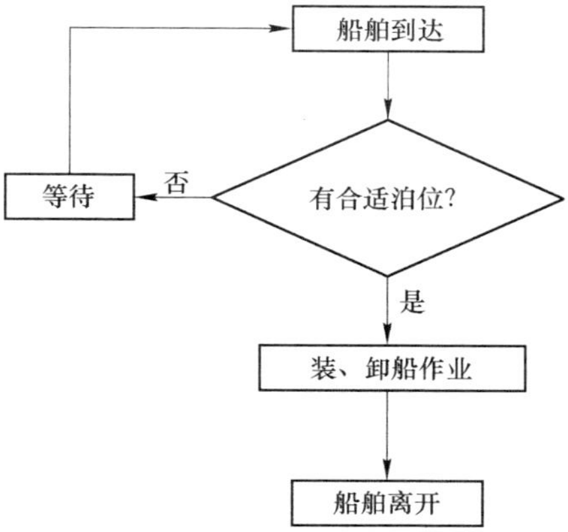

图 7.3　码头泊位作业流程图

L_i——船 i 的长，其中包括船端距离。

Q——码头长。

t_i^B——船 i 的开始处理时刻。

C_i——船 i 的处理时间段，当到港船舶不等待时，$C_i = LE_i - A_i$。

$t_i^F = t_i^B + C_i$，为船 i 的整个处理时刻，也是船 i 的实际离港时刻；t_i^B、t_i^F 为整型变数；$t_i^B - A_i$ 为船 i 的等待时间。

7.3.3　建立问题的数学模型

本节考虑在固定一段时间内，在固定长度的码头当待停泊船舶条数固定时使总在港时间最短。即只要泊位空闲可以同时处理多条船。当时间不重叠时，同一泊位位置也能处理多条船。要实现的目标是所有在港船舶的总在港时间最短。即在泊位资源有限的情况下，尽可能快的使船舶靠港，减少等待时间，缩短船舶在码头的停滞时间。因为在现实应用中，码头根据通过能力分为不同的泊位，所以这里研究在对应的泊位上使得到港船舶总在港时间最短。把图 7.2 等效成图 7.4 所示更加直观。

本节数学模型的建立基于以下假设条件：

（1）每条船必须且仅服务一次；

（2）船只有在到达后被服务；

（3）泊位水深不小于船的吃水深；

（4）同一位置同一时间只能停泊一条船；

（5）船间距考虑在船长中，船端距离为常数 C_0；

（6）有足够的人力和物力同时处理多条船。

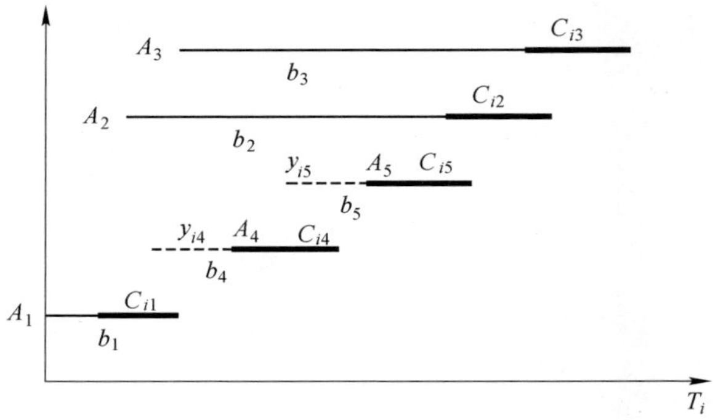

图 7.4　泊位 i 上的船舶靠泊情况

现在假定某个指定泊位上船舶的靠泊情况如图 7.4 所示，其中横坐标表示时间，包括泊位 n 上每条船的规定到港时间 A_i，每条船在具体泊位上的服务时间 C_i，每条船的离港时间等，沿着纵坐标的线分别代表船舶被服务。A_1，A_2，…，A_5分别表示五艘船 ship 1 至 ship 5 的到港时间。b_1，b_2，…，b_5分别表示五艘船的开始服务时间。每条船在某个泊位上的服务时间 C_i。上图中细黑线表示的是船舶在等待服务，粗黑线表示的是船舶被服务，虚线表示的是泊位处于空闲状态，即在这段时间内没有船舶被服务。在图 7.4 中，ship1 在泊位开始空闲时刻 T_1之前到港，被第一个服务，ship2 和 ship3 被第四和第五个服务，对于 ship4 和 ship5 来说，它们到港的时候泊位是空闲的，因此它们在到港的时刻就开始服务。

每条船的在港时间可以表示为：开始被服务时刻-船舶到达时刻+处理时间段。即

$$t_i^B - A_i + C_i,\ \forall i \in V$$

由于泊位资源的问题，可能到达的船舶不能及时停泊，需要泊位等待，这样，就会使船舶不能按时离港，这样会给船方和港口都带来经济损失，对于不同的船舶损失程度是不一样的，这里针对第 i 条船，假设损失系数为 λ_i，损失与晚离港时间长度成正比，折合为占用在港时间：即

$$\lambda_i \times (t_i^F - LE_i) \times y_i \times x_i,\ \forall i \in V$$

那么所有在港船舶的总在港时间最短，即优化目标为：

$$\text{Minimize}Z = \sum_{i \in V} (t_i^B - A_i + C_i) \times x_i + \sum_{i \in V} \lambda_i \times (t_i^F - LE_i) \times y_i \times x_i$$

式中，V 为到港船舶集，总数为 $N(i=1, 2, \cdots, N)$；λ_i 为船舶 i 延迟的惩罚系数；$x_i = \begin{cases} 1, & \text{船舶 } i \text{ 被服务} \\ 0, & \text{船舶 } i \text{ 没被服务} \end{cases}$；$y_i = \begin{cases} 1, & \text{船舶 } i \text{ 没有在规定的时间内离港} \\ 0, & \text{船舶 } i \text{ 在规定的时间内离港} \end{cases}$。

7.3.4 约束函数的建立

（1）每条船必须被服务，且仅被服务一次：

$$x_i = 1, \quad \forall i \in V$$

（2）所有被服务的船总和等于到港船舶总数：

$$\sum_{i \in V} x_i = V$$

（3）每条船必须在到港后才能被服务：

$$t_i^B - A_i \geqslant 0, \quad i \in V$$

（4）船长不超过空闲泊位长；即同一时刻 t_i，两个相邻停泊的船舶 i、j，如图 7.4 所示，当 V_1、V_2还没离港，V_3已经到达时，两船舶停泊位置不能重叠。即当前面船舶还没离港，后面船舶已经到达，在选择停泊位置时，一定满足相邻船舶 i、j 位置上在相同时刻 t 不重叠。

$$p_{i,\ t_i} + L_i \leqslant p_{j,\ t_i}, \quad i, \ j \in V, \ i \neq j$$

7.3.5 求解带时间窗的泊位配置问题的蚁群优化算法设计

由于每条船舶都有自己的到港时间和离港时间限制，因此可以看成是带时间窗的泊位问题。根据实际问题对时间窗做如下定义：时间窗是一个时间段（A_i，LE_i），是由每只船舶的规定到港时间 A_i和离港时间 LE_i确定一个服务时间界限。时间窗有单边和双边之分，单边时间窗分为两种：一种是开始服务时间有限制，另一种是终止服务时间有限制；双边时间窗是指开始服务时间和终止服务时间都有限制，服务必须在允许范围内进行。此外，根据决策者在对客户满意和成本两者权衡时偏好，时间窗问题还可分为硬时间窗（hard time windows，HTW）和软时间窗（soft time windows，STW）两种情况。硬时间窗是指船舶在允许服务的时间内被服务不能出现延误的现象，软时间窗是指放松对时间窗的约束，船舶尽量在允许服务时间内被服务，不过可以适当程度上出现延误。

本节研究的是软时间窗问题，允许出现延误，但要受到惩罚。即假设有 N 个等待服务的船舶，已知：

（1）每条船舶的长度；

（2）每条船舶的允许服务时间（船舶规定到港时刻和规定离港时刻），即船舶必须在船舶规定到港时刻和规定离港时刻之间被服务，否则被惩罚。

问题：设计蚁群算法，求出所有在港船舶的总在港时间最短。

蚁群算法是逐步构造路径的，而且蚂蚁群体的寻路活动跟寻找泊位位置比较相似，只是多了时间限制，本节将把泊位配置的约束和优化目标反映在蚂蚁寻找位置的相应环节，通过蚂蚁寻找的过程来优化泊位配置问题。

7.3.5.1　蚂蚁种群的确定

蚂蚁数量的多少对于构建信息素轨迹很重要。因此，提出确定蚂蚁种群规模的方法。即随着到港船舶 n 越来越大，蚂蚁种群数 m 就越大，可以保证得到稳定的信息素轨迹，同时避免陷入局部最优解，但是如果蚂蚁数量太大，会影响计算速度，所以当 n 增大到一定程度时，m 不再增大，即种群大小有上限。

7.3.5.2　选择概率

蚁群算法是通过选择概率来指导搜索构成的，它体现在蚂蚁对解的质量的理解，即目标函数。我们知道，由于船舶的处理时间是确定的，所以带时间窗的泊位配置问题主要是对两个目标进行优化：船舶在港时间、在港时间包括等待时间和延误时间，而等待时间又直接影响延误时间。选择概率形式为：

$$p_{ij}^{k}(t)=\begin{cases}\dfrac{\tau_{ij}^{\alpha}(t)\eta_{ij}^{\beta}(t)}{\sum\limits_{s\in allowed_k}\tau_{is}^{\alpha}(t)\eta_{is}^{\beta}(t)}, & j\in allowed_k\\ 0, & others\end{cases}$$

式中，$\tau_{ij}(t)$ 为路段上的信息素量，体现了蚂蚁对全局解的综合考虑；$\eta_{ij}(t)$ 为下一路段的可期望性，是局部信息，体现了蚂蚁的局部搜索规则。

所谓可期望性是指当前的路径对总体解质量可能的贡献。可期望性要能反映全局目标函数。因此，本问题中总在港时间、等待时间和延误时间要在选择概率中有所体现。虽然对于运输公司来讲，等待时间和延误时间是不利的，但是效果是不一样的，因为如果到港船舶在规定在港时间段内等待，不会带来额外的延误惩罚；而延误时间会带来额外的惩罚，这个惩罚用时间来表示，为了区别于在港时间，本节赋予权值，这可以提高算法质量。

本节虽然也考虑位置问题，但优化目标是时间问题，所以把信息素强度放在被服务的船舶上，即在 t 时刻第 k 只蚂蚁在船舶 i 上的释放的信息素为 $\tau_i^k(t)$，下一节点的可能期望性为 $\eta_{ij}(t)$（也称为能见度），包括船舶的在港时间和等待时间，尤其是等待时间会造成船舶离港延误，延误时间等于等待时间，所以第 k 只蚂蚁在从 i 船向 j 船转移的概率 $p_{ij}^k(t)$ 采用以下形式：

$$p_{ij}^{k}(t)=\frac{\tau_{j}^{\alpha}(t)\times\lambda_{j}^{\gamma}\times(wt)_{j}^{\beta}}{\sum\limits_{r\in allowed_{ki}}\tau_{r}^{\alpha}(t)\times\lambda_{r}^{\gamma}\times(wt)_{r}^{\beta}},\ j\in allowed_{ki}\qquad(7.1)$$

$allowed_{ki}$为能满足约束条件限制，而在被服务船舶 i 后面可以被服务的船舶集合；式（7.1）表明转移概率与信息素、惩罚系数、等待时间的乘积成正比。当信息素一定时，在有空闲泊位的前提下，越早到达的船舶越先被服务；当没有空闲泊位时，惩罚系数和等待时间共同起作用，不能单独考虑到达时间，而是综合考虑这个时间段内等待时间的长短。

wt_j为待服务船舶 j 的服务等待时间段：

$$wt_j = t_j^B - A_j$$

dt_j为待服务船舶的服务延误时间段：

$$dt_j = t_j^F - LE_j$$

分析可知 $wt_j = dt_j$。

α，β，γ 的相对大小决定了蚂蚁对信息素轨迹和局部停泊船舶质量的取向偏好程度。

7.3.5.3 信息素更新

当所有蚂蚁完成一次所有到港船舶泊位配置搜索后，进行信息素轨迹的更新。像目前大多数蚂蚁算法应用一样，本节没有设置局部更新，只进行全局更新，即当一次搜索完成后再进行信息素的更新。与大多数蚁群算法不同，本节在研究泊位配置问题时，把信息素放在船舶上。

设 $\tau_j(t)$ 为船舶 j 在 t 次迭代后的信息素浓度，其中 $j \in V$，$j = 1, 2, \cdots, N$。在本节算法中信息素更新发生在每次循环结束后，信息素的更新规则：

$$\tau_j(t+1) = \rho \times \tau_j(t) + \Delta\tau_j(t, t+1) \tag{7.2}$$

$$\Delta\tau_j(t, t+1) = \sum_{k=1}^{m} \Delta\tau_j^k(t, t+1)$$

$$\Delta\tau_j^k(t, t+1) = \begin{cases} \dfrac{Q}{f^k(t+1)}, & \text{第 } k \text{ 只蚂蚁在第 } t+1 \text{ 次迭代中给船舶 } j \text{ 配置泊位} \\ 0, & \text{否则} \end{cases} \tag{7.3}$$

式中，$\Delta\tau_j^k(t, t+1)$ 为第 k 只蚂蚁在（t，t+1）留在船舶 j 上的信息素量，即在第 t+1 次迭代中留在船舶 j 上的信息素量，即每次迭代完成后留在船舶 j 上的信息素；$f^k(t+1)$ 为蚂蚁 k 在第 t+1 次迭代搜索到的目标函数值；$1-\rho$ 为信息素的挥发系数，通常设 $\rho<1$ 来避免船舶上信息量的无限增加。就是防止蚂蚁在以后的搜索中越来越快地集中到同一搜索路径上，陷入局部最优。

由式（7.3）可以看出，信息素增量与蚂蚁搜索到的目标函数值成反比，即目标函数值越小，信息素更新越大，因为目标函数值越小则船舶的在港时间和延误时间就越小，下一次迭代搜索时蚂蚁更容易选择这种泊位配置方式给到港船舶分配泊位。

7.3.6 蚁群优化算法流程

根据具体问题，设计蚁群算法流程如下：

（1）把第一条到达的船舶作为搜索的起点，在起点上产生一定规模的蚂蚁群体；

（2）初始化信息素、初始化全局的可访问节点列表 List；

（3）每只蚂蚁选择下一节点时首先从 List 中读取时间窗较早的一组点作为待选节点；

（4）根据式（7.1）计算各待选节点的访问概率，按照这个概率分布选择一个节点为下一访问节点；

（5）判断是否所有的在港船舶全部被访问，如果是则转到（6），否则转到（4）；

（6）完成一次循环，记录该次循环后的目标函数值；

（7）判断循环是否达到循环终止条件，如果是，则转到（9），否则转到（8）；

（8）按照式（7.2）进行信息素全局更新，然后转到（3）；

（9）结束搜索，得到最优解。

算法的流程如图 7.5 所示。

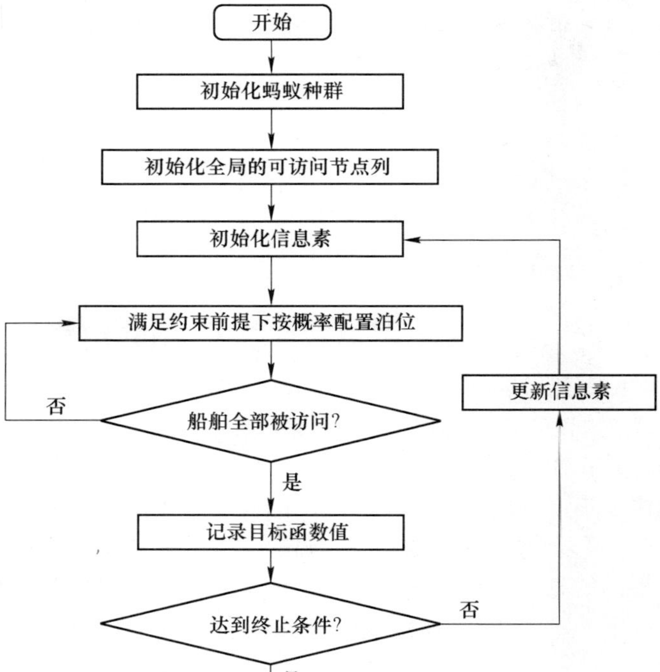

图 7.5　蚁群算法流程图

7.3.7 实例仿真

针对某港区船舶到达泊位情况进行举例验证。根据假设船长与泊位的通过能力成正比，找到 2006 年 8 月 16 日至 19 日的靠、离港船舶情况，在 22 号 A、B 泊位上分别停泊，由于通过能力、吊桥等资源的限制，在这个泊位上同一时间只能处理一艘船，船舶的到港、离港时间、船舶长度等见表 7.6。

表 7.6 船舶到港数据

船舶编号	船名	船舶到港时间	船舶离港时间	船长/m
1	新锦发	2006-8-16 13：45	2006-8-18 5：00	85
2	银河 1 号	2006-8-17 20：00	2008-6-19 14：00	77.7
3	珍珠船长	2006-8-17 9：00	2006-8-19 6：00	61.84
4	海润	2006-8-17 20：00	2006-8-18 18：00	81
5	津洋 8	2006-8-18 8：00	2008-8-18 20：00	63
6	宝宏 1	2008-8-17 17：00	2008-8-17 23：00	87
7	锦乐 166	2008-8-17 4：20	2008-8-17 15：00	90
8	金舵手 6	2006-8-17 10：00	2008-8-18 5：00	77.5

根据泊位的通过能力知道 22 号 A 泊位上只能处理船长 $L_i \leqslant 80\text{m}$ 的到港船舶，22 号 B 泊位上只能处理船长 $80\text{m} < L_i \leqslant 95\text{m}$ 的到港船舶。因此可知船舶 2、3、5、8 在 22 号 A 泊位上被服务，船舶 1、4、6、7 在 22 号 B 泊位上被服务。

如果根据船舶的到港时间早晚来停泊，在 22 号 A 泊位上，到港顺序为船舶 3、8、2、5，为计算方便，把时间对应成分钟，如 16 日 13：45 对应成 16×1440+13×60+45，根据船舶在港时间 $t_i^B - A_i + C_i$ 可以得出：

船舶 3 的在港时间为：

$$t_3^B - A_3 + C_3 = 25050 - 25050 + 2689 = 2689(\text{min})$$

船舶 8 的在港时间为：

$$t_3^F - A_8 + C_8 = 25050 + 2689 - 25050 + 1158 - 25050 = 6506(\text{min})$$

船舶 2 的在港时间为；

$$t_8^F - A_2 + C_2 = 31556 - 25680 + 2539 - 25050 = 14921(\text{min})$$

船舶 5 的在港时间为：

$$t_2^F - A_5 + C_5 = 39971 - 26400 + 618 - 25050 = 29110(\text{min})$$

所以在 22 号 A 泊位上的 4 条船按照先到先服务的原则需要 29110min。再加上因为等待造成的船舶 8、2、5 的惩罚时间分别为 49min、1358min、12096min，最后船舶的总在港时间为 42613min。

同样算法在 22 号 B 泊位上到港顺序为 1、7、6、4，按照先到先服务的原则各自服务完的时间为 2373min、4528min、7798min、15119min，4 条船需要 15119min，再加上因为等待造成的船舶 4、6、7 的惩罚时间分别为 683.8min、2204.8min、2907.7min，最后船舶的总在港时间为 20915min。

根据本节提出的蚁群算法，根据不同的进化代数，得到的泊位分配方案也不同，程序运行结果表明，当迭代到 15 次后，结果差异已经很小，可以选择进化 15 代得到优化泊位配置方案。其中蚁群算法中的参数：$\alpha=0.8$，$\beta=2$，种群 $m=4$，迭代次数 $n=15$。实验结果比较见表 7.7。

表 7.7　实验结果比较

泊位	蚁群算法		先到先服务		时间差
	泊位配置方案	船舶在港总时间/min	泊位配置方案	船舶在港总时间/min	
22 号 A	5　2　8　3	15069	3　8　2　5	42613	27544
22 号 B	1　6　4　7	15347	1　7　6　4	20915	5568

参考文献

[1] 邢文训，谢金星．现代优化计算方法 [M]．2 版．北京：清华大学出版社，2005.

[2] 张辉．基于蚁群算法的港口物流问题的研究 [D]．鞍山：辽宁科技大学，2008.

[3] 张良欣，徐岩山，周君．水路输送船舶选优的一种改进遗传算法 [J]．交通与计算机，2005，23 (3)：49~51.

[4] 李虎，霍佳震，陈瑶．一种求解船舶配载问题的混合遗传算法 [J]．工业工程与管理，2006，(3)：27~31.

8　公路运输组织中典型问题算法设计

8.1　单车场非满载车辆调度问题算法设计

某配送中心对一定地域范围内的客户进行物流配送服务，该配送中心有 m 辆车可供使用，车辆的额定载重量为 q，每天配送中心根据客户需求向一些货物需求点执行配送任务，各需求点所需货物量 $g_i(i=1，2，\cdots，n)$ 已知，且 $g_i \leqslant q$ $(i=1，2，\cdots，n)$，各需求点距离配送中心以及各需求点间的距离为 d_{ij}。已知，配送中心的货物量都能满足客户的需求，且配送中心通过自有或租用或与运输公司合作的方式有足够的运力可供调配，每辆配送车辆的一次载重量不能超过其额定载重量，为了提高车辆的利用率，在此情况下如何调度使在完成配送任务的同时，总的运行费用最小。

研究此类物流配送车辆优化调度问题，有以下几个前提条件：

（1）只有一个配送中心经营；

（2）被配送的是可混装的物资；

（3）配送中心以及各客户的所在地已知；

（4）各任务点的需求量已知；

（5）配送中心的车型即载重量已知；

（6）配送中心有足够的资源以供配送，并且拥有足够的运输能力。

最优配送方案必须符合下列基本约束条件：

（1）必须满足所有用户对车场品种和数量的要求；

（2）每一辆配送车辆的载重量有一定的限制，不允许超载行驶。

8.1.1　问题模型的建立

为构造数学模型，将配送中心编号为 0，任务点编号为 1，2，…，n。任务点及配送中心均以点 i（$i=1，2，\cdots，n$）表示，设 c_{ij}为从任务点 i 到任务点 j 的运输成本，又称为成本系数，通常用任务点 i 与任务点 j 之间的距离表示，目标为使车辆的总运行距离最短。c_{ij}可以用两点之间直线的距离表示。

定义变量如下：

$$y_{ki}=\begin{cases}1，\text{点 } i \text{ 的任务由车辆 } k \text{ 完成}\\0，\text{否则}\end{cases}$$

$$x_{ijk}=\begin{cases}1,\ 车辆从\ i\ 行驶到点\ j\\0,\ 否则\end{cases}$$

则可得到单车场非满载物流配送车辆优化调度问题的模型如下：

目标函数

$$\min z=\sum_{i=0}^{n}\sum_{j=0}^{n}\sum_{k=1}^{m}c_{ij}x_{ijk}+M_1\sum_{k=1}^{m}\max\left(\sum_{i=1}^{n}q_iy_{ki}-Q_k,\ 0\right) \tag{8.1}$$

约束条件

$$\sum_{i=1}^{n}g_iy_{ki}\leqslant q,\quad \forall k \tag{8.2}$$

$$\sum_{i=1}^{n}y_{ki}=1 \tag{8.3}$$

$$\sum_{i=0}^{n}x_{ijk}=y_{ki},\quad \forall k \tag{8.4}$$

$$\sum_{j=0}^{n}x_{ijk}=y_{kj},\quad \forall k \tag{8.5}$$

$$x_{ijk}=0\ 或\ 1,\quad i,\ j=0,\ 1,\ 2,\ \cdots,\ n \tag{8.6}$$

$$y_{ki}=0\ 或\ 1,\ i=0,\ 1,\ 2,\ \cdots,\ n;\ \forall k \tag{8.7}$$

在模型中：

式（8.1）为目标函数，即是在尽量满足非满载的前提下最小化车辆行驶距离，对于 $M_1\sum_{k=1}^{m}\max(\sum_{i=1}^{n}q_iy_{ki}-Q_k,\ 0)$ 表示违反车辆运载能力约束而处以的惩罚值，违反时取值为 1，不违反取值为 0。为了严格满足车辆运载能力约束，不超载，$M_1\to\infty$，但是考虑到计算机计算能力 M_1 取一个适当大的正数。

式（8.2）为车辆的能力约束，即每辆配送车所访问的全部客户的需求量不能超过车辆本身的额定载重量；

式（8.3）为每一任务必须而且只能由一辆车辆完成的唯一性约束；

式（8.4）表示某一车辆最多只能从某一任务点发出一次；

式（8.5）表示某一车辆最多只能到达某一任务点一次；

式（8.6）为整数约束；

式（8.7）为整数约束。

将单车场非满载车辆优化调度问题采用二阶段法的思想，分为车辆分配和路线安排这两个相互关联的子问题。这里根据每项任务的需求量 g_i，总任务量以及每辆车的最大载重量 q，确定至少需要 m 辆车来完成任务；采取先分配后求解的方法。采用启发式算法中的扫描法将 n 个配送点的任务分配给 m 辆车，每辆车的任务不超过其最大载重量 q，可以分成 N 组；对于每一组，每一辆车的任务应用遗传算法来优化排序，这里相当于用遗传算法求解无约束的旅行商问题（TSP）。最后计算每组所有车辆的总里程，其中总里程最小的组即为所求任务安排。

8.1.2 遗传算法设计

8.1.2.1 编码

在遗传算法中，染色体通常采用简单的二进制串编码，但这种简单的编码方式不能较好的适用于 TSP 和其他组合优化问题。TSP 常用的编码方式主要有二进制编码、随机编码和序编码等。

A 二进制编码

二进制编码方法是遗传算法中最常用的一种编码方法，它使用的编码符号集是由二进制符号。0 和 1 所组成的二值符号集 {0，1}，它所构成的个体基因型是一个二进制编码符号串。二进制编码符号串的长度与问题所要求的求解精度有关。若用 10 位长的二进制编码来表示该变量的话，则下述符号串：

$$X: 0010101111$$

就可以表示一个个体，它所对应的参数值是 $x=175$。

B 随机键编码

随机键编码首先是由 Bean 提出的。这种表达方法是将解表达为一串（0，1）间的随机数，这些随机数用作解码的关键。例如，一个 9 个城市问题的一条染色体为：

$$[0.23, 0.82, 0.45, 0.74, 0.87, 0.11, 0.56, 0.69, 0.78]$$

其中，编码中位置 i 代表城市 i，位置 i 的随机数表示城市 i 在 TSP 巡回中的顺序。将这些随机数按升序排列，得到如下巡回：

$$6\to1\to3\to7\to8\to4\to9\to2\to5$$

随机编码消除了解的表达中的不可行性。这种表达方法可用于各种顺序优化问题，包括机器调度、车辆路线、资源分配和二次指派问题等。

C 序编码

序编码是 TSP 问题的最自然的表达，其中城市是按访问的顺序排列的。例如，对于 9 个城市的 TSP：3-2-5-4-7-1-6-9-8 可简单表示为向量 [3 2 5 4 7 1 6 9 8]，表示从城市 3 出发依次经过城市 2，5，4，7，1，6，9，8，然后返回城市 3 的一条路径。序表达方式满足完全无向图 TSP 问题的约束条件。保证了每个城市经过且只经过一次，并且保证在任何一个城市子集中不形成回路。

8.1.2.2 初始种群和适应度函数

遗传算法是对种群进行的进化操作，需要给其准备一些表示起始点的初始种群数据，一般给定种群规模 N，然后随机产生 N 个个体组成初始群。当 N 取值较小时，可提高运算速度，但却降低了种群的多样性，容易引起早熟（即出现假收敛）；而当 N 取值较大时，又会使算法的效率降低。

适应度（fitness）是生物学家在研究自然界中生物的遗传与进化现象时用以度量某个物种对其生存环境的适应程度的量。在遗传算法中适应度用来度量个体为全局最优解的可接受程度，它是模拟进化算法评价和选择个体的度量依据。适应度的取值与适应度函数成正比。适应度函数的确定通常反映应用者对个体的评价标准和搜索机理。对 TSP 一般地将目标函数通过变换 $f_k = b(z'/z_k)$ 转化为适应度函数。此处 f 为染色体 u_k 的适应度，b 为一常数，z' 为初始群体中最好染色体的运输成本，z_k 为染色体 u_k 对应的运输成本。适应度函数的选择一般与目标函数相关联。

8.1.2.3　遗传算子

A　选择算子

选择算子是决定父代种群中哪些个体，以及能以多大可能性被挑选来复制或遗传到下一代的进化操作。它模拟的是“优胜劣汰、适者生存”的自然进化原理。选择算子以对个体的适应度评价为基础，其主要作用是对搜索提供导向：挑选最优秀个体，使算法避免无效搜索且能快速搜索到问题的最优解。目前已经发展出各种各样的选择算子。这里采用了最佳保留的轮盘赌复制法进行染色体的复制，具体过程如下：

（1）对各个染色体 u_k，计算适应值 f_k；

（2）计算种群中 n 个染色体适应值的和：

$$F = \sum_{k=1}^{n} f_k$$

（3）对各染色体，计算选择概率：

$$p_k = f_k / F, \quad k = 1, 2, \cdots, n$$

（4）对各个染色体，计算适应值：

$$q_k = \sum_{j=1}^{k} p_j, \quad k = 1, 2, \cdots, n$$

复制过程类似旋转转轮 n 次，每次按如下方式选出一个染色体来构造新的种群，具体过程为：在［0，1］区间内产生一个伪随机数 r，若 $r \leqslant q$，则选择第一个染色体；否则选择第 k 个染色体 u_k（$k=1, 2, \cdots, n$），使得 $q_{k-1}<r<q_k$ 成立。此方法运用对轮盘射飞镖的观念，通常轮盘上的标的物如果越大则其被射中的机会也就越大，轮盘就好比整个染色体群的适应值的总和，此轮盘上的标的物就是染色体，当染色体的适应值较大时其在适应度的总和中所占的比例越大，那么它

在轮盘上占的范围越大，则被选中的机会也大。

B 交叉算子

交叉算子是模拟有性繁殖的基因重组操作，它对从种群中所选择的每一对母体以交叉概率 p_c 交换它们的部分基因。因此，在遗传算法中，交叉被认为是主要的搜索算子。目前已有多种交叉算子，如部分匹配交叉（partially matched crossover，PMX）算子、顺序交叉（ordered crossover，OX）算子、循环交叉（cycle crossover，CX）算子。下面主要介绍 PMX 算子。

PMX 操作要求随机选取两个交叉点，以便确定一个匹配段，根据两个父个体中两个交叉点之间的中间段给出映射关系生成两个子个体，它主要用于染色体编码中不允许重复基因码的场合。例如，对下面两个父个体，随机的选择两个交叉点用“｜”表示：

$P1$：(8 9 6 ｜ 2 3 7 5 ｜ 4 1)

$P2$：(4 5 2 ｜ 1 8 7 6 ｜ 9 3)

首先，两个交叉点之间的中间段交换，得到：

$q1$：(* * * ｜ 1 8 7 6 ｜ * * *)

$q2$：(* * * ｜ 2 3 7 5 ｜ * * *)

其中 * 表示暂未定义码，得到中间段的映射关系：

1—2 8—3 7—7 6—5

然后，对子个体 1、2 中 * 部分，分别保留从其父个体中继承未选定码 9 和 4，得到：

$q1$：(* 9 * ｜ 1 8 7 6 ｜ 4 * *)

$q2$：(4 * * ｜ 2 3 7 5 ｜ 9 * *)

最后，根据中间段的映射关系，对于上面子个体 1 的第一个 *，使用最初父码 8，将 8 与 3 交换得到第一个 * 为 3，类似地，子个体 1 的第二个 *，使用最初父码 6，将 6 与 5 交换得到子个体 1 的第二个 * 为 5。如果映射关系中存在传递关系，即被选交换有多个码，则选择此前未确定的一个码作为交换。依次类推，最终得到的个体为：

$q1$：(3 9 5 ｜ 1 8 7 6 ｜ 4 2)

$q2$：(4 6 1 ｜ 2 3 7 5 ｜ 9 8)

C 变异算子

变异算子是模拟基因突变的遗传操作，它对从种群中的每一个个体以变异概率 p_m 改变某一个或某一些基因座上的基因值为其等位基因。目前已有多种变异算子，如 2-opt 变异算子、倒位变异算子、启发式变异算子等。变异本身是一种局部随机搜索，与选择、交叉算子结合在一起，保证了遗传算法的有效性，使遗传算法具有局部的随机搜索能力；同时使遗传算法保持了种群的多样性，以防止出现非成熟收敛。在变异操作中，变异率取值不能太大，如果变异率大于 0.5，遗传算法就退化为随机搜索，则遗传算法的一些重要数学特征和搜索能力也就不复存在了。

8.1.2.4　参数控制

A　种群规模 N

种群规模 N 表示每一代种群中所含个体的数目。当 N 取值较小时，可提高运算速度，但却降低了种群的多样性，容易引起早熟（即出现假收敛）；而当 N 取值较大时，又会使算法的效率降低。一般建议种群规模的取值大于编码长度。

B　交叉概率 p_c

在遗传算法中，交叉被认为是主要的搜索算子，因而一般取较大的值。一般说，较大的交叉概率所容易破坏种群中已形成的优良模式，使搜索具有太大的随机性，而较小的交叉概率 n 时发现新个体（尤其是优良新个体）的速度太慢。一般建议的取值范围是 0.4～0.99。比较理想的方式是非一致的使用交叉概率：在算法前期使用较大的交叉概率 p_c，或者随着算法在运行性能的提高而逐渐增大交叉概率 p_c 的取值。

C　变异概率 p_m

较大的变异概率 p_m 是遗传算法在整个搜索空间中大步跳跃，而较小的变异概率 p_m 使遗传算法聚焦于特别区域作局部搜索。一般在不使用交叉算子的情形下，变异概率取较大值（0.4～1）；而在与交叉算子联合使用的情形，变异概率通常取较小值（0.0001～0.5）。当变异算子用作核心搜索算子时，比较理想的是自适应设置变异概率 p_m，以实现算法从“整体搜索”慢慢过渡到“局部搜索”。

D　终止进化代数 T

遗传算法不同于传统的优化算法，它很难有明确的搜索终止准则。于是通常需要指定一个终止进化代数来终止算法。一般说，事先指定终止进化代数 T 通常只能找到问题在给定时限内所能寻求的相对满意解（通常设 $T \in [100, 1000]$），但不一定是问题的最优解或较高精度的近似解。为了获得较高精度解，通常可依据种群的适应度的稳定情况来适时调整 T 的设置。到目前为止，对遗传算法的控制参数还没有成熟的原则和方法，基本上是依赖经验和对所求解问题的了解。

8.1.3　算例分析

有一个配送中心（见图 8.1），有装载 20 个单位的车辆 N 辆，有 8 个客户，其客户对于时间没有要求，客户与配送中心以及客户与客户的距离和位置已知。

要求配送中心对其送货，配送中心应该如何送货才能使其以最小车辆和费用对其车辆进行调度，从而使总运行成本最小。这里用车辆行驶距离最短来表示。客户与配送节点如图 8.1 所示。图中 0 为配送点，1~8 表示客户。

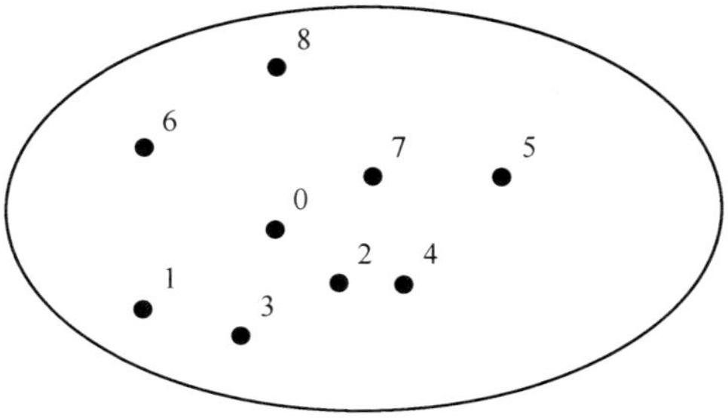

图 8.1 配送中心和需求点分布

各配送点需求货物数量见表 8.1，配送中心与客户距离以及客户与客户的距离见表 8.2。

表 8.1 客户需求量

客户	1	2	3	4	5	6	7	8
需求量	8	4	5	6	7	3	6	8

表 8.2 客户之间距离及配送中心到客户的距离

需求点	0	1	2	3	4	5	6	7	8
0	0	18	4	16	6	17	19	9	7
1		0	14	15	18	13	5	14	16
2			0	12	5	11	14	13	4
3				0	15	14	3	15	17
4					0	5	17	7	8
5						0	12	9	13
6							0	13	14
7								0	13
8									0

用扫描法来分配任务路线设计中的扫描法很简单，即使问题规模很大，也可以通过计算机计算得出结果。

扫描法的步骤如下：

(1) 在地图或方格图中确定所有站点（含配送中心）的位置。

(2) 自配送中心开始沿任一方向向外划一条直线。沿顺时针或逆时针方向旋转该直线直到与某站点相交。考虑：如果在某线路上增加该站点，是否会超过车辆的载货能力？如果没有，继续旋转直线，直到与下一个站点相交。再次计算累计货运量是否超过车辆的运载能力（先使用最大的车辆）。如果超过，就剔除最后的那个站点，并确定路线。随后，从不包含在上一条路线中的站点开始，继续旋转直线以寻找新路线。继续该过程，直到所有的站点都被安排到路线中。

已知各配送点的距离及坐标，以 0 为中心，以 0 为中心任意画一条射线，将该条射线以 0 为中心进行扫描。计算每个配送节点的极角，按极角从大到小排列，按每辆车的容量不超过最大容量 $q=20$ 来扫描，得到 8 组初始数据：｛(0 4 2 3 0 | 0 1 6 8 0 | 0 7 5 0)，(0 2 3 1 6 0 | 0 8 7 0 | 0 5 4 0)，(0 3 1 6 0 | 0 8 7 0 | 0 5 4 2 0)，(0 1 6 8 0 | 0 7 5 4 0 | 0 2 3 0)，(0 6 8 7 0 | 0 5 4 2 0 | 0 3 1 0)，(0 8 7 0 | 0 5 4 2 0 | 0 3 1 6 0)，(0 7 5 0 | 0 4 2 3 0 | 0 1 6 8 0)，(0 5 4 2 0 | 0 3 1 6 0 | 0 8 70)｝。

用遗传算法对每一组中每辆车的任务路线进行排序，相当于求解一般旅行商问题。求解步骤如下：

（1）确定染色体的编码和初始群体。采用自然数对可行线路进行编码，如长度为 $n+m+l$ 的染色体可写为：

$$(0,\ i_{11},\ i_{12},\ \dots,\ i_{1s},\ 0,\ i_{21},\ \dots,\ i_{2t},\ 0,\ \dots,\ 0,\ i_{m1},\ \dots,\ i_{mn})$$

其中，i_{kj} 表示第 i_{kj} 项任务，这样的染色体结构可理解为车辆从车场 0 出发，经过任务 i_{11}，i_{12}，…，i_{1s} 后回到车场 0，形成子路径 1；然后又从车场 0 出发，经过任务 i_{21}，…，i_{2t} 后返回车场，形成路径 2，如此反复直到所有的 m 项任务全部被完成为止。在子路径 1 内交换 i_{11} 和 i_{12} 的位置表示行走路径的改变，也使函数目标改变，这样，下面的遗传迭代可使函数目标最小，也即趋向于最佳或较佳的路径。

初始群体的产生采用随机方法，随机产生 1 个配送点的全排列，形成一条初始染色体。如此反复，直到满足群体数，群体数一般大于 20 个。

（2）确定适应度函数。车辆调度的优化目标有多种，常见的目标有总运费最小，总运输时间最短，空载车总运行时间最小，完成任务所需的车辆最小等，以总运费最小为例，一般 TSP 的目标函数为：

$$C=\min\sum_{i=1}^{n}\sum_{j=1}^{n}C_{ij}x_{ij}$$

式中，C_{ij}为源点 i 到汇点 j 点的费用；x_{ij}为 i 到 j 的车辆的数量；n 为源点与汇点的数量。

因此适用度函数可以确定为：

$$Fit(f(x))=\frac{1}{f(x)}$$

式中，$f(x)$ 为目标函数值。

(3) 处理约束。为保证车辆调度优化的正确性，约束往往必不可少，常见的约束有汇点处理能力约束，非负约束，车流连续性约束。一般采用惩罚的方法来处理约束，如果一个染色体对应的解违反了某个约束，根据其违反程度给予一定的惩罚，使其具有较小的适应度值。这样在不损失群体数目的基础上，随着迭代的进行，使不可行解的数目在群体中所占比例越来越小，可行解的数目则逐渐增加，并趋向最优解。

(4) 遗传算子。经典的遗传算子包括复制、交叉、变异。复制算子的目的是保留优良个体，避免基因缺失，提高全局收敛性和效率。目前常用的复制算子有放回式随机复制（又称轮盘赌复制）、无放回式随机复制等十几种。交叉算子的作用是组合出新的个体，在染色体空间进行有效搜索，同时降低对有效模式的破坏概率。染色体采用自然数编码时，交叉算子一般有部分匹配交叉、顺序交叉、圈交叉等。染色体采用二进制编码时，常采用的交叉算子有单点交叉和双点交叉等。对 TSP，交叉算子中采用的交叉概率一般在 0.75~0.95 之间。变异算子是为了克服基因缺失和不成熟收敛。目前常用的变异算子有常规位变异、均匀变异和非均匀变异等。变异算子的变异率一般为 0.005~0.01。

这里采用遗传算法的相关参数设置为：初始群体设为 20，交叉概率采用自适用交叉概率，变异概率为 0.09，遗传代数设为 100。

通过扫描法得到的 8 组数据，用自适应遗传算法求得如下的每辆车的最优任务路线，以及各条路线上每辆车的最短行驶距离和每辆车的载重量，见表 8.3。

表 8.3 各车的路线、行驶距离、载重量

路 线	行驶距离	载重量
(0 4 2 3 0 | 0 1 6 8 0 | 0 7 5 0)	33 / 37 / 35	15 / 19 / 13
(0 2 3 1 6 0 | 0 8 7 0 | 0 5 4 0)	42 / 29 / 28	20 / 14 / 13
(0 3 1 6 0 | 0 8 7 0 | 0 5 4 2 0)	42 / 29 / 26	16 / 14 / 17
(0 1 6 8 0 | 0 7 5 4 0 | 0 2 3 0)	37 / 29 / 32	19 / 19 / 9
(0 6 8 7 0 | 0 5 4 2 0 | 0 3 1 0)	43 / 26 / 49	17 / 17 / 13
(0 8 7 0 | 0 5 4 2 0 | 0 3 1 6 0)	29 / 26 / 42	14 / 17 / 16
(0 7 5 0 | 0 4 2 3 0 | 0 1 6 8 0)	35 / 33 / 37	13 / 15 / 19
(0 5 4 2 0 | 0 3 1 6 0 | 0 8 7 0)	26 / 42 / 29	17 / 16 / 14

通过计算，各组的总距离如下：

105，99，97，98，118，97，105，97

其中 97 为所求的最短距离，其对应的路径为 (0 3 6 1 0 | 0 4 5 2 0 | 0 8 7 0)，3 辆车的路线为：

(0 3 6 1 0) (0 4 5 2 0) (0 8 7 0)

8.2　双目标车辆路径问题算法设计

物流配送是物流活动的重要一环，物流配送成本在物流中占有很大的比例。而配送路线的优化能有效降低物流配送成本，因此研究物流配送路线的优化问题具有现实意义。许多物流公司采用多辆运输车从单个配送中心出发，把货物送到各销售网点的运行模式。物流公司当然是希望多辆车运行的总路线是最短的，另外，为了使整个车队尽可能快地投入到其他任务中，还希望各条子路线所用时间尽可能地短。因此，物流公司更需要解决双目标的 VRP。这两个目标分别是最小化总行驶路程和最小化总运行时间。

8.2.1　问题描述及数学模型

双目标 VRP 可描述为：有一车队拥有容量为 q 的车辆 m 辆，负责对 N 个客户配送货物，其中客户 i 的需求量为 g_i（$i=1, 2, \cdots, N$），且满足 $g_i<q$。车辆从同一个中心仓库同时出发，送完货后回到中心仓库。所求目标是使运行总路程和总时间都尽量小。

下面给出双目标 VRP 的模型。设仓库的编号为 0，各客户的编号为 1，2，…，N，首先定义模型中的各变量如下：

$$x_{ijk}=\begin{cases}1, & \text{车辆 } k \text{ 从 } i \text{ 行驶到点 } j\\ 0, & \text{否则}\end{cases}$$

$$y_{ki}=\begin{cases}1, & \text{客户 } i \text{ 由车辆 } k \text{ 服务}\\ 0, & \text{否则}\end{cases}$$

则得到双目标 VRP 的数学模型如下：

$$f_1=\min\sum_{i=1}^{q}T_i \tag{8.8}$$

$$f_2=\min T_{\max} \tag{8.9}$$

s. t.

$$\sum_{i=1}^{q}g_i y_{ik}\leqslant q,\ k=1,2,\cdots,m \tag{8.10}$$

$$\sum_{k=1}^{m}y_{ik}=1,\ i=1,2,\cdots,N \tag{8.11}$$

$$\sum_{k=1}^{m}y_{0k}=m \tag{8.12}$$

$$\sum_{i=0}^{N}x_{ijk}=y_{ik},\ j=1,2,\cdots,N,\ k=1,2,\cdots,m \tag{8.13}$$

$$\sum_{j=0}^{N}x_{ijk}=y_{ik},\ i=1,2,\cdots,N,\ k=1,2,\cdots,m \tag{8.14}$$

$$s_0 = 0 \tag{8.15}$$

$$s_i + t_{ij} = s_j,\ i,\ j = 0,\ 1,\ 2,\ \cdots,\ N,\ i \neq j \tag{8.16}$$

式中，s_i为车辆到达客户 i 的时刻；t_{ij}为车辆由客户 i 行驶到客户 j 的时间；T_{max}为用时最长车辆所用时间；T_i为路径 i 所用时间。

在模型中，式（8.8）要求总的巡回路线最短；式（8.9）要求最长车辆所用时间最短；由多目标优化的理论可知，该问题存在非支配解。式（8.10）定义了车辆容量约束；式（8.11）保证每个顾客能且只能被一辆车服务；式（8.12）表示由仓库发出 m 辆车；式（8.13）和式（8.14）表示 0-1 变量间的关系；式（8.15）表示车辆在仓库出发的时刻为 0；式（8.16）表示车辆从客户 i 直接驶向客户 j 的时间关系。

8.2.2 遗传算法设计

8.2.2.1 染色体结构

本节在基于车辆路径编码的基础上加以改进，给每个染色体附加了一个分组信息 *group*。这样由各染色体和其分组信息 *group* 就能表示不同数量的车辆。其车辆数为 *group* 的长度。如一条可行路线可编成长度为 N 的染色体（i_{11}，i_{12}，$\cdots$，i_{1s}，i_{21}，$\cdots$，i_{2t}，$\cdots$，i_{k1}，$\cdots$，i_{kw}）。其中自然数 i_{kj} 表示第 i_{kj}个客户。其分组信息 *group*=（$a_1\ a_2 \cdots\ a_k$）（其中 $a_1+a_2+\cdots+a_k=N$）。这样的染色体结构可解释为车辆从车场 0 出发，经过客户 i_{11}，i_{12}，$\cdots$，i_{1s} 后回到车场 0 形成子路径 1；然后又从车场 0 出发，经过以前未访问的客户 i_{21}，$\cdots$，i_{2t} 后，返回车场 0 形成子路径 2；直到所有客户全部被访问为止。

如染色体（1 2 3 4 5 6 7），其对应的 *group*=（3 2 2），表示的行车路线为：

路径 1：仓库→客户 1→客户 2→客户 3→仓库

路径 2：仓库→客户 4→客户 5→仓库

路径 3：仓库→客户 6→客户 7→仓库

可见，长度为 N 的染色体对应的分组信息 *group* 需满足如下条件才可行：

（1）分组信息中的各元素都不小于 1。

（2）分组信息中各元素的和为 N。

（3）每一路径对应的客户的总需求量不超过车辆容量 m。

8.2.2.2 初始群体

本节通过两种方法来对种群初始化。初始种群中的大部分个体是随机产生的。首先随机产生 N 个客户的全排列，然后构造一个长度为 m 的分组信息 *group*，表示由 m 辆车服务，这样就构成一条初始染色体。为了提高初始种群中染色体的质量，我们使用了 Solomon 的启发式插入法（push forward insertion heuristic，PFIH）来产生初始种群中的另一部分染色体和分组信息。用 PFIH 产生的个体所用的车辆数一般都小于 m，这样在以后的遗传操作中更容易出现使用车辆数少的个体，达到节省成本的目的。

8.2.2.3　解的优化

本算法采用两个方法来实现解的优化，分别是：

（1）使用局部搜索策略更新个体的分组信息。

（2）使用 λ-交换局部搜索更新个体及其分组信息。

为了节省时间，并不是所有的个体都要进行解的优化。这里设置了一个搜索参数 P_1（$P_1 \in [0, 1]$），一般取 $P_1 = 0.2$。

如上所述，采用染色体和分组信息相结合的形式来表示个体。如：

Chromosome =（1 2 3 4 5 6 7）

Group =（2 2 3）

则上述个体可编码成（1 2）（3 4）（5 6 7），括号内的每一组表示一条路径。显然这是一个可行解，但这个可行解不一定就是这个染色体所能表示的最好的解。实际上，这个染色体只要不违反车辆容量约束，也可表示为其他的可行解，像（1 2）（3 4）（5 6 7）、（1 2）（3 4 5）（6 7）等。这些解之间的唯一区别就是分组信息的不同，而分组信息的不同就导致两个目标 f_1 和 f_2 的不同。

如果初始分组信息是（2 2 3），则可以检查（2 3 2）、（1 2 4）等，很容易定义搜索顺序。对于每一个新的分组信息要首先对其进行可靠解检查，只有可行的分组才被考虑。寻找策略有局部最优策略和全局最优策略两种。局部最优策略当找到第一个可接受的分组时就停止搜索，而全局最优策略将寻找导致成本下降最多的解。显然，后者搜索更完备但耗时较多。本节采用的是局部最优策略。

对于每个染色体，为了找到比现行染色体更好的染色体和分组信息，我们采用了 λ-交换局部搜索方法，在路径之间交换客户，以改善可行解。这种方法是由 Osman 和 Chrisofides 于 1994 年提出的一种有效的局部搜索方法。一般取 $\lambda = l$ 或 $\lambda = 2$，本节就 $\lambda = 1$ 做简单介绍。$\lambda = 1$ 说明路径间至多交换一个客户，共可定义三种交换操作，即（0，1），（1，0），（1，1）。对一条线路的（R_p，R_q）执行（1，1）操作，就是 1 个客户从 R_p 迁移到 R_q，同时另一个客户从 R_q 迁移到 R_p，其他操作定义同理可推。沿路径逐一考虑所有的客户在每个变换下的路程和时间，目的是找到路程或时间更小的解。

8.2.2.4　交叉算子和变异算子

交叉算子步骤为：

(1) 采用改进的部分匹配交叉算子对选中的染色体进行交叉操作。

(2) 对交叉后染色体的分组信息进行可行化操作。

变异算子步骤为：

(1) 采用 2-交换变异和 3-交换变异对选中的染色体进行变异操作。

(2) 对变异后的染色体的分组信息进行可行化操作。

8.2.2.5 算法步骤

(1) 设置遗传算法的参数，如主要有交叉概率 p_c，变异率 p_m 和种群规模 pop _ size，算法进行代数 Generation，搜索概率 p_i。

(2) 进化代数 $gen=0$；使用自然数编码方式，随机产生（pop _ size-N）个个体并生成对应的分组信息，其余的 N 个个体和对应的分组信息由启发式插入法产生。计算初始种群 P_0 中各个体的目标函数值。

(3) 使用局部搜索策略更新个体的分组信息。

(4) 进行 λ-交换局部搜索操作。

(5) 进行交叉和变异操作，得到当前群体 Q_{gen}。

(6) 将 Q_{gen} 和 P_{gen} 合并，根据各个体对应的目标函数值，应用 NSGA-Ⅱ算法，得到各非支配面。分别把各非支配面中的解按行驶路程由小到大排列，取前 pop _ size 个解对应的染色体和分级信息构成下一代种群 P_{gen}。

(7) $gen=gen+1$，如 $gen>Generation$，算法结束；否则转步骤（3）。

8.2.3 计算实例

为了验证算法的有效性，对表 8.4 中的数据进行了计算。这些数据的顾客数从 7~31 不等。

设置运行代数 $gen=100$，种群数 pop _ size=60，$p_c=0.8$，$p_m=0.8$，$p_1=0.2$，车辆运行速度 $Speed=l$，所得结果见表 8.4。

表 8.4 测试数据

数据名	顾客数	BD	BT	BV	MD	MT	MV
Vsp _ 7	7	217.8	157.3	3	217.8	157.3	3
Vsp _ 8	8	475.2	198.4	3	475.2	198.4	3
Vsp _ 9	9	463.0	206.2	3	463.0	213.53	3
Vsp _ 20	20	964.0	207.9	6	878.9	207.9	6
P _ n16 _ k8	15	452.0	66.1	8	452.0	68.4	8
P _ n19 _ k2	18	212.7	118.6	2	212.7	101.2	2

续表 8.4

数据名	顾客数	BD	BT	BV	MD	MT	MV
P _ n20 _ k2	19	217.4	113.4	2	217.4	113.4	2
P _ n21 _ k2	20	212.7	113.4	2	212.7	113.4	2
P _ n22 _ k2	21	217.9	118.5	2	217.9	118.5	2
P _ n22 _ k4	21	375.3	126.5	4	375.3	111.8	4
P _ n23 _ k3	22	568.6	248.1	3	568.6	245.1	3
P _ n32 _ k5	31	787.8	250.5	5	787.1	228.1	5
P _ n22 _ k8	21	601.42	106.4	8	588.8	98.7	9
P _ n30 _ k3	29	539.0	238.6	3	508.4	178.6	4

注：1. 其有 Vsp _ 7，Vsp _ 8，Vsp _ 9 和 Vsp _ 20 取自国内作者的文章，其余数据都取自 http：//branchandcut. org/index. htm。

2. BD 代表最小路程值 best distance，Vsp _ 7、Vsp _ 8、Vsp _ 9 和 Vsp _ 20 的结果由各自作者给出，其余数据的结果来源于 http：//branchandcut. org/index. htm；BT 代表最小时间值 best time，是以最小化行驶时间为目标；BV 代表所用车辆 best vehicle，来源于 http：//branchandcut. org/index. htm；MD 代表用本节的算法求得的最优面中的最小行驶路程 my distance，MT 代表用本节的算法求得的最优面中的最小行驶时间 my time，MV 代表用本节的算法求得的车辆数 my vehicle。

由表 8.4 数据结果对比可知，在用来测试的 14 组数据中，有 5 组数据的结果是完全相同的，分别是：Vsp _ 7，Vsp _ 8，P _ n20 _ k2，P _ n21 _ k2，P _ n22 _ k2。其余的数据中，在使用车辆数相同的情况下，有两组数据所得最小路程值相等但 BT<MT，分别是数据 Vsp _ 9 和数据 P _ n16 _ k8；有三组数据所得最小路程值相等但 BT>MT，分别是数据 P _ n19 _ k2，P _ n22 _ k4 和 P _ n23 _ k3；有两组数据用本算法所得的最小路程值小于所给最小路程值，即数据 Vsp _ 20 和数据 P _ n32 _ k5。数据 P _ n22 _ k8 和 P _ n22 _ k8 用本算法所得到最小车辆数比所给最小车辆数多 1，但最小路程值小于所给最小路程值。

8.3　应急物流系统中定位—路线安排问题算法设计

当今物流系统的环境日趋复杂，而且物流地理分布也不断扩大。物流系统优化问题的各个子系统（比如设施定位问题、物品配送问题、运输车辆路线安排问题等）之间的相互影响也越来越大。对许多实际问题，要综合考虑以上问题，这就形成了定位-路线安排问题（LRP）。

LRP 可以表述为：给定与实际问题相符的一系列客户点和一系列潜在的设施点，在这些潜在的点中确定出一系列的设施位置，同时要确定出一套从各个设施到各个客户点的运输路线，确定的依据是满足问题的目标（通常是总的费用最小）。客户点的位置和客户的需求量是已知的或可估算的，货物有一个或多个设施供应，每个客户只接收来自一个设施的货物，潜在设施点位置已知，问题的目标是把哪些潜在的设施建立起来，以使的总的费用最小，如图 8.2 所示。

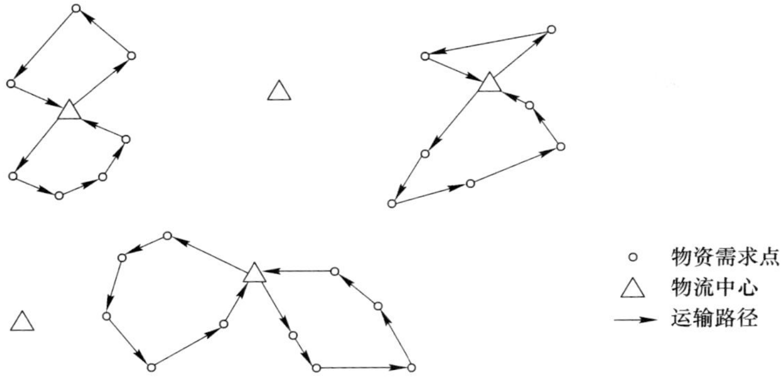

图 8.2 LRP 示意图

可以说 LRP 是 LAP 与 VRP 的集成，但比后两者更复杂。LAP 在定位时考虑的是运输车辆从设施点到一个客户点后，随即返回设施点，所以它不考虑路线安排问题。LAP 在确定出设施点后的图形是从设施点到客户点的射线族。而 LRP 则在定位时同时确定运输路线。LRP 与 VRP 的不同之处是：VRP 的前提条件是设施点和客户点在空间上的分布是已知的；LRP 所研究的问题只知道潜在的设施点，在确定运输路线的同时要确定设施的位置。

8.3.1 问题描述

当某个地区遭受地震、洪灾等自然灾害或恐怖主义袭击等突发事件影响时，可能造成部分道路毁坏，使得路网总的通行能力下降。在路网未修复前，车流量将集中到其他路段上，造成交通负荷增大，甚至导致某些路段交通拥堵。此外，灾害本身也会产生一系列的交通负荷，包括救援物资的运输和配送、伤员的转移以及探视朋友或家人的安全情况等，这些灾后特征势必对整个交通路网产生重大的影响。此时，必须考虑灾后路网拥堵情况下的应急物流中心选址和救援车辆运输路线安排问题。

灾害发生后，由于路网可能存在拥堵，为了表示路网的拥堵情况，给路段增加一个弧阻抗系数 ∂ ，并假设 ∂ 是路段流量 $Q_{流量}$ 的严格增函数，即 $\partial = kQ_{流量}$ ，其中系数 $k>0$，因此路段的交通越拥堵，∂ 越大。这样，车辆通过某路段的时间可表示为 ∂ 与该路段长度的乘积，即用路段的加权长度表示车辆通过此路段的时间。此外，当路段流量不大于其设计通行能力时，即 $Q_{流量} \leqslant Q_{设}$时，有 $\partial = 1$。因此，$k = 1/Q_{设}$，$\partial = Q_{流量}/Q_{设}$。

突发公共事件发生后，应急救援指挥中心决策者了解受灾程度和路况后，依靠经验或者专家知识估计一个应急救援时间范围，可用典型的拟梯形模糊数 $\bar{t}$ 表示，$\bar{t} = (e, f)$ ，其中 $0 \leqslant e \leqslant f$，$\bar{t}$ 的隶属度函数为：

$$u_i^-(t)=\begin{cases}1, & 0\leqslant t\leqslant e\\(f-t)/(f-e), & e\leqslant t\leqslant f\\0, & t\geqslant f\end{cases}$$

即应急开始时间应该尽可能早，当应急开始时间大于 e 后，救援方案满意度就会下降，如图 8.3 所示。

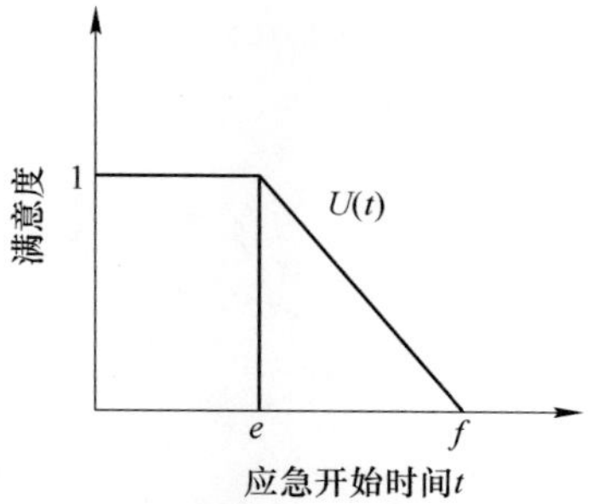

图 8.3　应急救援时间满意度函数图

8.3.2　数学模型建立

假设：

（1）有多个应急物流中心，每个应急物流中心拥有同型号的运输车辆 L 辆，单车容量大于任一物资需求点的需求量。

（2）每个物资需求点只由一个应急物流中心的一辆车负责应急救援物资配送。每辆车从应急物流中心出发，沿着运输路径完成其负责的救援物资配送任务后回到应急物流中心。

（3）路段上的车辆设计速度为 v，表示在道路交通和气候条件良好的情况下，仅受道路条件限制所能保持的最大安全速度。

模型用到的变量及符号可以表示为：

N——物资需求点（受灾点）的数量；

M——应急物流中心的数量；

L——救援车辆数；

K——运输路径数；

i——物资需求点的编号（$1\leqslant i\leqslant N$）；

j——应急物流中心的编号（$N+1\leqslant j\leqslant N+M$）；

g——应急物流中心或物资需求点的编号（$1\leqslant g\leqslant N+M$）；

h——应急物流中心或物资需求点的编号（$1\leqslant h\leqslant N+M$）；

k——路径的编号（$1\leqslant k\leqslant K$）；

d_{gh}——点 g 到点 h 的距离；

∂_{gh}——点 g 到点 h 的拥堵路段的弧阻抗系数；

v_{gh}——点 g 到点 h 路段车辆设计速度；

t_i——车辆到达受灾点的时间；

t_j——车辆回到应急中心的时间；

t_k——路径 k 的服务总时长；

$\bar{t}_i=(e_i, f_i)$——专家估计的受灾点 i 应急救援时间范围；

CV——救援车辆装载能力；

q_i——每个物资需求点的物资需求量；

$O_j = \begin{cases} 1, & \text{如果选择第 } j \text{ 处应急中心进行救援} \\ 0, & \text{否则} \end{cases}$；

$p_{ghk} = \begin{cases} 1, & \text{如果路径 } k \text{ 上 } g \text{ 是 } h \text{ 点的直接前驱} \\ 0, & \text{否则} \end{cases}$；

对于任何一个应急救援方案 φ，设救援到达时间为 $T(\varphi) = (t_1, t_2, \cdots, t_n)$，其中任何一点的车辆实际到达时间为 $t_k = (t_g + \partial_{gh} d_{gh}/v_{gh}) p_{ghk}$，当 g 点是应急物流中心时，t_g 为车辆从应急中心出发的时间，当车辆第一次出发时 $t_g = 0$，若非第一次出发，t_g 为车辆上次回到应急中心的时间。至此，可建立城市应急物流中的 LRP 模型如下：

$$\max \quad Z = \sum_{i=1}^{N} U_t(t_i) \tag{8.17}$$

s. t.

$$\sum_{k=1}^{K} \sum_{h=1}^{N+M} P_{ihkl} = 1 (i = 1, 2, \cdots, N) \tag{8.18}$$

$$\sum_{i=1}^{N} \sum_{h=1}^{N+M} q_i P_{ihk} \leqslant CV (k = 1, 2, \cdots, K) \tag{8.19}$$

$$\sum_{i=1}^{N+M} P_{ihk} - \sum_{j=1}^{N+M} P_{hjk} = 0 (k = 1, 2, \cdots, K; h = 1, \cdots, N + M) \tag{8.20}$$

$$\sum_{i=1}^{N} \sum_{j=N+1}^{N+M} P_{ijk} \leqslant 1 (k = 1, 2, \cdots, K) \tag{8.21}$$

$$\sum_{i=1}^{N} \sum_{k=1}^{K} P_{ihk} - O_j \geqslant 0 (j = N + 1, \cdots, N + M) \tag{8.22}$$

$$\sum_{i=1}^{N} P_{ihk} - O_j \leqslant 0 (j = N + 1, \cdots, N + M; k = 1, \cdots, K) \tag{8.23}$$

$$\sum_{k=1}^{K} P_{ihk} + O_g - O_h \leqslant 2 (g, h = N + 1, \cdots, N + M) \tag{8.24}$$

$$\sum_{g=N+1}^{N+M} \sum_{h=1}^{N} P_{ghk} + \sum_{u=N+1}^{N+M} \sum_{v=1}^{N} P_{uvk} \leqslant 1 (k = 1, \cdots, K) \tag{8.25}$$

$$P_{ghk}(t_h - t_g) \geqslant 0 (g, h = 1, \cdots, N; k = 1, \cdots, K) \tag{8.26}$$

$$u_t^-(t) = \begin{cases} 1 & 0 \leqslant t \leqslant e \\ (f - t)/(f - e) & e \leqslant t \leqslant f \\ 0 & t \geqslant f \end{cases} \tag{8.27}$$

$$P_{ghk} \in \{0, 1\} (g = 1, \cdots, N + M; h = 1, \cdots, M + N; k = 1, \cdots, K) \tag{8.28}$$

$$O_j \in \{0, 1\}, j = N+1, \cdots, N+M \tag{8.29}$$

目标函数（8.17）是使应急系统中所有物资需求点（即应急救援点）的时间满意度总和最大。

约束条件（8.18）表示每个被救援客户只被服务一次；

约束条件（8.19）路径 k 上的总物资需求量小于车辆力；

约束条件（8.20）保证了路线的连续性；

约束条件（8.21）表示每辆车最多只能由一个配送中心使用；

约束条件（8.22）保证每一个开放的应急中心至少有一辆车开出；

约束条件（8.23）保证车辆不会从未开放的应急中心开出；

约束条件（8.24）保证任何两个配送中心之间不会相连；

约束条件（8.25）保证两个配送中心不会在同一行车路线上；

约束条件（8.26）保证行车路线时间的顺序性；

约束条件（8.27）提供了目标（8.25）中 $U_t(t_i)$ 的表达式；

约束条件（8.28）（8.29）表示整数约束。

8.3.3 两阶段启发式算法研究

由于 LRP 属于 NP-hard 问题，精确算法不能有效求解大规模问题，因此本节提出一种两阶段启发式算法来求解上述模型（见图 8.2 和图 8.3）。首先，按照各个应急物流中心到物资需求点的加权距离对物资需求点进行分组，确定每个应急物流中心的服务对象，根据最小加权距离和车辆装载能力确定救援路径。然后，据车辆数与路径数，安排每辆车的救援路径和每条路径被救援的先后顺序，并计算此时总的时间满意度，得出初始解。最后，依次以最大时间满意度关闭应急物流中心，若能得到更大的满意度，则更新目前的解集，否则维持原来的解集。继续以最大时间满意度关闭应急物流中心，直到解出的应急物流中心数最少且满意度最大为止。具体的算法步骤如下：

阶段一：求得初始解，如图 8.4 所示。

（1）已知各应急物资需求点和应急物流中心候选点的坐标，城市路网各路段的设计通行能力 $Q_{设}$ 以及突发事件发生后发生拥堵时的路径流量 $Q_{流量}$，计算各物资需求点到每个应急物流中心的加权距离 d_{ij}。根据就近原则，将各物资需求点分配给最近的应急物流中心。将分配了物资需求点的应急物流中心 j（此时该应急物流中心对应的 $O_j = 1$）及其服务的物资需求点放入集合 F_j 中，并设 F_0 是所有集合 F_j 的并集。令 $k = 1$。

（2）在 F_0 中随机选取应急物流中心 j，放入路径集合 V_{jk} 中，并将该应急物流中心从集合 F_j 中删除。

（3）将集合 F_j 中选择离应急物流中心加权距离最小的物资需求点作为路径 k

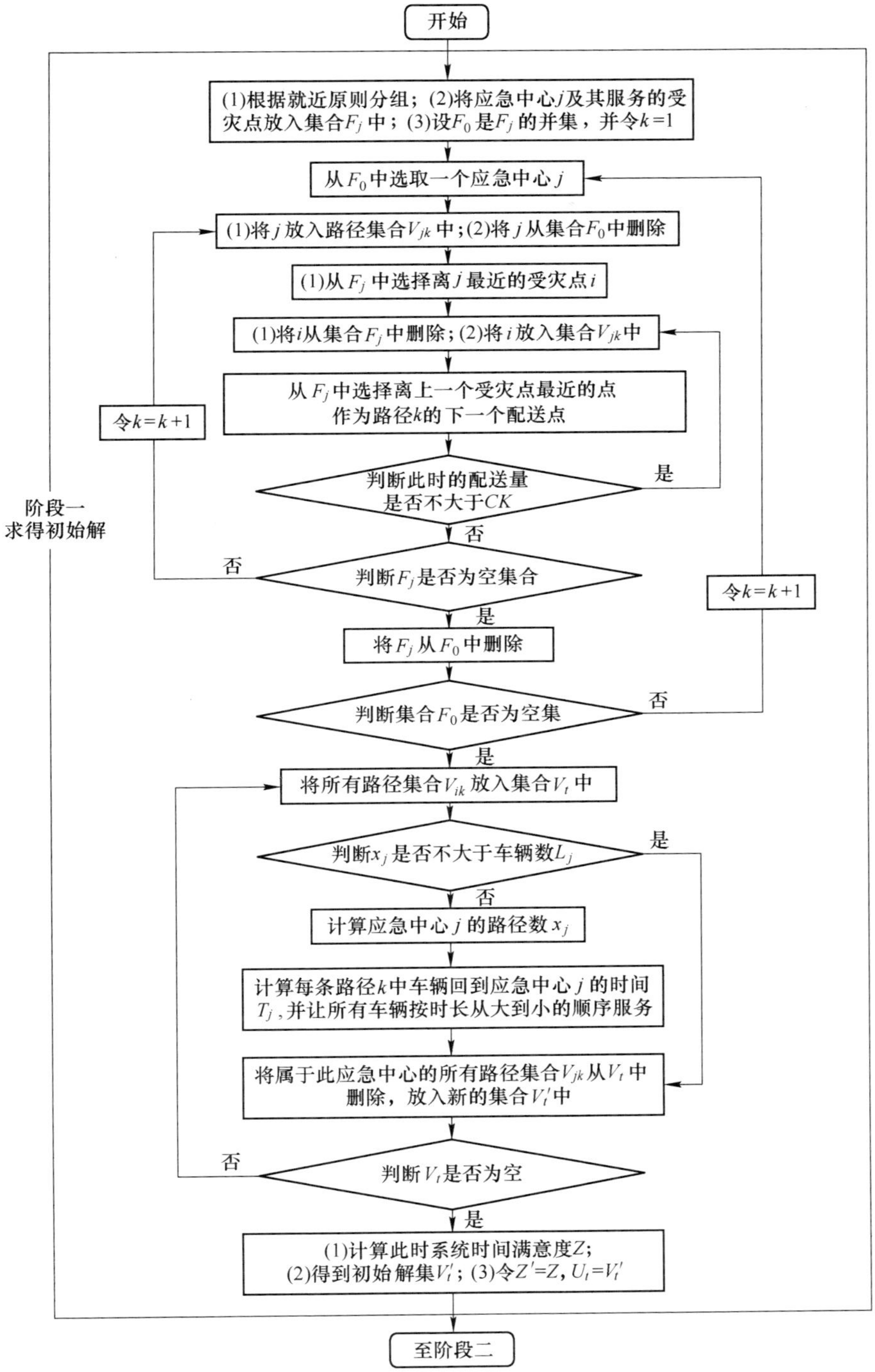

图 8.4 两阶段启发式算法阶段一流程图

的第一个配送点，将该物资需求点放入集合 V_{jk} 中，并将它从 F_j 中删除。

（4）从集合 F_j 中选择离上一个配送点加权距离最小的物资需求点作为路径 k 的下一个配送点.

（5）判断此时总的配送量是否未超过车辆的容量 CV，若满足条件，则将该物资需求点放入 V_{jk} 中，并将它从 F_j 中删除，返回步骤（4）；否则，判断集合 F_j 是否为空集合，若不是则令 $k=k+1$，将该物资需求点放入新的集合 V_{jk} 中，并将其从 F_j 中删除，返回步骤（3），否则将 F_j 从集合 F_0 中删除，判断集合 F_0 是否为空集，是则转到步骤（6）；否则令 $k=k+1$，返回步骤（2）。

（6）将所有路径集合 V_{jt}（$1 \leqslant t \leqslant k$）放入路径集合 V_t（$1 \leqslant t \leqslant k$）中。

（7）随机选择应急物流中心 j，计算其包含的路径数 x_j。若 $x_j \leqslant L_j$，表示同一辆车最多出发一次，将属于此应急物流中心的所有路径集合 V_{jt} 从 V_t 中删除，放入新的集合 V_t' 中，转到步骤（9）；否则，表示某些车需要出发一次以上，为此计算每条路径 k 上的车辆回到对应应急物流中心 j 的时间。

（8）对于同一个应急物流中心服务的所有路径，让所有车辆按路径时长 $\sum t_k$ 从大到小顺序服务，即 L 辆车先服务时长最长的 L 条路径，然后先服务完的车辆回到应急物流中心后，先出发去服务剩下路径中时长最长的路径，其余车辆依次按时长从大到小服务剩下的路径。此时，后一条路径的车辆出发时间为同一车辆服务完上一条路径回到应急物流中心的时间，将属于此应急物流中心的所有路径集合 V_{jt} 从 V_t 中删除，放入新的集合 V_t' 中。

（9）判断集合 V_t 是否为空，是则转到步骤（10）；否则，返回步骤（7）。

（10）计算此时总的应急救援时间满意度 Z，得到初始解集 V_t'，令 $Z' = Z$，$U_t = V_t'$，（$1 \leqslant t \leqslant k$）。

阶段二：改进初始解，如图 8.5 所示。

（11）将所有开放的应急物流中心放入集合 E 中。

（12）计算开放的应急物流中心数 NOC，关闭集合 E 中的一个应急物流中心使总的应急救援时间满意度最大，令 NOC=NOC-1，并将此应急物流中心从 E 中删除，将其服务的物资需求点分配给其他应急物流中心，并重新安排运输路径，计算此时总的应急救援时间满意度 Z。

（13）若 $Z > Z'$，则令 $Z' = Z$，$U_t = V_t'$（$1 \leqslant t \leqslant k$），转到步骤（14）；否则，直接转到步骤（14）。

（14）判断 NOC 是否等于 1，是则转到步骤（15）；否则，返回步骤（12）。

（15）令 Max _ swap=0，Default _ value=［候选应急物流中心数目/2］。

（16）以最优的应急救援时间满意度 Z' 交换一个开放的应急物流中心和一个关闭的应急物流中心的状态，若 $Z' > Z$，则令 $Z = Z'$，$U_t = V_t'$（$1 \leqslant t \leqslant k$），转至步骤（17）；否则，令 Max _ swap=Max _ swap+1，再转至步骤（17）。

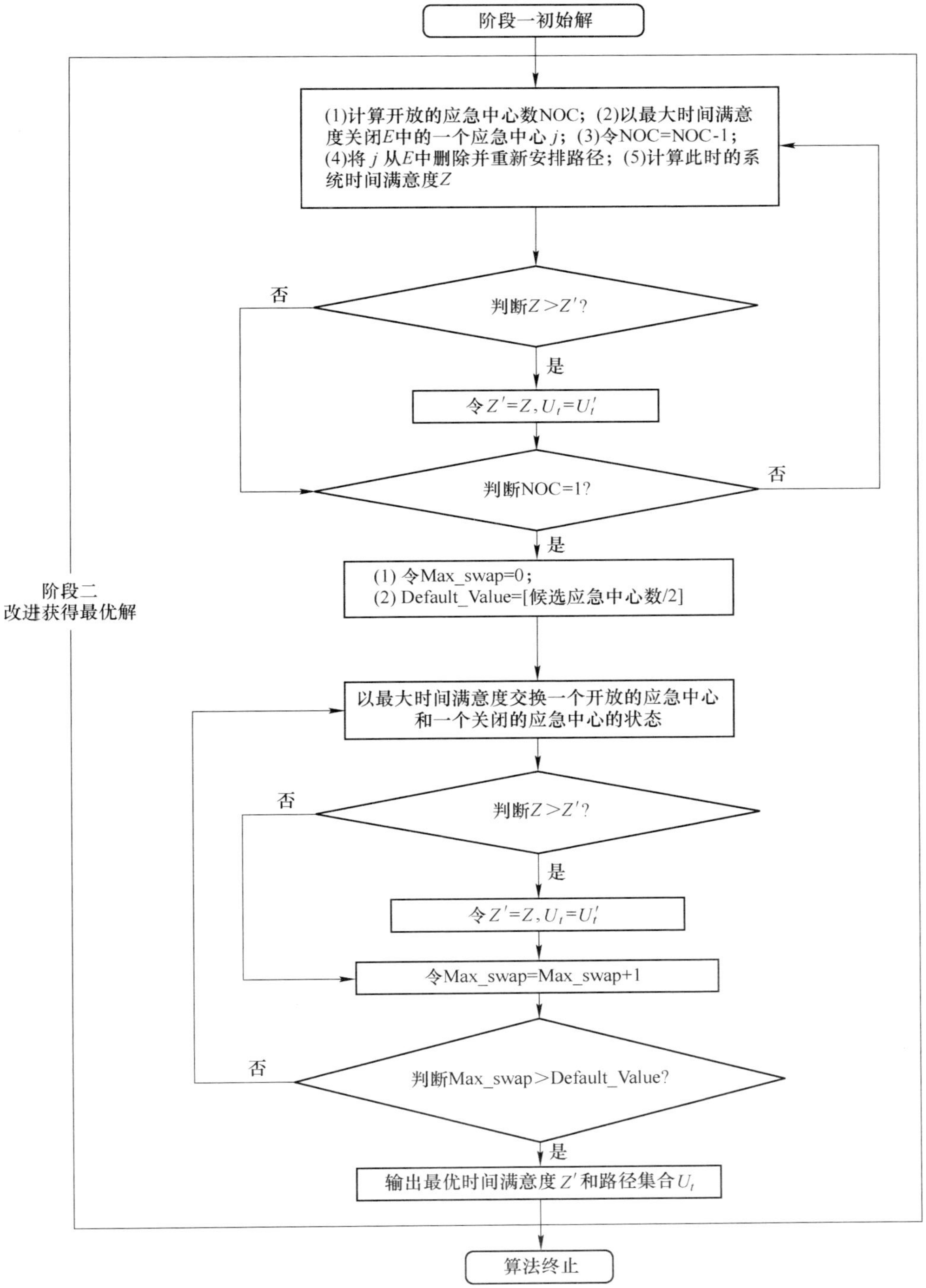

图 8.5　两阶段启发式算法阶段二流程图

（17）判断 Max _ swap>Default _ value？如果是，则转至步骤（18），否则跳回步骤（16）。

（18）算法终止，输出总的应急救援时间满意度 Z' 和最优解集 U_t（$1\leqslant t\leqslant k$）。

8.3.4　算例分析

在一定范围的平面坐标图上随机产生 50 个物资需求点坐标（编号 1~50）和 9 个候选应急物流中心坐标（编号 51~59）；假设每个物资需求点的需求量在 5~10t 之间，每个应急物流中心拥有车辆数为 2~4 辆，车辆荷载均为 20t；每个物资需求点 i 的应急救援时间范围参数 e_i 和 f_i 的取值范围分别为 10~20h 和 30~50h；路网各路段通行能力取值范围为 1380~1730pcu/h，各路段设计速度取值范围为 30~60km/h。物资需求点的情况见表 8.5。

表 8.5　物资需求点及候选应急物流中心情况表

编号	坐标 ID	需求量/t	编号	坐标（ID）	需求量/t
N1	(822，23)	9	N26	(335，315)	7
N2	(941，611)	5	N27	(747，296)	5
N3	(950，16)	5	N28	(134，70)	7
N4	(519，446)	8	N29	(853，431)	5
N5	(81，602)	5	N30	(222，236)	9
N6	(327，846)	5	N31	(917，517)	7
N7	(46，931)	7	N32	(32，822)	7
N8	(155，132)	6	N33	(664，954)	5
N9	(376，428)	8	N34	(64，820)	5
N10	(888，215)	9	N35	(984，310)	6
N11	(92，743)	5	N36	(772，290)	6
N12	(219，954)	5	N37	(99，361)	5
N13	(95，578)	7	N38	(230，731)	6
N14	(18，556)	6	N39	(311，640)	7
N15	(387，112)	6	N40	(898，237)	9
N16	(652，858)	9	N41	(401，199)	7
N17	(110，40)	8	N42	(607，314)	8
N18	(303，814)	6	N43	(742，554)	9
N19	(201，51)	8	N44	(302，757)	7
N20	(797，904)	7	N45	(332，505)	7
N21	(332，977)	9	N46	(344，859)	8
N22	(980，449)	6	N47	(534，374)	9
N23	(361，979)	9	N48	(899，886)	6
N24	(54，880)	6	N49	(915，959)	7
N25	(204，299)	5	N50	(756，818)	5

具体计算过程如下：

首先，候选应急物流中心9个，对50个物资需求点按最小加权距离分为9个组，初始分组表见表8.6。其中59号候选应急中心离所有的物资需求点都较远，没有物资需求点分配给它，因此直接关闭59号。此时系统共开放8个候选中心，总的时间满意度为：43.12。

表8.6 候选应急物流中心情况及初始分组表

编号	坐标	车辆数/辆	初始分组	初始路径
N51	（141，741）	2	5，7，11，24，32，34	车辆1：51-11-34-32 车辆2：51-5-24-7
N52	（218，535）	4	13，14，25，37，45	车辆1：52-45-25-37 车辆2：52-13-14
N53	（656，324）	4	1，3，10，27，36，40，42	车辆1：53-42-27-36 车辆2：53-40-10 车辆3：53-1-3
N54	（161，747）	4	12，38	车辆1：54-38-12
N55	（520，499）	2	4，9	车辆1：55- 4 -9
N56	（367，724）	2	6，16，18，21，23，33，39，44，46	车辆1：56-39-46；56-44-18-6 车辆2：56-16-33；56-21-23
N57	（953，619）	3	2，20，22，29，31，35，43，48，49，50	车辆1：57-43-50 车辆2：57-48-49-20 车辆3：57-22-35；57-2-31-29
N58	（493，304）	2	8，15，17，19，26，28，30，41，47	车辆1：58-17；58-47-26 车辆2：58-19-18；58-30-8；58-41-15
N59	（2000，2000）	2	—	

然后，尝试以最大满意度关闭每一个应急物流中心，并重新按最小加权距离分组并安排路径。发现依次关闭51号，52号，58号应急中心，系统满意度不断变大，再次尝试关闭应急中心，满意度不再变大，因此不再关闭应急中心。优化结果：关闭51，52，58，59号应急中心，系统满意度为47.92。优化后的车辆路径表见表8.7。

表8.7 关闭应急中心后的路径表

编号	优化后车辆服务路径及顺序	开放状态
N51	—	关闭
N52	—	关闭

续表 8.7

编号	优化后车辆服务路径及顺序	开放状态
N53	车辆 1：53-19-17 车辆 2：53-1-3 车辆 3：53-41-15 车辆 4：53-40-10；53-42-27-36	开放
N54	车辆 1：54-11-34-32 车辆 2：54-38-5-13 车辆 3：54-24-7-12 车辆 4：54-14-37	开放
N55	车辆 1：55-30-8 车辆 2：55-28 车辆 3：55-26-25 车辆 4：55-9-45；55-4-47	开放
N56	车辆 1：56-39-46；56-44-18-6 车辆 2：56-16-33；56-21-23	开放
N57	车辆 1：57-43-50 车辆 2：57-48-49-20 车辆 3：57-22-35；57-2-31-29	开放
N58	—	关闭
N59	—	关闭

最后，将任意一个开放的应急中心与关闭的应急中心进行开闭状态交换。发现将 52 号开放，换 56 号关闭时，系统满意度在变大。因此关闭 56 号，将 52 号重新开放。再次交换其余应急中心，满意度没有变大，最后优化结果为：关闭 51，56，58，59 号应急中心，系统满意度为 47.96。交换开闭状态后的车辆路径表见表 8.8。算法的不同阶段中每个物资点被服务的情况见表 8.9。

表 8.8　优化后的最终车辆路径表

编号	优化后车辆服务路径及顺序	开放状态
N51	—	关闭
N52	车辆 1：52-26-8-28 车辆 2：52-19-17 车辆 3：52-37-25-30 车辆 4：52-45-39；52-13-5-14	开放

续表 8.8

编号	优化后车辆服务路径及顺序	开放状态
N53	车辆 1：53-42-27-36 车辆 2：53-40-10 车辆 3：53-41-15 车辆 4：53-1-3	开放
N54	车辆 1：54-21-23 车辆 2：54-32-7-12 车辆 3：54-38-44-18 车辆 4：54-11-34-32；54-6-46	开放
N55	车辆 1：55-4-47 车辆 2：55-9-16	开放
N56	—	关闭
N57	车辆 1：57-43-50 车辆 2：57-48-49-20；57-2-31-29 车辆 3：57-33；57-22-25	开放
N58	—	关闭
N59	—	关闭

表 8.9　每个物资需求点服务的情况表

编号	初始被服务时间	初始被服务满意度	关闭应急中心后的被服务时间	关闭应急中心后的被服务满意度	交换开闭状态后的被服务时间	交换开闭状态后的被服务满意度
N1	7.09	1	7.09	1	7.09	1
N2	12.99	1	12.99	1	17.81	0.83
N3	10.23	1	10.23	1	10.23	1
N4	0.95	1	11.49	1	0.95	1
N5	3.05	1	6.91	1	16.32	1
N6	22.54	0.59	22.54	0.59	11.33	1
N7	10.73	1	4.86	1	4.86	1
N8	32.73	0.33	10.13	1	14.91	0.97
N9	5.19	1	3.57	1	3.57	1
N10	6.58	1	6.58	1	6.58	1
N11	0.99	1	1.57	1	1.57	1
N12	7.63	1	8.83	1	8.83	1
N13	2.37	1	7.38	1	15.84	0.80

续表 8.9

编号	初始被服务时间	初始被服务满意度	关闭应急中心后的被服务时间	关闭应急中心后的被服务满意度	交换开闭状态后的被服务时间	交换开闭状态后的被服务满意度
N14	4. 72	1	4. 84	1	18. 03	0. 998
N15	49. 61	0	7. 18	1	7. 18	1
N16	5. 62	1	5. 62	1	13. 59	0. 95
N17	14. 23	0. 85	16. 79	0. 74	14. 16	0. 86
N18	21. 56	0. 54	21. 56	0. 54	4. 55	1
N19	9. 81	1	15. 04	1	12. 42	1
N20	8. 72	1	8. 72	1	8. 72	1
N21	21. 58	0. 71	21. 58	0. 71	8. 68	1
N22	3. 44	1	3. 44	1	19. 8	0. 63
N23	22. 38	0. 80	22. 38	0. 80	9. 21	1
N24	9. 86	1	3. 99	1	3. 99	1
N25	9. 01	1	8. 66	1	8. 41	1
N26	34. 97	0	5. 55	1	8. 04	1
N27	4. 68	1	17. 85	0. 96	4. 68	1
N28	11. 1	0. 996	10. 12	1	16. 72	0. 75
N29	16. 96	1	16. 96	1	21. 77	0. 87
N30	30. 39	1	7. 79	1	10. 09	1
N31	15. 01	1	15. 01	1	19. 82	0. 89
N32	3. 39	1	3. 97	1	3. 97	1
N33	8. 47	1	8. 47	1	8. 19	1
N34	2. 51	1	3. 09	1	3. 09	1
N35	6. 31	1	6. 31	1	22. 69	0. 62
N36	5. 18	1	18. 35	0. 92	5. 18	1
N37	12. 94	1	10. 4	1	4. 48	1
N38	1. 81	1	1. 81	1	1. 81	1
N39	3. 29	1	3. 29	1	6. 73	1
N40	6. 12	1	6. 12	1	6. 12	1
N41	47. 79	0	5. 36	1	5. 36	1
N42	1. 47	1	14. 46	1	1. 47	1
N43	7. 47	1	7. 47	1	7. 47	1
N44	20. 29	0. 86	20. 29	0. 86	3. 28	1

续表 8.9

编号	初始被服务时间	初始被服务满意度	关闭应急中心后的被服务时间	关闭应急中心后的被服务满意度	交换开闭状态后的被服务时间	交换开闭状态后的被服务满意度
N45	3.23	1	5.27	1	3.23	1
N46	8.97	1	8.97	1	11.76	1
N47	30.65	0.32	13.17	1	2.62	1
N48	5.01	1	5.01	1	5.01	1
N49	6.43	1	6.43	4	6.43	1
	14.81	0.80	14.81	0.80	14.81	0.80
合计	—	43.12	—	47.92	—	47.96

参 考 文 献

[1] 邢文训，谢金星．现代优化计算方法［M］.2版．北京：清华大学出版社，2005.
[2] 邱爱华．扫描法和遗传算法在物流配送车辆优化调度中的应用研究［D］. 北京：北京交通大学，2008.
[3] 丑英哲．应用遗传算法求解车辆路径问题研究［D］. 天津：天津大学，2007.
[4] 徐琴．突发公共事件应急物流系统优化中的定位-路径问题研究［D］. 成都：西南交通大学，2008.

9　航空运输组织中典型问题算法设计

9.1　航空货运装载问题算法设计

航空运输有其局限性，主要表现在：飞机货舱容量有限，对大件货物或大批量货物的运输有一定的限制。目前，国内航空公司的飞机以中小型为主，以波音757机型为例，即使其4个货舱全部装满，也只能载10多吨，运力跟中型卡车差不多。所以，如何在飞机有限的空间里，尽可能多地装入不超过飞机限重的货物，以降低货物运输的单位成本，提高运输经济效益，是一个很关键的问题。

9.1.1　问题描述

航空货运装载问题的一般描述是：将一些货物（长方体），按照某种方式和约束条件放入容器（集装箱，集装盘，散装舱位）中，以获得某种最佳效益。

约束条件有：

（1）容器承重与体积的限制，即所装货物的总质量、总体积不得超过容器允许的最大质量、体积，否则会严重影响飞行安全。

（2）货物本身承重性（易碎性），货物码放时要做到重不压轻，大不压小。

（3）货物码放的稳定性，对不可倒置、倾斜的货物要按要求正确码放。

（4）货物发放的优先级，根据货物性质，承运人应按下列顺序发运：

1）抢险、救灾、急救、外交信袋和政府指定急运的物品；

2）指定日期，航班和按急件收运的货物；

3）有时限、贵重和零星小件物品；

4）国际和国内中转联程货物；

5）一般货物按照收运的先后顺序发运。

（5）货物的化学特性，一些货物必须隔离，某些货物不宜与其他货物混装，例如食品和化工产品，有些危险物品按照国家对危险物品运输的规定进行隔离或分装。

（6）飞机货舱客观条件的限制，非宽体飞机载运的货物，每件货物质量一般不超过80kg。边长一般不超过40cm×60cm×100cm，宽体飞机载运的货物，每件货物质量一般不超过250kg，边长一般不超过100cm×100cm×140cm。

最佳效益可以是：

(1) 容器体积利用率最大;
(2) 容器质量利用率最大;
(3) 容器所装货物数量最大;
(4) 容器所装货物票数最多;
(5) (1)~(4) 的组合。

9.1.2 组装形状

飞机的机身呈椭圆柱体形状,所以空运容器的三维形状明显“不规则”。货物组装按容器类型分为集装器组装、散舱组装两种。集装器组装指把货物组装在LATA所规定的标准集装板、集装箱中,此过程一般发生在内场离航班起飞前2~24h内,组装好后把集装器拖到外场(停机坪),由机械设备将集装器推进到货舱内;散舱组装指直接把货物拖到外场,飞机落地后由搬运工在货舱内手工码放。

9.1.3 一维装载算法设计

一维装载主要用于比较简单的装载决策问题——散舱装载。散舱的作业流程大致为:在内场决定哪些货舱放置哪些货物,不同货舱的货物一般放在不同的拖斗上,飞机落地时,把这些拖斗由内场拖运到外厂,并放在对应的舱位下面,再由外厂装卸工根据自己的经验进行码放。因为:

(1) 与时间较为宽松的内场(货运库房)集装作业不同,散装作业的重点在外场(机坪)。非首末航班,飞机一般只在机坪停留40~60min,除去卸行李、货邮的时间和为装行李预留的时间,货物装载必须在20min以内完成,时间短促,不需要细致码放;

(2) 飞机货舱空间狭小,仅可供1~2人同时作业,故没有足够的人力达到较优码放。所以我们需要作出这样的决策:哪些货物组合在一起才能得到较好的舱位利用率呢?使这种简单组合为外场装卸工作提供粗略的优化方案。

9.1.3.1 模型建立

在建立模型之前,作出如下假设:
(1) 每件货物质量一般不超过80kg,边长一般不超过40cm×60cm×100cm;
(2) 货物可以混装和任意摆放;
(3) 所有货物发运优先级一样;
(4) 属于同一票的货物,体积质量都一样;
(5) 不考虑前后货舱质量对飞机平衡的影响,以及客重、油重、温度、气候等对货舱质量的制约。

设第 k 个货舱的限重为 W_k、体积为 V_k（$k=1, 2, \cdots, m$），每票货物单件质量为 w_i、单件体积为 v_i（$i=1, 2, \cdots, n$），c_{ijk}代表第 i 票中第 j 个货物装在舱位 k。则目标函数为：

质量最大化：

$$\max \sum c_{ijk} \cdot w_i$$

体积最大化：

$$\max \sum c_{ijk} \cdot v_i$$

偏离标准密度最小化：

$$\min \sum_{k=1}^{m} \left(\sum c_{ijk} \cdot w_i / \sum c_{ijk} \cdot v_i - W_k / V_k \right)$$

约束条件：

$$\sum c_{ijk} \cdot w_i \leqslant W_k$$

$$\sum c_{ijk} \cdot v_i \leqslant V_k$$

$$c_{ijk} = \begin{cases} 1, & \text{第 } i \text{ 票第 } j \text{ 个货物在舱位 } k \\ 0, & \text{其他} \end{cases}$$

9.1.3.2　算法设计

应用回溯法求解问题。并作出如下假设：

rw——剩余货物质量之和；

rv——剩余货物体积之和；

cw——已装货物质量之和；

cv——已装货物体积之和；

bw——当前最优总质量；

bv——当前最优总体积。

因为货舱有弧度，在这个弧面上垒放货物，实际占用的体积会比理论的大，所以给出的货舱体积 V 比实际的体积要小 10%。为了使所装货物的体积质量达到最优，一方面，我们应该找出使货物的平均密度最接近标准密度（货舱限重/货舱体积）的组合；另一方面，我们要避免最接近标准密度的货物组合的体积或质量远低于货舱装载能力的情况，也就是说避免这种情况：货物还没有装满，他们的平均密度已经是最优的了。因此，我们在更新最优解的时候，首先判断当前体积和质量是否大于最优解的体积和质量，如果是，就更新当前情况为最优解，而不用考虑当前货物的平均密度是多少，如果不是，再去考虑平均密度。

情况 1：1 个舱，不允许分批

这种情况处理比较简单，可以用 0/1 背包算法解决。因为货物不允许分批，所以解空间树每一个节点代表一票货物，只要其左儿子节点是一个可行节点，就进入其左子树。当右子树可能包含最优解时才进入右子树搜索，否则，将右子树剪去，这个任务是由上界函数完成的，当：

$$cw + rw \leqslant bw \wedge cv + rv \leqslant bv$$

时，可减去右子树。

由于计算上界函数需要 O(n) 时间，在最坏情况下有 $O(2^n)$ 个右儿子节点需要计算上界函数，因此此种情况该算法时间复杂度为 $O(n\,2^n)$。

情况 2：2 个舱，允许分批

这里需要考虑，为了达到优化配置。可以将一票 m 个货物分开装在 2 个舱罩。因为允许分批，所以解空间树每个节点代表一个货物，而不是一票货物。按照下面的策略，可以得到一个较优解：首先选出载重量最大的一个舱，使之利用率最大化，然后再优化第 2 个舱。

首先找出载重最大的舱，记为 1，约乘函数的约束条件为：

$$cv + v_1 \leqslant V_1 \wedge cw + w_1 \leqslant W_1$$

限界函数的限界条件为：

$$cw + rw \leqslant bw \wedge cv + rv \leqslant bv$$

判断是否为最优解：

$$(cw \geqslant bw \wedge cv \geqslant bv) \vee ((cw \geqslant bw \vee cv \geqslant bv) \wedge$$
$$|cw/cv - W_1/V_1| \leqslant |bw/bv - W_1/V_1|)$$

当舱 1 优化完毕之后，可以按照类似的算法优化舱 2。对于剩下的货物可以由下一个航班运送。

如果每一票货物的件数很多，其二叉树的节点数目是可怕的，这就需要做出改进。如果货物的尺寸很小，如手机盒，为避免时间复杂度指数爆炸，可以把第 i 票货物分成 m_i 组，每组货物体积 $m_i \cdot v_i$，质量是 $m_i \cdot w_i$，则解空间树的结点数目可以减少到 $2\sum m_i$ 个。如果货物尺寸比较大，不利于组合，可已先把此票货物刨除在外，最后再处理它。

情况 3：2 个舱，最多一票货物分批

这种情况是最常见的，如果允许大量多票货物分批，那么对于发货收货和交付是很麻烦的，所以最多允许一票货物分批是很现实的。按照下面的策略，可以得到一个近似最优解：首先选出载重量最大的一个舱，使之利用率最大化，然后把没有完全装入第一个舱的那票货的剩余部分全部装入第二个舱，再把剩余的货物按情况 1 的方法放入第 2 个舱。

首先找出最大舱 1，设：

sv：一部分已经装入 1 舱的货物要装入 2 舱的那部分体积和；

sw：一部分已经装入 1 舱的货物要装入 2 舱的那部分质量和。

则约束函数的约束条件为：

$$cw + w_1 \leqslant W_1 \wedge cv + v_1 \leqslant V_1 \wedge sw \leqslant W_2 \wedge sv \leqslant V_2$$

限界函数的限界条件为：

$$cw + rw \leqslant bw \wedge cv + rv \leqslant bv$$

判断是否为最优解：

$$(cw \geqslant bw \wedge cv \geqslant bv) \vee ((cw \geqslant bw \vee cv \geqslant bv) \wedge |cw/cv - W_1/V_1| \leqslant |bw/bv - W_1/V_1|)$$

当舱 1 优化完毕之后，因为已经先行判断了 $sw = W_2$，$sv = V_2$，所以把那些没有完全装入第一个舱的货物的剩余部分全装入第 2 个舱. 更新第 2 个舱的当前货物的质量之和 cw 和当前货物体积之和 cv，再把剩余的货物按照情况 1 的方法选入第 2 个舱，如果还有载量和空间，找出剩余货物中密度最接近于平均密度的那一票货，能装多少装多少，这样就选出了需要分批的那一票货物。

情况 4：*M* 个舱，最多一票货物分批

反复用情况 1 和情况 3 的方法，即可得到近优解。

9.1.3.3　应用算例

设有如表 9.1 所列的货物，要装入波音 757-200 型飞机的 3、4 舱中，舱位情况见表 9.2。

表 9.1　货物情况

票	体积/m^3	质量/kg	件数
1	0.064	20	100
2	0.88	50	20
3	0.12	25	50
4	0.046	10	20
5	0.02	5.8	20
6	0.075	15	20
7	0.1	15	20
8	0.55	14	20
9	0.68	14	20
10	0.082	15	60
总计	64.34	6626	350

表 9.2 货舱情况

舱位	体积/m^3	限重/kg
H3	18	3800
H4	12	3000
总计	30	6800

因为货物件数很多，把每一票 10 件货物合成一大件，如第一票货物合成后有 10 大件，第二票有 2 大件。

情况 1：允许多票货物分批

该情况货物分舱情况和舱位利用情况分别见表 9.3 和表 9.4。

表 9.3 货物分舱情况

舱位	票 1	票 2	票 3	票 4	票 5	票 6	票 7	票 8	票 9	票 10
H4	40	0	50	10	20	20	20	0	0	60
H3	50	10	0	0	0	0	0	0	0	0
剩余	10	10	0	10	0	0	0	20	20	0

表 9.4 舱位利用情况

舱位	体积/m^3	体积利用率/%	质量/kg	载重利用率/%
H4	17.84	99	3766	99
H3	12	100	1500	50

情况 2：最多允许一票货物分批

先装 4 舱，把没有完全装入 4 舱的那部分货物，全装入 3 舱。该情况货物分舱情况和舱位利用情况分别见表 9.5 和表 9.6。

表 9.5 货物分舱情况

舱位	票 1	票 2	票 3	票 4	票 5	票 6	票 7	票 8	票 9	票 10
H4	40	0	50	10	20	20	20	0	0	60
H3	60	0	0	10	0	0	0	10	0	0
剩余	0	20	0	10	0	0	0	10	20	0

表 9.6 舱位利用情况

舱位	体积/m^3	体积利用率/%	质量/kg	载重利用率/%
H4	17.84	99	3766	99
H3	9.8	82	1440	48

9.2　空港航班调度问题算法设计

在航空港中，为使航空器起降有序，空中交通顺畅，建立了航空港进离港系统。现存的航空港系统主要是人为控制的规范性系统，这种人造系统是构成和运行代价昂贵的复杂系统，如何合理高效地安排航班以提高机场的运营效率是一个非常有价值的研究问题。

通常所说的航空港进离港系统，主要指的是航空港为更好地服务旅客而建立的信息化系统，包括旅客值机系统和航班控制系统。旅客在机场的等机手续办理、座位选择都与该系统直接相关，是现代化机场必备的信息系统之一。

本节中所指的进离港系统是指在空中交通管理中，空中交通管制员为了航空港空中交通顺畅，对进离航空港的航空器进行管制，即对其进离航空港的顺序进行管制。在现阶段，航空器进离港管制主要依靠管空中交通管制员的人为调度实，主要依靠地面管制、进近管制和塔台管制等单位协调实行管制。

航空器进离港的过程是一个经过阶段既定的过程，主要经过廊桥阶段或停机坪阶段、滑行道阶段、跑道阶段和终端区阶段。进离港过程的控制可用图 9.1 来解释：

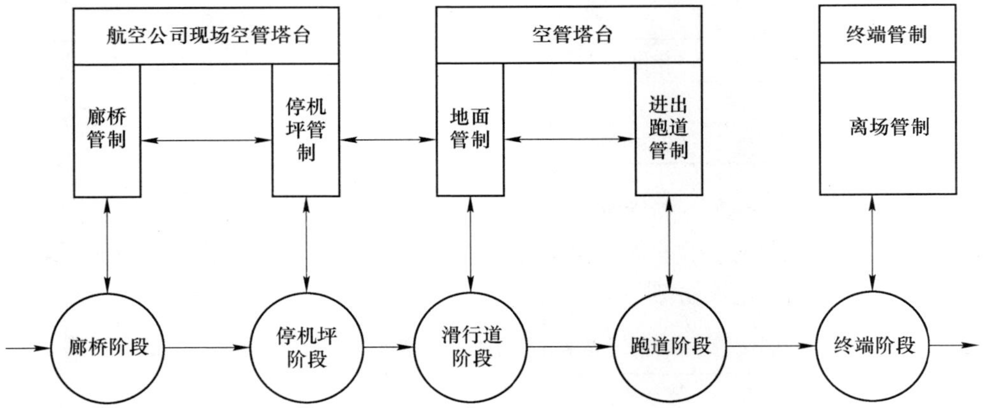

图 9.1　进离港过程控制

起飞与着陆的最低间隔标准包括：

(1) 起飞间隔。使用同一跑道或间隔小于 760m 的平行跑道、交叉跑道以及预计起飞后航迹交叉的跑道起飞，最低间隔见表 9.7。

表 9.7　起飞最低时间间隔

前航空器	重型	重型	重型	中型	中型	中型	轻型	轻型	轻型
后航空器	重型	中型	轻型	重型	中型	轻型	重型	中型	轻型
间隔/s	94	94	138	94	94	114	94	94	94

（2）着陆间隔。着陆最低时间间隔见表9.8。

表9.8　着陆最低时间间隔

前航空器	重型	重型	重型	中型	中型	中型	轻型	轻型	轻型
后航空器	重型	中型	轻型	重型	中型	轻型	重型	中型	轻型
间隔/s	94	114	167	74	74	138	74	74	98

（3）前方航空器起飞后与后方航空器着陆的时间间隔，按照起飞的间隔规定来保证后方航空器复飞时的安全。

（4）在正侧风速大于3m/s时，起飞和着陆的时间间隔不少于1.5min。

（5）起飞航空器在跑道外等待时，应在标示的滑行道与跑道交叉处的滑行等待位置等待。如果没有标示该位置时，如果跑道长度在900m或以上时，等待位置距跑道边不应小于50m，如果跑道长度小于900m，等待位置距跑道边应不小于30m。

在一般情况下，空中交通管制员对航空器优先起飞的顺序：

（1）执行紧急任务或重要任务的航空器；

（2）班期飞行和转场飞行的航空器；

（3）速度较快的航空器。

9.2.1　航空器离港模型

9.2.1.1　关于航空器离港过程的一些设定

航空器离港过程是进近管制、机场塔台管制和地面管制之间相互协调，航空器按照固定的线路行进，由于航空器种类不同，所需时间也有所不同。在这里，我们可以设定每架航空器按照进入滑行道、滑行道滑行、滑行道端等待、跑道上起飞等4个阶段，如图9.2所示。

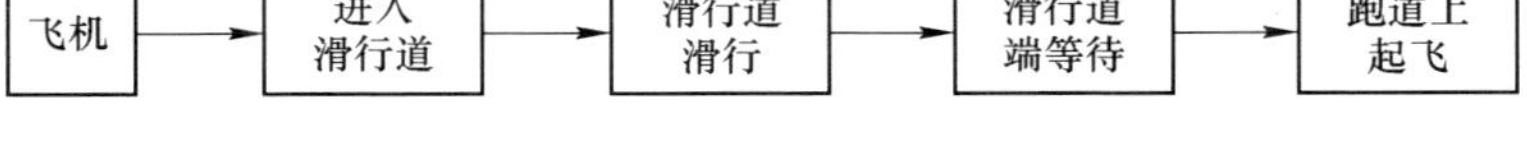

图9.2　起飞阶段

（1）对航空器从主航站楼滑行到跑道起飞一端作为一个阶段，从跑道起飞作为另一个阶段。

（2）每个航空器都是先进行第一阶段，然后进行第二阶段，即其顺序是一定的。

(3) 跑道在同一时刻只能有一架航空器，滑行道上不同航空器之间的间距最少要有 50m。

(4) 每架航空器进入第一阶段后，紧接着必须进入第二阶段，且不许中断、插入其他航空器。

(5) 航空器数、每架航空器每个阶段所需时间是已知的，且与顺序无关。

(6) 允许航空器在每个阶段之间进行等待；且航空器在滑行道上的等待时间记入其处理时间内。

(7) 以每架航空器所需要的时间为处理对象。

(8) 航空器的在滑行道上的滑行速统一设定为 15km/h。

9.2.1.2 模型的数学描述

设在某时段机场航班离港调度中有 n 架航空器；第 i 架航空器在滑行道阶段所需时间为 a_i；在跑道起飞阶段所需时间为 b_i （$i \in \{1, 2, 3, \cdots, n\}$）；第 1 架航空器离港起飞所需的时间为 $t_1 = a_1 + b_1$；第 i 架航空器离港起飞所需的时间为 $t_i = a_i + b_i$；

由前面的设定可得：

第 1 架航空器和第 2 架航空器（这里第 2 架紧跟着第 1 架，满足前面的约束条件）总共所需的时间为：

$$t_{1\to 2} = a_1 + \max(b_1, a_2) + b_2$$

第 1 架到第 3 架所需时间为：

$$\begin{aligned} t_{1\to 3} &= a_1 + \max(b_1, a_2) + \max(b_2, a_3) + b_3 \\ &= t_{1\to 2} + t_{2\to 3} - t_2 \\ &\cdots \end{aligned}$$

第 1 架到第 n 架所需的时间：

$$\begin{aligned} t_{1\to n} &= t_{1\to 2} + t_{2\to 3} + \cdots + t_{(n-1)\to n} - (t_2 + t_3 + \cdots + t_{n-1}) \\ &= t_{1\to 2} + t_{2\to 3} + \cdots + t_{(n-1)\to n} - t_{1n} + t_1 + t_n \end{aligned}$$

第 1 架到第 n 架如果各自通过滑行道到起飞时，总共所需的时间：

$$t_{1n} = t_1 + t_2 + \cdots + t_n$$

9.2.1.3 问题的目标函数

在航空港航班调度中，调度的目标是为了使航空港中空中交通运输规范化和保证其安全性，在此基础上最大化地提高航空港的运营效率。另外，在本节中航空器之间的距离上已有一定的距离间隔，所以，这里设其目标函数为整个 n 架航空器安全离港后所需的总时间最短，即：

$$f = \min(\bar{T})$$

9.2.2 蚁群算法的设计

基于蚁群算法来解决航空港中航班离港调度问题，确定其解构造过程（蚁群模型的建立）以及信息素的更新过程是研究中比较重要的工作，另外，在蚁群模型基础上，结合实例进行算法的实现，并对仿真结果进行分析也是比较重要的工作。下面就分别来论述这些过程。

9.2.2.1 解构造过程

蚁群算法一开始就被应用于解决 TSP 问题，那么我们也可以考虑用类似于 TSP 析取图的形式来描述航班调度的问题。

我们设定一个解构造图 $\boldsymbol{G} = (V, A, \Gamma, \Omega)$ 的形式来表示。其中 V 为图中节点的集合，每个节点代表一架需要离港的航空器；A 为图中所有弧的集合，每两个节点间由两条有向弧连接，表示航空器离港的顺序；约束 Ω 为每个节点在该调度序列中只出现一次；Γ 为与解构造图上的弧相关的信息素的分布。

航空港中航空器其离港调度问题的目标是找到最小化的最大流程时间的航空器的离港顺序序列。蚂蚁在图 $\boldsymbol{G}$ 中搜索，通过遍历图中所有的节点来构造问题的解，因而，问题转化成为在解构造图中寻找最短路径的问题。在这里，每两个节点之间的距离，不只跟其两个之间的顺序有关，也跟整个路径上的所有节点的顺序有关。

9.2.2.2 算法相关的一些设定

为使实现算法，引入一下一些相关的符号：

m——蚁群中蚂蚁数量；

$b_i(t)$——t 时刻时，位于节点 i 的蚂蚁的个数，$m = \sum_{i=1}^{n} b_i(t)$；

d_{ij}——两节点 i 和 j 之间的距离，这里指的是两架航空器离港所需时间；

η_{ij}——边（i，j）的能见度，反映由节点 i 移到节点 j 的启发程度，这个量在蚂蚁系统的运行中不改变；

$\Delta\tau_{ij}$——蚂蚁 k 在弧（i，j）上留下的单位长度轨迹信息素量；

P_{ij}^{k}——蚂蚁 k 的转移概率，i 表示蚂蚁现在所在的节点，j 是尚未访问的节点。

9.2.2.3　搜索策略

$\tau_{ij}(t)$ 表示搜索周期的第 t 代，连接弧（i，j）上的信息素大小。

当搜索开始的时候，n 架航空器离港调度结构图中各条弧，即各个组合上分布的信息素相等，即 $\tau_{ij}(0)=C$（C 是一极小的常数）。然后在搜索周期的每一代，通过信息素的蒸发作用和一些人工蚁个体在搜索过程中带来的信息素增强作用来改变结构图中各条弧上的信息素的大小。人工蚁个体 A_k（$k=l$，2，…，m）在搜索过程中，根据各条弧上的信息量来决定前进的方向，在各个节点处向下一个节点的转移概率 P_{ij}^k 由信息素 $\tau_{ij}(t)$ 和局部信息量 η_{ij} 共同决定。后者是连接弧长度的函数，一般定义为 $\eta_{ij}=1/d_{ij}$。这个量在算法运行过程中是不作修改的。因此，人工蚁个体依转移概率偏向于选择连接弧最短、具有高信息素值的节点作为下一个搜索的节点。

在搜索周期的第 t 代，蚂蚁个体 A_k 由节点 i 转移到节点 j 的概率 $P_{ij}^k(t)$。

$$P_{ij}^k(t)=\begin{cases}\dfrac{[\tau_{ij}(t)]^{\alpha}\cdot[\eta_{ij}]^{\beta}}{\sum\limits_{k\in\{\text{允许}k\}}[\tau_{ik}(t)]^{\alpha}\cdot[\eta_{ik}]^{\beta}} & ，若 j\in\{\text{允许 }k\}\\ 0 & ，其他\end{cases}$$

其中允许 $k=\{n-tabu_k\}$，α 与 β 为控制信息素和能见度之间相对重要性的参数。因此，转移概率是能见度（认为近的节点被选中的概率大，这就执行了贪婪性试探法）和 t 时刻信息素浓度之间的折中方案（意味着若此弧（i，j）上有很大的交通量时，那么这条弧是很有吸引力的，这样就执行了自催化过程）。

为满足每只人工蚁访问结构图中所有 n 个节点的约束，每只蚂蚁与一个称之为禁忌表的数据结构联系起来，该表存储了直至时刻 t 时的所有已访问过的节点，并禁忌蚂蚁在 n 次迭代（一个周游）结束之前再次访问它们。一次周游结束时，该禁忌表可被用来计算蚂蚁的当前解（也即蚂蚁所走路线的时间长度）。计算之后可清空禁忌表，这时蚂蚁又可以自由选择组合了。我们定义 $tabu_k$ 为包含第 k 只蚂蚁禁忌表的动态增长矢量，$tabu_k$ 为从 $tabu_k$ 的元素得到的集合，$tabu_k(s)$ 为表中的第 s 个元素（也是第 k 只蚂蚁在当前游走中访问的第 s 个节点）。

在经过 N 次迭代后，所有的蚂蚁都完成了一次周游，它们的禁忌表都将全满。此时已算得每只蚂蚁 k 的 $t_{1\to n}^k$ 值，这样，$\Delta\tau_{ij}^k$ 的值也得到了更新。同时，可以存储蚁群找出的最短组合（即 $\min t_{1\to n}^k$，$k=1$，2，…，m），清空所有的禁忌表。这个过程可以一直迭代到计数器达到最大值 $NC_{\max}$，或者所有蚂蚁都在作相同的周游，即选择相同的组合。

9.2.2.4 信息素更新策略

在结构图 G 中搜索的蚁群算法，每只人工蚁在进行一次周游中，要进行 n 次迭代，对图中的 n 个节点进行唯一次访问，即遍历。当完成一次大周游的时候，在这个时间点，信息素强度可根据以下公式进行更新：

$$\tau_{ij}(t+n)=\rho\tau_{ij}(t)+\Delta\tau_{ij}$$

式中，$1-\rho$ 代表了 t 时刻和 $t+n$ 时刻之间信息素的挥发程度；$\rho\tau_{ij}(t)$ 为 t 时刻和 $t+n$ 时刻之间留下的信息素。

$$\Delta\tau_{ij}=\sum_{k=1}^{m}\Delta\tau_{ij}^{k}$$

其中，$\Delta\tau_{ij}^{k}$ 为第 k 只蚂蚁在 t 时刻和 $t+n$ 时刻之间留在弧（i，j）上的单位长度的信息素量（对真实蚂蚁而言为气息），可按下式进行计算：

$$\Delta\tau_{ij}^{k}=\begin{cases}\dfrac{Q}{t_{1\to n}^{k}}, & \text{若第 } k \text{ 只蚂蚁在其周游过程的 } t \text{ 时刻和 } t+n \text{ 时刻之间遍历一次周游的长度}\\ 0, & \text{其他}\end{cases}$$

式中，Q 为常数；$t_{1\to n}^{k}$ 为第 k 只蚂蚁的周游长度。

系数 ρ 必须设为一个小于 1 的数，以避免信息素无限制地积累。具体仿真中，0 时刻的信息素强度 $\tau_{ij}(0)$ 设为一个小的正常数 C。

9.2.2.5 算法实现过程

蚁群算法的实现过程可以如下表示：

（1）初始化过程。

设 t：=0；{t 为时间计数器}

NC：=0；{NC 循环次数计数器}

$\tau_{ij}(t)$：= C；{为每条连接弧（i，j）设一个轨迹强度的初值}

$\Delta\tau_{ij}$ = 0；{轨迹强度的增量的初值设为 0}

η_{ij} 由某种启发式算法设定；{在这里，能见度 $\eta_{ij}=1/d_{ij}=1/t_{i\to j}$}

$tabu_k=\phi$；{在初始阶段，禁忌表为空}

将 m 只蚂蚁随机的置于 n 个节点上

设置 s：=1　{s 为禁忌表索引，将各蚂蚁的初始节点置于当前禁忌表中}

for k：=1 to n do

　for k：=1 to b_i（t）do

$tabu_k$（s）= i

（2）重复直至禁忌表满为止。这一步要重复（n-1）次。

设置 s：=s+1

for i: =1 to n do

for k: =1 to b_i (t) do

以概率 $P_{ij}^k(t)$ 选择航空器 j;

将蚂蚁 k 移到 j;

将刚刚选择的航空器 j 加到禁忌表 $tabu_k$ 中;

(3) 过程如下:

for k: =1 to m do

根据禁忌表的记录计算 L_k;

for s: =1 to n−1 do　{搜索蚂蚁 k 的禁忌表}

设 (h, l): = ($tabu_k$ (s), $tabu_k$ (s+1))　{ (h, l) 是蚂蚁 k 的禁忌表中连接节点 (s, s+1) 的路径}

$$\Delta\tau_{hl}(t+n) = \Delta\tau_{hl}(t+n) + \frac{Q}{L_k}$$

(4) 对于每一条路径 (i, j), 根据下式计算 $\tau_{hl}(t+n)$。

$$\tau_{hl}(t+n) = \rho \cdot \tau_{ij}(t) + \Delta\tau_{ij}(t,\ t+n)$$

$$\Delta\tau_{ij}(t,\ t+n) = \sum_{k=1}^{m} \Delta\tau_{ij}^k(t,\ t+n)$$

设 t: =t+n

对每一条路径 (i, j), 设 $\Delta\tau_{ij}(t,\ t+n)$: = 0

(5) 记录到目前为止的最短路径。

If $NC<NC_{\max}$

则

清空所有的禁忌表

设置 s: =1

for i: =1 to n do

for k: =1 to b_i (t) do

$tabu_k$ (s) =i　{一次循环后蚂蚁又重新回到了初始位置}

设 t: =t+1

对于每一条路径 (i, j), 设置 $\Delta\tau_{ij}(t,\ t+n)$: = 0

返回步骤 (2)

else

输出最短路径

9.2.2.6　算法的整体流程

蚁群算法的整体流程图如图 9.3 所示。

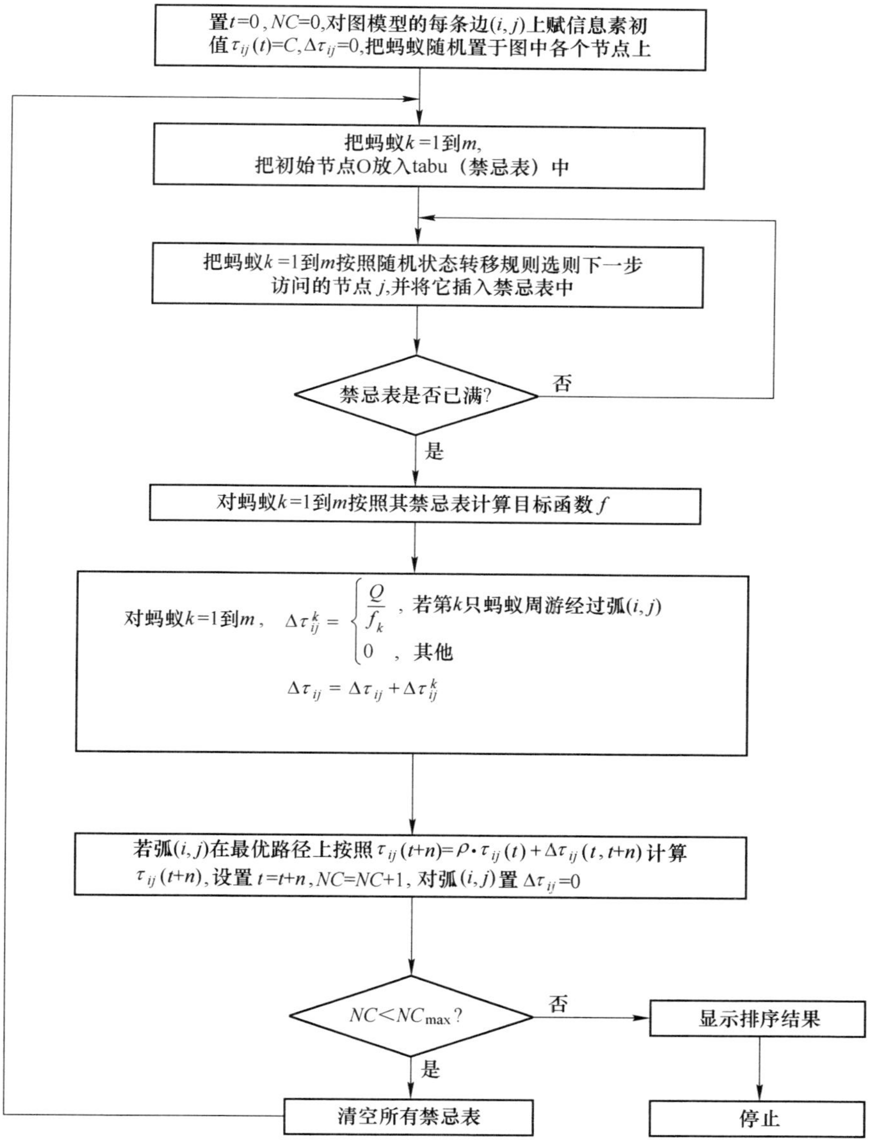

图 9.3　蚁群算法的整体流程图

9.3　航班规划优化问题算法设计

9.3.1　问题描述

航班规划是指对航空公司的有限资源（如飞机、航线、资金、人员等）进行配置，规定正常飞机的航线、机型、飞机频率及班期时刻。一般来说，航班计划优化的目标函数有 3 种：利润最大化、成本最小化和旅客承运数最大化（市场最大化）。采用利润最大化最理想，它和成本最小化的差异就是要计算收入。而收入和票价有关，由于票价在销售过程中经常变动，通常在优化时用航班的平均票价或预测平均票价代替。而成本可以根据历史数据精确地分析和确定。至于市场最大化，目前已经很少使用，因为根据收益管理的原则，并不是市场最大化就等于收益最大化，客座率高而票价低，最终仍可能收益少。因此，目前常用的航班计划优化模型是以利润最大化为目标函数。

一般地，航班计划优化问题都基于如下假设：

(1) 航线网络已知，即已经决定飞哪里，因此航线距离、飞行时间已知；

(2) 航班频率已知，即每天飞多少班已经由航班频率决策优化方法确定；

(3) 机队规模已知，即飞机数量、可提供座位数、总飞行小时数确定；

(4) 市场需求已预测，在决策过程中作为已知条件，需要满足；

(5) 运行成本即变动成本已知。

9.3.2　算法设计

本问题是基于遗传算法的航班规划优化算法设计，具体包括以下几方面。

9.3.2.1　染色体编码

使用遗传算法求解实际问题，首先要考虑到染色体编码的问题，即如何将问题求解的变量转化为染色体的基因置于染色体中进行求解。

在本节所要解决的问题中，由于最终的求解目标是在利益最大化的前提下，得到每条航线上的航班航次安排，因此，我们可以将问题考虑的求解变量定为每种机型的飞机在每条航线上的飞行的次数，记为 x_{ij}，其中 $1 \leqslant i \leqslant M$，$1 \leqslant j \leqslant N$，具体含义为机型 i 在从城市 A 到城市 j 的航线上有 x_{ij} 次往返（单位为往返，考虑的是飞机有返回的情形）。所以，每个染色体的编码为：

$$CH = [x_{11}, x_{12}, \cdots, x_{1N}, x_{21}, \cdots, x_{2N}, \cdots, x_{MN}] = [x_1, x_2, \cdots, x_{M*N}] \tag{9.1}$$

在式 (9.1) 中，第二个等号的后回部分将求解变量的矩阵形式转化为数组形式，更符合染色体的构造，更加有利于算法的实现。

染色体 CH 的每个基因 x_{ij} 都有其取值范围，遗传算法的目标就是在这些变量的范围内对这些变量进行取值，组合，构造出最优的解。对于各机型在各航线上的航次 x_{ij} 来说，其取值应受到航班规划问题的约束条件的限制。对于飞机来说，最大的约束应该是其本身的特性。所以在该问题上，最基本的约束条件应该是飞机的架数以及日利用率。在完成对染色体的编码后，我们给定基因（变量）的求解范围。具体的方法如下所示：

$$0 \leqslant x_{ij} \leqslant \left\lfloor \frac{U_i}{2T_{ij}} \right\rfloor A_i \tag{9.2}$$

式（9.2）的上边界是基于这样考虑的：每一架飞机 i 在航线 j 上的往返 1 次的时间为 $2T_{ij}$，因此这架飞机在此航路最多往返 $\left\lfloor \frac{U_i}{2T_{ij}} \right\rfloor$ 次，而共有 A_i 架这种飞机，所以 x_{ij} 的上限是 $0 \leqslant x_{ij} \leqslant \left\lfloor \frac{U_i}{2T_{ij}} \right\rfloor A_i$。

9.3.2.2 适应度函数

使用遗传算法求解问题的一个重要前提是构造出可以评价解的优劣程度的适应度函数，它反映了个体对环境的适应性。在航班规划这个问题上，适应度函数是和染色体编码中的基因 x_{ij} 直接关联的。根据“收益 = 总收入 − 总成本”，我们可以得到式（9.3）：

$$f = 2\sum_{i=1}^{M}\sum_{j=1}^{N}(R_{ij}V_{ij}S_{ij}x_{ij} - C_iT_{ij}x_{ij}) \tag{9.3}$$

式中，$R_{ij}V_{ij}S_{ij}x_{ij}$ 为客座率乘以座位容量乘以票价再乘以班次，得到总收入；$C_iT_{ij}x_{ij}$ 为小时飞行成本乘以飞行时间再乘以班次，得到总成本。注意到公式前面的系数 2，这是由于 x_{ij} 表示的是往返次数，而不是单程次数。

9.3.2.3 约束条件

由于航班规划问题受到众多约束条件的限制，将上面提到的约束条件用数学表达形式表示出来。

A 飞机数量和日利用率约束

根据相应的条件，可以得到该约束条件的函数表达式：

$$2\sum_{j=1}^{N} T_{ij}x_{ij} \leqslant U_iA_i \quad , \ \forall i,\ 1 \leqslant i \leqslant M \tag{9.4}$$

对于每一种机型，将其在所有航线上的飞行总时间加起来，必须不能超过总的日利用率。尽管这个上界略显粗糙，但是出于这是初步的航班规划这一参考意义上，仍可认为这是可以接受的。

B 机型可用性约束

根据该约束条件的含义，当某机型 s 对于某航线 $A \rightarrow t$ 不可用时，即为该机型在该航线上的航次 $x_{st} = 0$。这可以通过改变变量 x_{st} 的取值范围来实现，即若

$x_{st} = 0$，则 x_{st} 的取值区间定为［0，0］。

C　需求实现约束

由前面关于需求实现约束的表述，可以得到该约束条件的函数表达式：

$$L_j \leqslant \sum_{i=1}^{M} x_{ij} \quad , \ \forall j, \ 1 \leqslant j \leqslant N \tag{9.5}$$

从城市 A 到城市 j 的航班总数不得小于下限 L_j。

D　降落条件限制

同上，有约束函数（9.6）：

$$U_j' \geqslant \sum_{i=1}^{M} x_{ij} \quad , \ \forall j, \ 1 \leqslant j \leqslant N \tag{9.6}$$

从城市 A 到城市 j 的航班总数不得超过所能承受的上限 U_j'。

式（9.4）~（9.6）考虑的只是一些基本的约束条件，在实际的应用中，涉及的约束条件是非常多的。但是无论是什么约束条件，都可以通过将它们以类似式（9.4）~式（9.6）的方式表示出来并添加进去，然后通过相应的修补函数对非法解进行修补。这是算法可扩展性的一个体现。

9.3.2.4　遗传算子

遗传算法自从提出以来，关于选择、交叉和变异等遗传算子已经得到广泛而深入的研究，并且在具体的实际问题中的应用也各具特色。本节研究的重点是对航班规划问题进行求解和优化，因此采用了最基本也是最简单的遗传算子，这些遗传算子具有通用性，在求解问题时也表现出了很好的性能。

选择算子是基于个体适应值的，选择的方法有轮盘赌选择策略、锦标赛选择策略、按比例选择策略等等。由于我们求解的问题是利益最大化问题，因此是求最大值问题，比较适合采用轮盘赌选择策略，这里使用轮盘赌方法来构造相应的选择算子。

交叉算子采用最简单的单点交叉策略。在算法的实现上，采用基于数组编码的方案，如式（9.1）所示。这样，每两个染色体之间通过随机选择一个交叉点，然后相互交换交叉点后面的基因。有一点需要注意的是，两个父代染色体通过交叉操作产生了两个子代染色体，这些子代染色体有可能是非法解，也就是违反了相应的约束条件，因此需要进行修补，以保证染色体的有效性。

变异算子采用通用的均匀变异。对染色体中的每一个基因，首先通过随机产生一个［0，1］之间的数，如果该随机数小于变异概率，则对该基因进行变异，在其取值范围内随机生成一个新的数。当然，变异操作也可能导致非法解的出现，因此也需要进行修补。

9.3.2.5 修补策略

由于航班规划问题受到众多约束条件的限制，因此在使用遗传算法进行求解的过程中，往往会遇到求解结果不满足实际需要的情况，这是因为遗传算法在交叉操作和变异操作的时候不能保证新的解是合法的。

为了解决该问题，我们必须采取一定形式的修补策略对非法解进行修补。最简单的修补策略可以是随机选择一个 x_{ij}，在其取值范围内进行减 1 或加 1 操作，在只有一个约束条件下，这种修补方法是简单有效的。

但是当约束条件较多时，比如在我们这个问题中，我们考虑的往往不仅仅是一个约束条件，实际问题要受到许多约束条件的限制，而且出于对算法的可扩展性考虑，采用这种简单的修补策略在操作上是不可行的。对于多个约束条件的问题，修补策略往往很复杂。因此，我们考虑使用惩罚函数。由于在本节考虑的问题中，我们不允许有非法解出现，因此，我们对出现非法解的结果进行惩罚。我们考虑以上 4 个约束条件，具体的做法是，对不满足式（9.4）~式（9.6）的个体，我们将其适应度函数值置为 0，使它失去了竞争力和下一代被选中的可能。这种做法有可能会破坏群体的多样性，但是在我们考虑的规模和效果范围内，这造成的影响不足为患。

9.3.3 示例分析

本节以广州新白云国际机场为出发点的一个测试实例，采用遗传算法对飞机航班规划问题进行求解与优化。问题描述如下：如图 9.4 所示，给出一个以广州为中心，分别飞往 3 个大城市（北京、上海和香港）的简单航线网络。

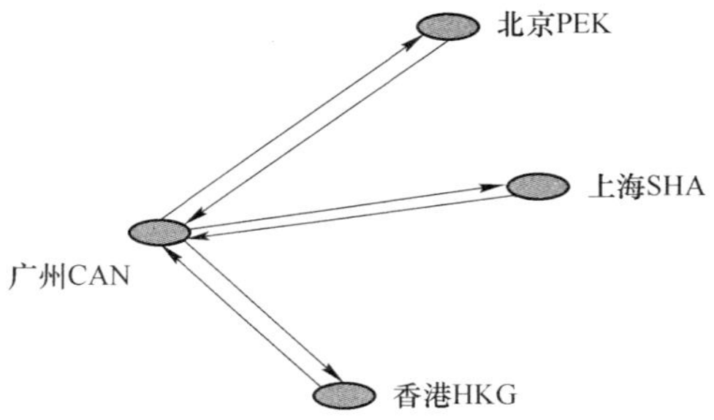

图 9.4 以广州为中心的简单航线网络

航空公司必须决定使用哪种机型来飞行以便满足需求，通过合理的航班规划，实现收益最大化。表 9.9 列出各种机型的相关特性，表 9.10 列出了出发城市与目的城市之间的飞行时间和票价。表 9.11 是在某个季度的一些市场信息。由于某种原因，737-800 机型飞机暂时不能飞往上海的航班，而 757-200 机型飞机暂时不能飞往香港的航班（这是实际问题中的机型可用性约束）。

表 9.9　飞机特性数据

机　　型	737-800	757-200
座位容量 S_i/个	168	200
飞行速度 V_i/km · h^{-1}	700	800
小时运行成本 C_i/元	30000	40000
日利用率 U_i/h	10	11
飞机架数 A_i/架	3	5

表 9.10　飞机城市对飞机与票价数据（飞行时间：h，票价：元）

城市对	737-800/h	757-200/h	票价/元
CAN-PEK	3.0	3.1	1500
CAN-HKG	0.56	0.5	600
CAN-SHA	2.3	2.0	1200

表 9.11　客座率及需求情况

城市	北京	上海	香港
客座率	0.9	0.7	0.2
下限（班次）	5	4	3
上限（班次）	20	20	20

遗传算法采用的群体规模为20，进行了100代的进化，参数交叉概率和变异概率分别为0.7和0.07。由于遗传算法是一种带指导的随机搜索算法，因此这里对求解过程进行了若干次的测试。

这里需要说明的是，表9.11中提供的客座率并不是精确的客座率，这是根据航空公司的历史营业情况估计出的。由于问题求解的是利益最大化下的航班安排，因此客座率只是影响利益，并不影响利益最大化下的航班最优安排。如有需要，我们可在航班安排后精确计算出客座率及航班总收益值。在问题的描述中，我们将两个机型的客座率设为相同的，这只是为了简化问题的求解过程，在实际问题中，它们往往是不相同的，但是这并不影响算法的性能，在实际应用中，只需改变具体输入的参数就可以使问题得到解决。

对各目标城市的总航次进行统计，得到的数据见表9.12。

表 9.12 求解结果

运行次数	总收益/万元	航线航次分配 [x_{11}, x_{12}, x_{13}, x_{21}, x_{22}, x_{23}]	北京总航次	上海总航次	香港总航次
1	353.872	[3, 2, 2, 4, 7, 2]	7	9	4
2	351.608	[2, 3, 3, 5, 6, 0]	7	9	3
3	341.608	[2, 3, 3, 4, 7, 2]	6	10	5
4	356.928	[3, 2, 0, 3, 9, 0]	6	11	0
5	348.272	[3, 2, 2, 2, 10, 2]	5	12	4
6	363.872	[3, 2, 2, 5, 6, 0]	8	8	2
7	358.272	[3, 2, 2, 3, 9, 0]	6	11	2
8	353.2	[3, 2, 1, 4, 7, 2]	7	9	4
9	363.872	[3, 2, 2, 5, 6, 0]	8	8	2
10	362.528	[3, 2, 0, 5, 6, 0]	8	8	2

从表 9.12 可以看到，设计的算法能够较好地满足到各个城市的往返航班要求。但是，从表中也可以看到，算法在满足北京、上海两个城市的航班要求的基础上，有时候给香港分配的班次居然为 0，即根本没有任何航班飞往香港，这一点看起来似乎有点不合理，但是前面提过，该实验结果是在未考虑班次上限和下限的情况下运行出来的，算法为了追求收益的最大化，甚至没有给香港分配航班。这反而佐证了算法的有效性和高效性。在实际需求中，加入对上下限的计算，这样就不会出现香港班次为 0 的情况。

参 考 文 献

[1] 邢文训，谢金星．现代优化计算方法 [M]. 2 版．北京：清华大学出版社，2005.
[2] 张劼．航空货运装载问题算法设计与研究 [D]. 天津：中国民航大学，2007.
[3] 吴国强．蚁群算法在航班进离港调度的应用 [D]. 天津：中国民航大学，2007.
[4] 傅翔．用遗传算法优化航班规划问题 [D]. 广州：中山大学，2008.

10 综合运输组织中典型问题算法设计

综合运输由于综合了多种运输方式的特点，除了降低运输费用、提高运输效率外，还可以节约能源、减少交通拥堵和环境污染，所以近年来备受关注，成为交通运输领域的一个热点问题。此外，从企业微观方面来看，单靠一种运输方式已难以满足货物运输多方面的要求，尤其是长距离、国际货物的“门到门”运输。随着集装箱的出现，由于其具有运输效率高、效益好、服务质量优的特点使得联合运输得到迅猛发展。从 1980～1990 年的 10 年间，美国联合运输量净增长 100%。

联合运输在国际上有多种表述方式，中国台湾地区将他们分别翻译为复合运输（multimodal transport）、综合运输（inter-modal transport）、联合运输（combined transport）和一贯运输（through transport）。从国外相关文献看，联合运输在国际商会中称为 combined transport，在美国称为 inter-modal transport，在世界其他地区则称为 multimodal transport。而比较认可的是欧洲运输部长会议（ECMT）的定义：联合运输（inter-modal transport）是指装在同样货柜里（如联运工具或集装箱）的货物至少经过 2 种运输方式运送，货物在转运过程中没有经过拼装和卸载，主要的运输行程是通过火车、内陆航运、海洋，运输起始和终到客户是通过尽可能短途的公路运输，实现多种运输方式联合的“门到门”运输。

联合运输具有以下几个方面的特征：（1）货物在“门到门”的运输过程中，必须装在标准化的货柜里，而且货物在转运过程中没有拼装和拆分货柜；（2）必须是 2 种或 2 种以上不同运输方式的连贯运输；（3）必须有一个多式联运经营人负责整个运输链的协调与管理；（4）必须实行全程单一的运费费率，并由多式联运经营人以包干形式一次性向货主收取。

下面讨论几种综合运输组织中的典型问题的求解算法。

10.1 综合运输路径优化问题算法设计

在联合运输路径优化的模型研究方面，由于需要考虑的因素很多，如运输路径、运输费用、运输方式的分担选择等，现在还没有通用的理论模型。目前所做的理论研究中，通常是从总时间最少、总费用最小或总服务水平最高等中的一个方面进行建模分析。

10.1.1 综合运输路径优化模型

本节建立的模型特点是以总费用最小和总时间最小为目标函数，假设在任意两城市间采用同一运输方式，运输方式的转换只在城市所对应的节点处发生，运输费用及运输时间和运输距离呈线性关系。该模型如下：

$$\min z_1 = \sum_i \sum_k x_{i,\ i+1}^k \cdot c_{i,\ i+1}^k + \sum_i \sum_k \sum_l y_i^{kl} \cdot f_i^{kl}$$

$$\min z_2 = \sum_i \sum_k x_{i,\ i+1}^k \cdot t_{i,\ i+1}^k + \sum_i \sum_k \sum_l y_i^{kl} \cdot s_i^{kl}$$

s. t.

$$\sum_k x_{i,\ i+1}^k = 1,\quad \forall i \tag{10.1}$$

$$\sum_k \sum_l y_i^{kl} = 1,\quad \forall i \tag{10.2}$$

$$x_{i-1,i}^k + x_{i,\ i+1}^l \geqslant 2y_i^{kl},\quad \forall i,\ k,\ l \tag{10.3}$$

$$x_{i,\ i+1}^l,\ y_i^{kl} \in \{0,\ 1\},\quad \forall i,\ k,\ l \tag{10.4}$$

式中，$c_{i,\ i+1}^k$ 为从城市 i 到城市件 $i+1$ 采用运输方式 k 时的运输费用；f_i^{kl} 为城市 i 运输方式由 k 转换为 l 时的中转费用；$t_{i,\ i+1}^k$ 为从城市 i 到城市件 $i+1$ 采用运输方式 k 时的运输时间；s_i^{kl} 为城市 i 运输方式由 k 转换为 l 时的中转时间。

$$x_{i,\ i+1}^k = \begin{cases} 1, & \text{从城市 } i \text{ 到城市 } i+1 \text{ 采用运输方式 } k \\ 0, & \text{否则} \end{cases}$$

$$y_i^{kl} = \begin{cases} 1, & \text{在城市 } i\text{，如果运输方式从 } k \text{ 转为 } l,\ k \neq l \\ 0, & \text{否则} \end{cases}$$

该模型的目标函数 z_1 为 2 个单独的线性成本函数之和，右边第 l 部分表示将给定数量的货物由起点运送到终点时的总运输费用，右边第 2 部分表示在中转地改变运输方式时的中转费用之和；目标函数 z_2 为 2 个单独的线性成本函数之和，右边第 1 部分表示将给定数量的货物由起点运送到终点时的总运输时间，右边第 2 部分表示在中转地改变运输方式时的中转时间之和。

在约束条件中，式（10.1）表示在 2 个城市之间的运输只能使用一种运输方式；式（10.2）表示在一个城市只采用一种中转方式；式（10.3）用来保证内部的一致性，即如果在城市 i 运输方式由 k 转换为 l，则从城市 $l-1$ 到城市 i，运输方式采用 k，从城市 i 到城市 $i+l$，运输方式采用 l；式（10.4）表示对决策变量的 0-1 约束。

10.1.2 遗传算法设计

上述综合运输路径优化模型是一个 NP 难题，很难用精确算法在可接受的时间内求出全局最优解，因此这里采用遗传算法对其进行求解。

10. 1. 2. 1　确定个体的编码方式

对于遗传算法来说，它的可行解由个体来表示，主要在个体之间进行交叉、变异的操作生成新的个体，直到得到合乎条件的个体为止。所以如何决定个体的编码方式，对问题的求解速度、误码率、最优解的范围都有很大影响。这里针对模型使用的编码方式是自然数编码，染色体长度即为城市的数量加上每个城市之间运输方式选择作为染色体长度，例如对于一个 8 个城市 3 种运输方式的运输网络而言，染色体长度就是 8×（8+1）= 72，其中城市选取用 0–1 来代表节点是否被选中，而运输方式的选取用 1–3 之间的自然数编码来表示。

10. 1. 2. 2　确定初始群体

若干个染色体或个体组成的一组向量称为一个群体，遗传算法计算的第一步首先要确定一个初始群体，在此基础上才可以进行之后的遗传进化过程。初始群体的选择应该具有较为广泛的代表性，并且要有足够多的染色体（个体），否则有可能陷入局部最优解而出现早熟现象。

本算法的染色体生成方式是随机生成大部分染色体（城市节点随机产生 0~1 来表示是否经过该节点，城市间的运输方式则随机产生 1~3 的自然数表示选择哪种运输方式，1——铁路，2——公路，3——海运），再在群体中加入一部分可行解染色体（从 1~8 求一条可行路径，再把该路径编译成初始解，如 1 →铁路 →2 → 铁 路 → 4 → 铁 路 → 5 → 铁 路 → 6 → 海 运 → 8，其染色体 1000000010100000001000000000000010000100010000010030000000000000001），作为初始群体。

10. 1. 2. 3　确定适应度函数

在遗传算法中用适应度函数来表明个体和解的优劣性，以确定个体遗传到下一代的概率，适应度越高的个体遗传到下一代的概率就越高，这样就保证了个体向最优解的方向发展。本节直接用目标函数作为适应度函数，即 $f_{(x)} = z_{(x)}$。同时为了防止在计算早期出现个别特殊个体，用下式对适应度函数进行标定：

$$f = f' = \frac{1}{f_{\max} + f_{\min} + \delta}(f + f_{\min})$$

式中，f 为原适应度函数；f' 为标定后的适应度函数；$f_{\max}$，$f_{\min}$ 分别为按照实际问题中的最大适应度和最小适应度；δ 为一个 0~1 之间的正实数。

10. 1. 2. 4　确定交叉和变异规则

交叉是指种群中确定的父代染色体，通过一定规则产生子代染色体的过程，这一过程所遵循的规则称为交叉规则。这里我们采用两点交叉法，在该方法中，从亲代中选择2个染色体，随机产生2个点，作为交叉点，然后将2个染色体中2个交叉点之间的对应信息码相互交换得到2个子代的染色体。然而，经过该操作后，新产生的后代不一定符合约束条件，所以还要对产生的新个体进行检验，如果不符合约束条件，还要重新进行交叉，直到满足约束条件为止。该操作对所研究问题的实际意义是对所经过路径选择的改变。

变异是指对交叉操作产生的新一代群体的某些染色体，以一个相当小的概率改变某未知的基因信息，突变为新的染色体，这种变异操作可以避免遗传算法陷入局部最优，变异操作实现过程以下：先产生一个 0~1 的随机数 r，如果它小于一个给定的足够小的实数 a，即 $r<a$，则随机选取该染色体的基因位置，将其信息码改变为新值，同交叉一样，经过变异后产生的新个体也不一定符合约束条件，所以也要对新产生的个体进行检验，如果不符合约束条件，也要重新进行变异，直到符合约束条件为止。

10.1.2.5 多目标算法的确定

针对本节的多目标模型，我们以基于遗传算法的并列选择法进行求解，具体思路为：先将总目标函数分为时间和费用2个分目标函数，即 z_1 和 z_2，$\min z = z_1 + z_2$。然后将群体中的全部个体按照这2个分目标函数均等地分为2个子群体，将每个子群体按照相应的分目标函数进行选择运算，各自选出一些适应度高的个体组成一个新的子群体，然后再将所有这些新生成的子群体合并成一个完成的群体，在这个群体中进行交叉和变异运算，从而生成下一代的完整群体。如此不断地进行“分割—并列选择—合并”的操作，最终可求出多目标优化问题的最优解。

10.1.2.6 参数设置

在遗传算法中，交叉概率 p_c 和变异概率 p_m 是影响遗传算法行为和性能的关键，直接影响着算法的收敛性。一般现有的遗传算法中 p_c 和 p_m 都是分别取固定的值。为了避免发散和陷入局部最优点，本节引入自适应机制，动态地调整 p_c 和 p_m，即通过对高适应值的解降低 p_c 和 p_m，而对低适应值的解提高 p_c 和 p_m 来实现，具体为：

$$p_c = \begin{cases} k_1(f_0 - f)/(f_0 - \bar{f}), & f \geq \bar{f} \\ k_3, & f < \bar{f} \end{cases}$$

$$p_m = \begin{cases} k_2(f_0 - f')/(f_0 - \bar{f}), & f' \geq \bar{f} \\ k_4, & f' < \bar{f} \end{cases}$$

式中，$k_1 = 0.6$，$k_2 = 0.5$，$k_3 = 0.9$，$k_4 = 0.05$；f_0 为种群中的最大适应值；f' 表示交叉的 2 个个体中较大的适应值；$\bar{f}$ 为种群的平均适应值；f 是变异个体的适应值。

交叉概率随着适应值趋向于 f_0 而减少，当适应值等于 f_0 时，即对具有最大适应值的解，其 p_c 和 p_m 为零，这样，种群中最好的解就直接复制到下一代（即精英选择）。

10.1.3　实例分析

想要从城市 1 到城市 8 之间进行一批门到门的集装箱运输，其中可以选择的运输中转城市共有 7 个，如图 10.1 所示，其中城市 3、4、5 为港口城市必须选择且只能选择海运，其他每两个连通的城市间至少有 2 种运输方式可以选择。其中各城市间各种运输工具之间运费和运输时间见表 10.1，各种运输方式之间的转化费用和时间见表 10.2，空格处表示两城市之间这种运输方式是不可行的。

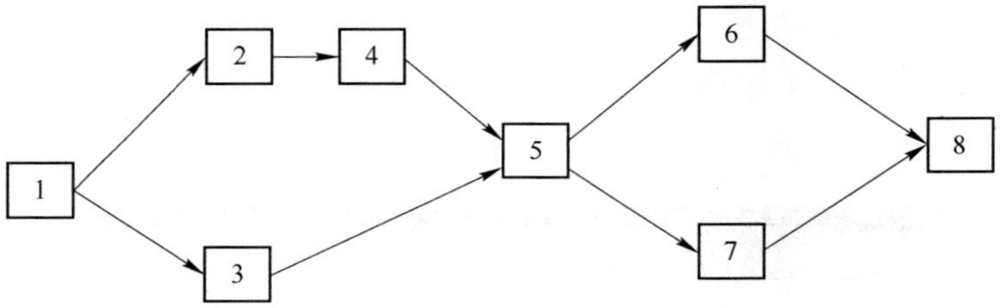

图 10.1　城市连接图

表 10.1　城市间各种运输工具费用和运输时间

城市	1—2	1—3	2—4	3—5	4—5	5—6	5—7	6—8	7—8
铁路	3 * 6	4 * 7	3 * 5			8 * 12	8 * 13	9 * 15	
公路	4 * 5	3 * 6	2 * 6				7 * 11	10 * 13	8 * 14
水路		2 * 10		5 * 14	3 * 12	5 * 16			6 * 16

注：$a * b$ 中 a 和 b 分别是费用和时间。

表 10.2　各种运输方式转化费用、时间

	铁路	公路	水路
铁路	0 * 0	1 * 1	2 * 2
公路	1 * 1	0 * 0	2 * 1
水路	2 * 2	2 * 1	0 * 0

注：$a * b$ 中 a 和 b 分别是费用和时间。

按照先前阐述的方法将这个问题转化为一个最短路问题。然后用并列选择遗传算法对网络进行求解，初始个体数为 100，程序运行的结果如图 10.2 所示，最终遗传代数为 120 代，因算法已基本收敛，得到的最终优化路线为：8 →公路→7

→公路→5→海运→3→公路→1，总费用是74，运输费用27，时间费用47。

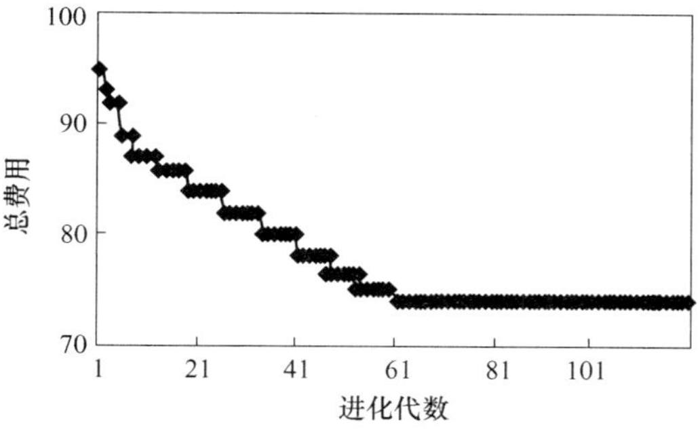

图10.2 运行结果收敛图

10.2 多式联运运输方式选择问题的算法设计

多式联运下的运输优化问题可以归结为如何在满足客户需求的基础上，通过确定合理的联运方式和运输路径使物流的总费用最小化。然而，多式联运有其固有的技术复杂性。由于涉及多种运输方式，往往空间跨度巨大，各种运输方式的运输网络通常都十分庞大。为实现多式联运的全过程优化，不仅要做到多种运输方式内部优化，而且要做到它们之间的组合最优化。

10.2.1 问题的描述

货物从发点 O 到点 D 间通过联合运输网络运输。已知该运输网络由若干枢纽结点构成，相邻结点之间有若干种运输方式可供选择，每个枢纽结点可以进行不同运输方式的中转，希望在合同约定的期限内通过选择适合的运输方式、适合的运输径路，安全、经济、便利的送达货物。为了便于建模特作出如下假设：

（1）同批货物在运输过程中不可分割，即一批货物同时经由一种运输方式运输。

（2）货物需在枢纽结点中转，且同批货物在每一枢纽结点最多发生一次转载。

10.2.2 多式联运网络的构建

构造网络 $G'(V', E')$，其中 V' 代表枢纽结点集，E' 代表枢纽结点间弧集。由于对任意一条有向弧对应有若干种运输方式提供运输服务，为了体现多种运输方式运输以及在枢纽节点进行中转的特点将基本网络做如下变换：

（1）除始发和终到结点外将每一个中间枢纽结点按照可用运输方式扩展为若干接入结点和出发结点，分别代表进入枢纽的运输方式和从枢纽出发的运输方式。

（2）若扩展后同一枢纽结点内的接入结点和出发结点之间以弧相连，表示在某一枢纽内 2 种运输方式之间可以进行中转作业，其弧称为中转弧。若任意相邻枢纽的出发结点和接入结点间有弧相连，其弧称为运输弧，表示两枢纽间可选用某种运输方式进行运输。

改造后形成的新网络 $G(V, E)$。V 代表新的结点集，E 为新的弧集，且 $E = E_T \cup E_C$，其中 E_T为运输弧集，E_C为中转弧集。

下面通过一个简单的例子说明联运网络的建立。已知 O—D 间货物采用联运方式运输，在 P 点进行中转，其中 O—P，P—D 间均有 2 种不同方式可供选择，按照以上原则构建的联运网络如图 10.3 所示。

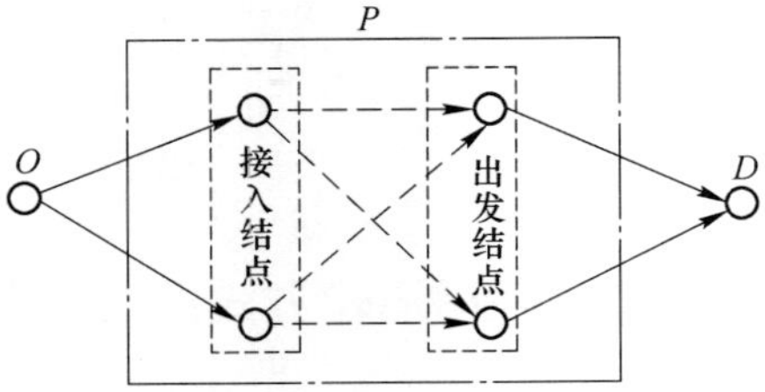

图 10.3　联运网络图

10.2.3　模型的建立

10.2.3.1　参数和变量

设 $t_{i,j}$为某批货物在（i ，j）弧的走行时间，$(i, j) \in E$；$e_{i,j}$为该批货物在中转弧（i ，j）走行的中转费用；［T_1，T_2］为签订的联运合同所约定的交货期限；M 为货物逾期违约费用；S 为早到产生的存储费用；RI 为发送货物的风险因子，$FM_{i,j}$为货物通过弧（i ，j）运输时的运输方式风险因子，$(i, j) \in E_T$，$TR_{i,j}$为货物通过弧（i ，j）中转时的结合部风险因子，$(i, j) \in E_C$。

决策变量：

$$X_{(i,\ j)} = \begin{cases} 1, & \text{若选择从}(i,\ j) \in E \\ 0, & \text{其他} \end{cases}$$

10.2.3.2　多目标模型的建立

A　目标 1：选择运输路径的综合成本最小

在多式联运中发生的综合成本由在途发生的运输成本、枢纽内由于中转所发生的中转成本和由于运输不及时发生的违约成本三部分构成。

在途运输成本和运输的货物品类、采用的运输方式以及走行的运输路径有关。考虑到运输的规模经济性对于运输成本的实际影响，可将运输成本视为基于运输方式、货物、运输距离的分段函数。设该批货物选择弧（i ，j）$\in E_T$运输时所适用的第 r 范围的单位成本函数为 $C_{i,\ j}^r$，$r \in R$，R 为分段数集。则该部分成本

为 $\sum_{(i,j)\in E_T}\sum_{r\in R} X_{(i,j)} c^r_{(i,j)}$。

中转成本主要是由于运输方式的变更导致货物在运输过程中发生的倒装、转运、存储等作业而发生的费用。该部分的费用为 $\sum_{(i,j)\in E_C} X_{(i,j)} e_{(i,j)}$。

违约成本主要考虑货物送达的及时性要求，即按照合同规定的时间范围送达货物。否则若早到会产生额外的存储费用，若晚到则会发生逾期的赔偿费用。该部分费用为：$\max[0, (T-T_2)M]+\max[0, (T_1-T)S]$。其中，$T$ 为货物的实际运输时间，且 $T=\sum_{(i,j)\in E} X_{(i,j)} t_{(i,j)}$。

目标函数 1 表示为

$$\min F_1=\sum_{(i,j)\in E_T} X_{(i,j)} c^r_{(i,j)}+\sum_{(i,j)\in E_C} X_{(i,j)} e_{(i,j)}+\max[0, (T-T_2)M]+\max[0, (T_1-T)S] \tag{10.5}$$

B 目标 2：运输风险最小

运输风险是联运中应该切实考虑的因素，为了实现对运输风险的定量度量，提出联运风险指数的概念实现联运风险的度量。联运风险指数是对联运中风险进行综合度量的指标，由发送货物风险因子 RI、运输方式的风险因子 FM、结合部的风险因子 TR 构成。发送货物风险因子主要考虑由于货物在运输中由于化学、物理特征的变化所产生的对环境和人员造成的伤害。运输方式的风险因子主要受到运输线路条件、气候条件、各运输方式现有管理水平的影响。结合部的风险因子主要考虑各种方式之间的协作程度。联运风险指数可以采用综合评价的方法获得。

目标函数 2 表示为

$$\min F_2=RI+\frac{\sum_{(i,j)\in E_T} X_{(i,j)} FM_{(i,j)}}{\sum_{(i,j)\in E_T} X_{(i,j)}}+\frac{\sum_{(i,j)\in E_C} X_{(i,j)} TR_{(i,j)}}{\sum_{(i,j)\in E_C} X_{(i,j)}} \tag{10.6}$$

满足下列约束条件：

保证网络结点的流量平衡

$$\sum_{j\in V} X_{(i,j)}-\sum_{j\in V} X_{(j,i)}=\begin{cases}1, & 若\ i=O\\ -1, & 若\ i=D\\ 0, & 其他\end{cases} \tag{10.7}$$

10.2.3.3 模型的转化

以上模型为多目标规划模型。在多目标规划模型中由于目标向量的不协调性以及约束条件的存在难于求解，本节采用主要目标法将多目标规划模型转变为单目标规划模型从而便于问题的求解，即在多个目标中确定一个目标作为主要目标。其余目标作为次要目标转化为相应的约束条件，从而将多目标规划模型转变为单目标规划模型，进而得到有效解。

由于在目标 1 中体现了经济、便利、及时、有效等大量信息，选取目标 1 作为主要目标。对于目标 2 中的最小风险，可以通过决策者的实际经验及判断，结合相关数据的分析和比较设定一个可以接受的最大值 α，使整个运输过程中度量风险指数不大于 α 值，从而将目标函数 2 转化为一个约束条件。转化后得到如下的单目标规划模型：

$$\min F = F_1 \tag{10.8}$$

$$\text{s.t.} \quad \begin{cases} F_2 \leqslant \alpha \\ \text{约束条件}(3) \end{cases} \tag{10.9}$$

10.2.4　算法设计

本节利用克隆选择免疫算法求解多式联运方式选择问题。即选择将目标函数（4）作为抗原，优化解作为抗体，通过亲和力计算、抗体产生的促进和抑制、群体更新等技术得到问题的满意解。相关技术细节及算法步骤包括以下几方面。

10.2.4.1　产生抗体

对于问题的解，采用基于顶点优先权的编码设计抗体的结构。对于一个由 n 个结点构成的多式联运网络，每一个抗体代表一条从节点 1 出发，终于结点 N 的由相继节点组成的路径。抗体由 N 位代表节点的基因构成，第一个基因表示是起始点 1，最后一个基因表示终点 N。各基因的值由随机产生的 1~n 的整数表示优先权，用 P_{v_i} 表示。抗体的解码步骤如下：

（1）给网络各结点 v_i 随机赋优先权 P_{v_i}。

（2）置 $l=1$，$v_l=1$。

（3）寻找下一个基因 v_{l+1}。寻找和顶点 v_l 相邻的顶点中优先权最大的顶点作为基因加入抗体，$l=l+1$。

（4）若 $l \leqslant n$，转步骤（4），否则转步骤（5）。

（5）对约束检验抗体若可行，记录该抗体 x_v，否则转步骤（1）。

10.2.4.2　亲和力计算

亲和力计算包括计算抗原和抗体之间的亲和力以及抗体间的亲和力。抗原和抗体间的亲和力表现了抗体对抗原的匹配程度。为了防止由于目标函数值过大造成亲和力值过小而不利于个体优劣的体现，采用式（10.10）计算，其中 K 为根据目标函数的数量级所确定的正数，其目的在于放大计算的亲和力值。$AT(x_v)$ 表示抗体 x_v 和抗原 $F(x_v)$ 的亲和力，$F(x_v)$ 为抗体 x_v 对应的目标函数值。

$$AT(x_v)=\frac{K}{|F(x_v)|} \tag{10.10}$$

抗体间的亲和力 $AY(x_v, x_w)$，表明了抗体间的相似程度。抗体 x_v 和 x_w 的亲和力为

$$AY(x_v, x_w)=\frac{1}{1+H(x_v, x_w)} \tag{10.11}$$

式中，$H(x_v, x_w)$ 为两抗体的结合强度。

$H(x_v, x_w)$ 采用如下方式度量：

$$H(x_v, x_w)=\sum_{l=1}^{n-1}\delta, \quad \begin{cases}\delta=1, & x_v^l \neq x_w^l \\ \delta=0, & \text{否则}\end{cases} \tag{10.12}$$

式中，为两抗体的第 l 位等位基因。

10.2.4.3 抗体的浓度

抗体的浓度用于调节抗体的克隆规模。当某些抗体和抗原的亲和力较大时，会被克隆增扩，其浓度会迅速上升。抗体 x_v 的浓度为

$$c(x_v)=\frac{1}{n}\sum_{w=1}^{n}AC(x_v, x_w) \tag{10.13}$$

其中

$$AC(x_v, x_w)=\begin{cases}1, & AY(x_v, x_w)\geqslant T_{ac} \\ 0, & \text{否则}\end{cases} \tag{10.14}$$

式中，T_{ac} 为预先设定的抗体亲和力阈值，本节采用如下方法确定：计算抗体群中任意两抗体的亲和力，然后按照从大到小顺序排序，选择序列的中位数作为 T_{ac}。

10.2.4.4 克隆选择算子

在生物免疫系统中，由于高适应度低浓度的抗体更加具有生命力，因此通过克隆选择可以尽量保持优良的解被选择进入下一次迭代，从而使算法避免“早熟”。

首先将抗体群 $ABG1$ 中的抗体根据其和抗原的亲和力大小降序排列，选择亲和力大于阈值 $\overline{AT}$ 的前 m 个抗体进行克隆增扩。亲和力阈值 $\overline{AT}$ 可以根据问题的实际，结合经验设定一个适当的值。本节选取当代亲和力的平均值，按照下式计算总的克隆数：

$$N_c=\sum_{v=1}^{m}round\left[\beta\frac{AT(x_v)}{c(x_v)}\right] \tag{10.15}$$

式中，β 为参数因子。

10.2.4.5　算法过程描述

算法实现的具体步骤如下：

（1）初始化。设 $T=0$，变异概率 p_m，最大迭代次数 GEN，抗体群规模 POP。

（2）识别抗原，抗体的编码。

（3）随机生成一个规模为 POP 的抗体群 ABG。

（4）计算抗体群 ABG 中每个抗体对抗原的亲和力 $AT(x_v)$ 和抗体之间的亲和力 $AY(x_v, x_w)$。

（5）选择抗体和抗原亲和力高的 $POP1$ 个抗体形成群体 $ABG1$。

（6）计算抗体群体 $ABG1$ 中各个抗体的浓度。

（7）将 $ABG1$ 中的抗体按照亲和力由大到小降序排列，结合抗体浓度选择得到克隆抗体群体 $ABG2$。

（8）通过变异算子对克隆抗体群 $ABG2$ 进行变异操作，得到 $ABG3$。

（9）计算抗体群 $ABG3$ 中每个抗体对抗原的亲和力。

（10）合并抗体群 ABG 和 $ABG3$。选出亲和力最高的和互不相同的 POP 个抗体组成新的抗体群 ABG。

（11）若 $T \leqslant GEN$，则 $T=T+1$，转步骤（4）；否则结束。

10.2.5　算例

一批货物选择通过如图 10.4 所示的联运网络实现从 $O \longrightarrow D$ 点的运输，已知有 3 种运输方式可供选择，合同约定交货时间区间为［68，75］（单位：h），单位存储成本为 3，违约成本为 5，发送货物风险因子 RI 为 3，以接受的综合风险指数值 $\alpha=15$ 简化后的运行成本/时间和中转成本/时间/运输方式的风险因子/结合部的风险因子见表 10.3所示，改进后的联运网络图如图 10.4 所示，运输方式间的中转成本/时间结合部的风险因子见表 10.5。

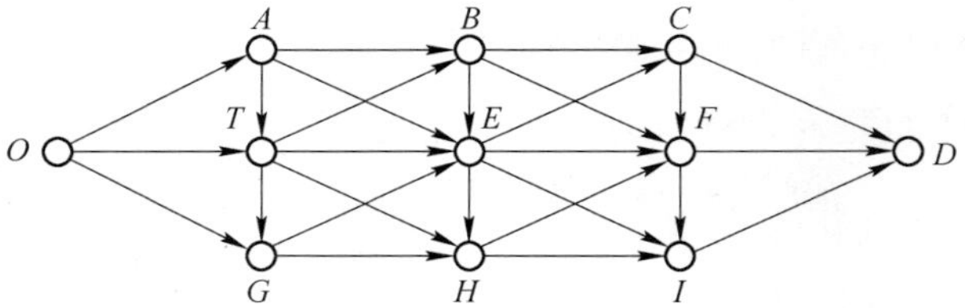

图 10.4　运输网络图

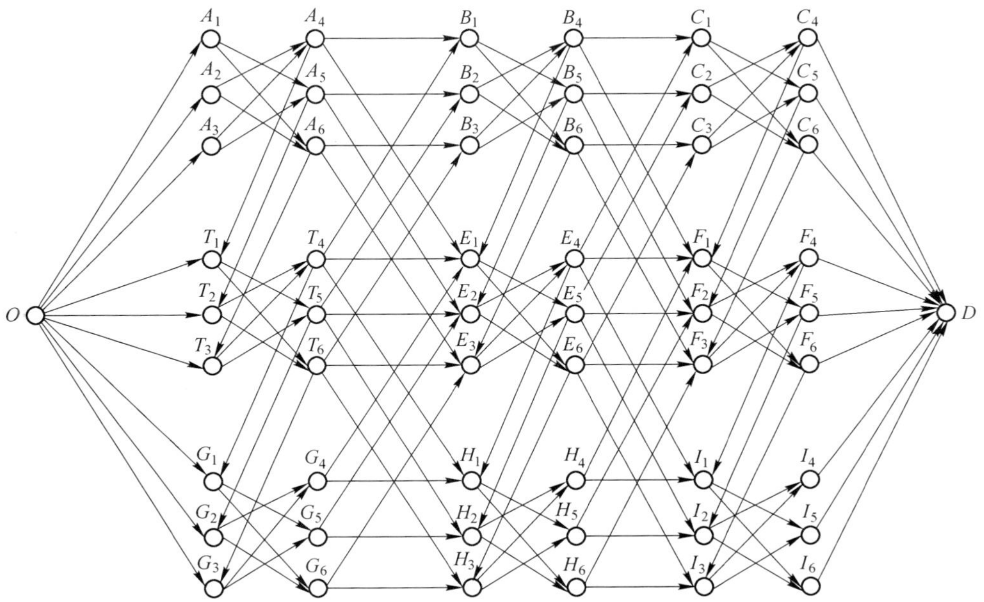

图 10.5 改进的联运网络

表 10.3 结点间不同运输方式的运输成本/时间/运输方式的风险因子

方式	OA	OT	OG	AB	AT	AE	TB	TG	TE
1	35/15/2	20/10/1	18/32/3	24/10/1	20/10/1	25/12/2	16/8/2	15/8/1	18/11/1
2	30/15/1	40/20/1	16/48/2	25/12/1	30/12/1	32/18/1	18/9/3	16/9/1	22/15/1
3	20/13/1	20/14/1	20/6/2	22/10/1	19/10/1	23/12/2	22/11/2	23/10/1	21/15/2
方式	TH	GE	GH	BC	BE	BF	EC	EF	EI
1	15/11/1	20/10/3	22/35/2	21/10/1	32/30/2	26/10/1	20/10/2	24/10/3	20/10/1
2	24/15/1	16/19/2	18/19/2	18/17/1	25/17/2	25/22/1	26/18/2	25/12/2	30/12/2
3	18/15/1	19/18/1	25/16/2	24/17/1	20/14/1	20/16/2	28/13/2	22/10/1	19/10/3
方式	EH	HF	HI	CF	CD	FD	FI	ID	
1	25/12/2	16/18/2	15/18/2	18/31/1	15/31/1	20/32/1	32/11/1	21/10/2	
2	32/18/2	18/9/2	16/9/2	22/15/1	24/15/1	16/19/1	18/19/2	18/17/2	
3	23/12/2	22/11/2	23/10/2	21/15/1	18/15/2	19/18/2	25/16/2	24/17/2	

表 10.4　运输方式间的中转成本/时间/结合部的风险因子

方式	A			B			C			T			E		
	1	2	3	1	2	3	1	2	3	1	2	3	1	2	3
1	—	6/2/3	6/1/4	—	9/3/3	7/3/3	—	8/2/3	6/1/3	—	8/2/2	6/1/3	—	9/3/2	7/3/3
2	5/1/3	—	9/2/2	7/3/2	—	7/2/2	5/2/1	—	9/2/2	5/2/2	—	9/2/1	7/3/2	—	7/2/1
3	6/1/1	9/2/2	—	7/2/2	7/2/1	—	6/1/1	9/2/2	—	6/1/2	—	7/2/2	7/2/2	7/2/2	—

方式	F			G			H			I					
	1	2	3	1	2	3	1	2	3	1	2	3			
1	—	9/3/1	7/3/1	—	8/2/2	6/1/1	—	9/3/1	7/3/1	—	8/2/1	6/1/2			
2	7/3/2	—	7/2/1	5/2/1	—	9/2/1	7/3/1	—	7/2/1	5/2/1	—	9/2/2			
3	7/2/2	7/2/1	—	6/1/1	9/2/1	—	7/2/1	7/2/1	—	6/1/1	9/2/1	—			

算法的参数设置如下：抗体规模 70，记忆的最优抗体数为 35，变异概率 0.6，迭代次数为 70 代，参数 β 取 0 .8，K 取 100。同时选用优化软件 Lingo10，对问题进行求解得到表 10.5 的对比结果。

表 10.5　计算结果

方法	最优目标值	最优联运方式组合及路径
免疫算法	92	$O \xrightarrow{3} T \xrightarrow{1} B \xrightarrow{3} F \xrightarrow{2} D$
Lingo 软件	92	$O \xrightarrow{3} T \xrightarrow{1} B \xrightarrow{3} F \xrightarrow{2} D$

通过运算可得如下结果：选择第 3 种运输方式经由路径 O 到 T，然后换乘第 1 种运输方式到 B 点，换乘第 3 种运输方式到 F 点，换乘第 2 种运输方式到 D 点。全程时间为 70，综合风险指数为 6.25，最小成本为 92。

10.3　多式联运下最短时间路径选择问题算法设计

10.3.1　问题提出与符号定义

假设某物流企业把货物从起始点运送到目的地，中途经过若干个节点，任意相邻的两个节点之间有若干种运输方式。在复杂的多式联运运输网络中（见图 10.6），每个节点处都可能发生运输方式的转换，每次转换将对应一条新的路径，在节点处还要考虑运输方式的转换时间和可能发生的货运延迟。

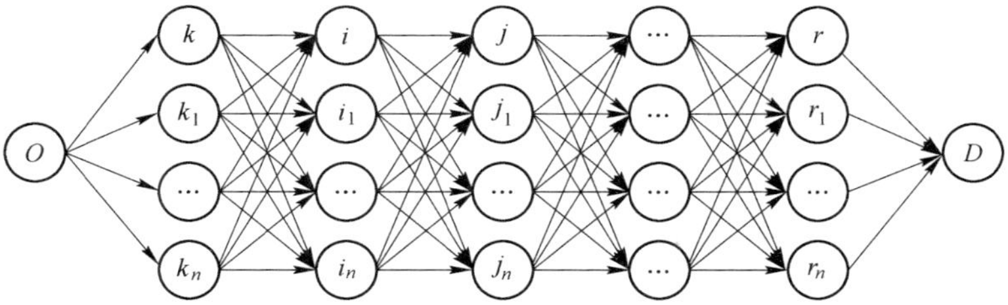

图 10.6 多式联运运输网络图

符号定义：

V——多式联运运输网络节点集合；

O——多式联运网络的起始节点；

D——多式联运运输网络的终止节点；

E——多式联运运输网络的弧集合；

M——多式联运运输方式集合；

T——多式联运时间集合；

$\tau_{ij}^{x}(t)$ ——在 t 时刻从节点 i 以 x 运输方式达到节点 j 的运输时间；

$\xi_{ikj}^{xy}(t)$ ——在 t 时刻以 x 运输方式沿弧（k，i）进入节点 i，在节点 i 处转换到 y 运输方式沿弧（i，j）到节点 j，运输方式转换时间及以外的延迟时间；

Λ_i ——节点 i 的标号向量；

$\lambda_{ij}^{x}(t)$ ——在 t 时刻以 x 运输方式沿弧（k，i）进入节点 i，在节点 i 处以 xf 运输方式到达目的节点 D 的路径时间；

$\pi_{ij}^{x}(t)$ ——在 t 时刻以 x 运输方式沿弧（k，i）进入节点 i，在节点 i 处以 xf 运输方式到达目的节点 D 的选择路径；

$\Gamma(I)$ ——与节点 i 相连的后节点；

$\Gamma^{-1}(I)$ ——与节点 i 相连的前节点；

$c_{i,j}^{x}$ ——从节点 i 到节点 j 选择第 x 种运输方式的单位运输费用；

$d_{i,j}^{x}$ ——从节点 i 到节点 j 选择第 x 种运输方式的运输距离；

s_i^{xy} ——在节点 i 处由第 x 种运输方式转换到第 y 种运输方式的中转费用；

ε_i ——在节点 i 处运输方式转换时间外的货运延迟；

χ_i ——发生货运延迟是单位时间看管货物的费用。

在多式联运的运输网络中，假设运量在节点处不能分割，即在某一特定节点，只能选择一种运输方式到达另一节点。

10.3.2 模型的建立

这里定义有向图 $\boldsymbol{G}=(V,\ E,\ T,\ M)$ 模 拟多式联运运输网络，其中：V 为运输网络的节点集合；

E 为运输网络的弧集合；$T = \{t_0,\ t_0 + \Delta t,\ t_0 + 2\Delta t,\ t_0 + (|T| - 1)\Delta t\}$ 为离散的时间周期，Δt 为离散时间间隔；M 为运输方式集合（包括公路运输、铁路运输、水路运输三种运输方式）。

因此，图 $\boldsymbol{G}$ 实际是 3 个子图的集合，即 $G = G_T \cup G_R \cup G_W$，其中 G_T模拟公路运输网络，G_R模拟铁路运输网络，G_W模拟水路运输网络。V_T，V_R，V_W分别代表通过公路运输、铁路运输、水路运输模拟能够到达的节点。此处，$I_1 = I_T \cap I_R \neq \phi$，$I_2 = V_T \cap V_W \neq \phi$ 和 $I_3 = V_R \cap V_W \neq \phi$ 表示节点处存在运输方式转换的可能性。

在图 $\boldsymbol{G}$ 中，$T = \{\tau_{ij}^{x}(t)\}$ 为运输时间集合，$\tau_{ij}^{x}(t)$ 表示时间 t 时刻从节点 i 以 x 运输方式到达节点 j 的运输时间。除此之外，$\xi_{ikj}^{xy}(t)$ 表示在 t 时刻从节点 k 经过节点 i 到达节点 j，从运输方式 x 到达运输方式 y 的转换时间及可能发生的运输延迟。如果 $\xi_{ikj}^{xy}(t) = \infty$，表示在节点 i 处从运输方式 x 换乘到运输方式 y 不可行；如果运输方式 x 与运输方式 y 相同，即 $x = y$ 时，表示在节点 i 处可能发生的货运延迟。

当节点是起始节点时，引入一个节点 i'，从节点 i' 以 x 运输方式沿弧 $(i',\ i)$ 进入节点 i，假设不发生运输方式转换，但有非负的运输时间 $\tau_{ij}^{x}(t)$，这个运输时间表示车辆从接到路口、停车场或者货运中心到达起始节点 i。对于每一个节点 i，定义为

$$\boldsymbol{\Lambda}_i = \begin{bmatrix} \lambda_{ik_1}^{x_1}(t_0) & \lambda_{ik_2}^{x_1}(t_0) & \cdots & \lambda_{ik_l}^{x_m}(t_0) & \cdots & \lambda_{ik_n}^{x_m}(t_0) \\ \lambda_{ik_1}^{x_1}(t_0 + \Delta t) & \lambda_{ik_2}^{x_1}(t_0 + \Delta t) & \cdots & \lambda_{ik_l}^{x_m}(t_0 + \Delta t) & \cdots & \lambda_{ik_n}^{x_m}(t_0 + \Delta t) \\ \cdots & \cdots & \cdots & \cdots & \cdots & \cdots \\ \lambda_{ik_l}^{x_1}(t_0 + (|T| - 1)\Delta t) & \lambda_{ik_2}^{x_1}(t_0 + (|T| - 1)\Delta t) & \cdots & \lambda_{ik_l}^{x_m}(t_0 + (|T| - 1)\Delta t) & \cdots & \lambda_{ik_n}^{x_m}(t_0 + (|T| - 1)\Delta t) \end{bmatrix}$$

式中，x_m为 M 集的最后一种运输方式；k_n 为集合 $\{\Gamma^{-1}(i),\ i'\}$ 的最后一个节点。

一般地，符号 $\boldsymbol{\lambda}_{ij}^{x}(t)$ 表示在 t 时刻以运输方式 x 沿弧（k，i）进入节点 i 处的路径最短时间，而符号 $\boldsymbol{\lambda}_{ii'}^{x}(t)$ 表示在 t 时刻以运输方式 x 从入口节点 i' 到达节点 i 处的路径最短时间，此处 i 为起始节点。除入口节点外，D' 表示附加在目的节点 D 处的出口节点。

假设在 t 时刻，在某处是节点 i 处以运输方式 x 开始运输，到达目的节点 D，出口运输方式为 x，那么相关一系列节点的运输方式，时间路径表达式为：

$$\boldsymbol{\pi}_{ii'}^{x}(t) = \{(n_1 = i,\ x_1 = x,\ t_1^0 = t),\ (n_1,\ x_2,\ t_1^0),\ \cdots,$$
$$(n_k = D,\ x_k = x_f,\ t_k^1),\ (D',\ x_f,\ t_{k+1}^1)\}$$

假设货运延迟之发生在节点处。

以上述公式为基础，构造多式联运运输网络时间分析图，具体多式联运路径

最短时间模型为：

$$\lambda_{ik}^{x}(t)=\min\{\xi_{ikj}^{xy}(t)+\tau_{ij}^{y}(t+\xi_{ikj}^{xy}(t))+\lambda_{ik}^{x}(t+\xi_{ikj}^{xy}(t)+\tau_{ij}^{y}(t+\xi_{ikj}^{xy}(t)))\}$$

$\forall i\in V\backslash D$，$\forall j\in\Gamma(i)$，$k\in\{\Gamma^{-1}(i),\ i'\}$，$\forall x,\ y\in M$，$\forall t\in T$，$V\backslash D$ 为除 D 之外的所有节点。

$$\lambda_{Dk}^{x}(t)=\xi_{DkD}^{xy}(t),\ \forall t\in T,\ \forall x\in M,\ \forall k\in\{\Gamma^{-1}(D),\ D'\}$$

为终点条件。节点 i 的后续节点集合为 $\Gamma(i)$，前续节点集合为 $\Gamma^{-1}(i)$，D 为目的节点，xf 为目的节点出口处的运输方式。

以上为多式联运下的最短时间路径模型，根据最短时间路径，求解该路径的运输费用。运输费用主要包括 3 部分：节点之间的运输费用，在节点处发生运输方式转换时的费用，在节点处发生货运延迟时的货物看管费用。

多式联运下的最短时间路径的运输总费用为：

$$z=(\sum_{i,\ j\in V}\sum_{x\in M}c_{i,\ j}^{x}d_{i,\ j}^{x}+\sum_{i,\ j\in V}\sum_{x,\ y\in M}w_{i,\ j}^{xy}s_{i}^{xy}+\sum_{i\in V}\mu_{i}\varepsilon_{t}\chi_{i})$$

式中，$\sum_{i,\ j\in V}\sum_{x\in M}c_{i,\ j}^{x}d_{i,\ j}^{x}$ 为节点之间的运输费用；$\sum_{i,\ j\in V}\sum_{x,\ y\in M}w_{i,\ j}^{xy}s_{i}^{xy}$ 为运输方式转换费用，其中 $w_{i,\ j}^{xy}=1$ 时，代表从节点 i 到节点 y，由第 x 种运输方式转换到了第 y 种运输方式，为 0 则表示不发生转换；$\sum_{i\in V}\mu_{i}\varepsilon_{t}\chi_{i}$ 为货物看管费用。

10.3.3 基于遗传算法的最优路径设计

10.3.3.1 编码

假设网络中共有 n 条弧，在这里每条弧代表的是逻辑上的弧，由起点、终点和运输方式共同决定，而不是物理上的两点间的弧，即使两条弧起点和终点都相同，但如果运输类型不同，则它们代表着不同的弧。

若某条弧的起始时间和到达时间不在运输时间范围内，则可以将这条弧从网络中去掉。用 $X=(x_1,\ x_2,\ \cdots,\ x_n)$ 代表解的编码，也可称为一个染色体或者一个个体，染色体的每一个分量称为一个基因。

10.3.3.2 确定初始群体

若干个染色体或个体组成的一组向量称为一个群体，遗传算法计算的第一步首先要确定一个初始群体，在此基础上才可以进行之后的遗传进化过程。初始群体的选择应该具有较为广泛的代表性，并且要有足够多的染色体（个体），否则有可能陷入局部最优解而出现早熟现象。因此在运用随机数产生初始群体时必须采用一定的方法，以便产生好的初始群体。

每一个染色体的产生本身应具有随机性，以免遗传过程出现早熟现象；每一个染色体所反映的运输方案是不是合理，是不是满足每一个约束条件，如果不满足，则它将被销毁，用一个新产生的串来代替。

产生初始群体的步骤如下：

（1）根据给定的起始时间 Start 和最后期限 END，将所有起始时间和到达时间在［Start，END］这个区间之外的线路排除在集合外。将所有的 x_i 置零。

（2）num = num+l，记录该染色体。若 num = N（N 为初始群体的数量），转入步骤（3），否则转步骤（1）。

（3）结束。

10.3.3.3　确定适应度函数和评价函数

适应度函数是评价群体中每一个染色体优劣的函数，染色体适应函数的取值越大便越有可能被选入种群，即适应函数值越大的染色体进入种群的概率越高；该路径选择问题是取的最小值，不能直接作为适应度函数，可以通过下式的形式来构造一个可行的适应函数：

$$F(t) = C - \lambda(t)$$

式中，$F(t)$ 为适应函数，C 为足够大的正常数，$\lambda(t)$ 为模型中的目标函数。

评价函数采用精英选择策略，将每代群体中的所有染色体按适应度由大到小排列，排在第一位的染色体性能最优，将它直接复制进入下一代，并排在第一位。下一代群体的个体需要根据前代群体的染色体的适应度采用蒙特卡罗法产生。这样的选择方法既可保证最优染色体生存至下一代，又能保证适应度较大，又能保证适应度较大的染色体以较大的机会进入下一代。

10.3.3.4　确定交叉和变异法则

对于选中用于繁殖下一代的个体，随机地选择两个个体的相同位置，按交叉概率 P 在选中的位置实行交换。这个过程反映了随机信息交换，目的在于产生新的基因组合，也即产生新的个体。交叉时，可实行单点交叉或多点交叉。本节采用单亲遗传法，它的特点是父代只选一个染色体，然后随机确定两个信息相异的基因，交换所对应位置的信息码，于是便产生了不同于父代却保留了父代大部分特性的子代。这样做是为了在解决这一问题时简化程序计算的复杂性，交叉时实际只变更了一种可行的运输方案。每一次交叉后出现的新的染色体，检验其是否满足时间约束条件。如果不满足，重新交叉，直到产生一个满足时间约束条件的新染色体为止。

根据生物遗传中基因变异的原理，以变异概率 p_{m} 对某些位执行变异。在变异时，对执行变异的串的对应位求反，即把 1 变为 0，把 0 变为 1。变异概率 p_{m} 与生物变异极小的情况一致，所以 p_{m} 的取值较小，一般取 0.01～0.2。取 p_m = 0.05。单靠变异不能在求解中得到好处。但是它能保证算法过程不会产生无法进化的单一群体。因此在所有的个体一样时，交叉时无法产生新的个体，这时只能靠变异产生新的个体。也就是说，变异增加了全局优化的特征。

变异过程可以在算法中通过以下过程实现：首先产生一个 0~1 的随机数 r，如果其小于一个给定的足够小的实数 α，即 $r<\alpha$，则随机选取该染色体的一些基因位置，将其信息码改变为新值。

10.3.3.5 算法的实现过程

确定了以上问题后，便可依据遗传算法特有的计算步骤，寻求该多式联运的最短时间路径方案。在这里，如果交叉变异后产生的新染色体不满足约束条件，则立即销毁。如果新染色优于最好的染色体，则将 N 置零，重新开始新的进化，否则，如果在 10000 次进化中，没有新的最好染色体产生，则算法结束，当前最好的染色体就是最优解。整个过程的流程图如图 10.7 所示。

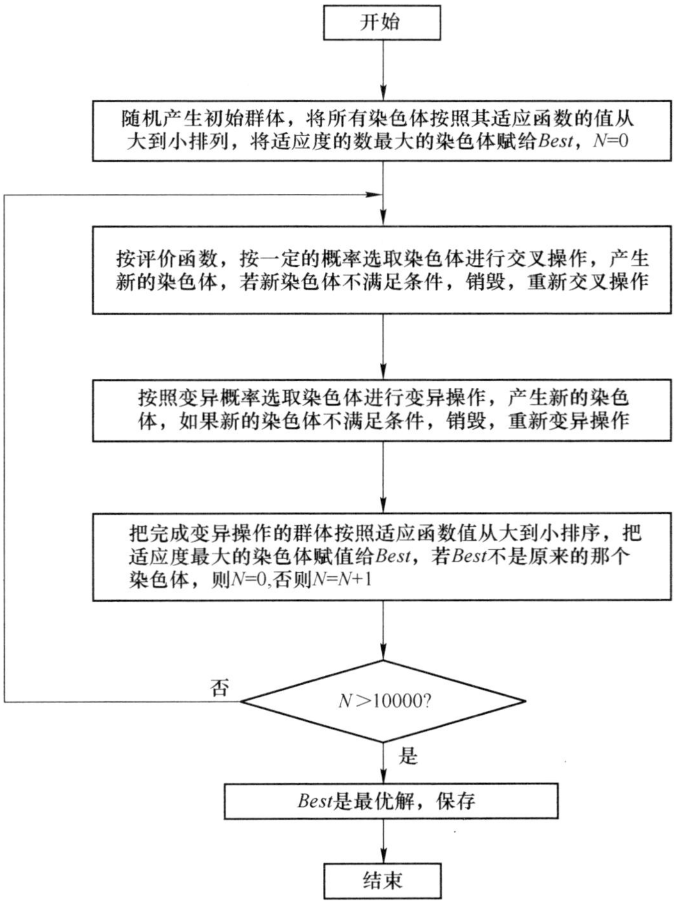

图 10.7 最优路径遗传算法求解流程图

参考文献

[1] 邢文训，谢金星．现代优化计算方法［M］．2 版．北京：清华大学出版社，2005.

[2] 肖天国，符卓．基于遗传算法的联合运输路径优化［J］．中国科技论文在线，2008，3（10）：720~724.

[3] 吕凯．面向多式联运的运输优化研究［D］．北京：北京交通大学，2008.

[4] 孙华灿，李旭宏，陈大伟，等．综合运输网络中合理路径优化模型［J］．东南大学学报（自然科学版），2008，38（5）：873~877.

[5] 刘舰，俞建宁．多式联运运输方式选择的模型和算法［J］．兰州交通大学学报，2010，29（1）：56~61